中国高技能劳动力迁移研究

古恒宇　沈体雁　著

国家社会科学基金重大项目“中国产业集群地图系统（CCM）建设与应用研究”（项目号：17ZDA055）资助

科学出版社

北　京

内 容 简 介

本书是一部围绕中国 21 世纪高技能劳动力迁移及空间集聚机制的著作。本书通过构建空间均衡理论模型，综合运用地理信息系统空间分析、复杂网络分析、宏微观经济计量及空间计量模型，集经济学的理论分析及空间数据科学与地理学的实证计算分析于一体，为厘清中国高技能劳动力迁移的时空演化机制提供参考。同时，本书的研究结论为“十四五”时期制定更有效的高技能劳动力治理政策及引导区域创新发展提供政策借鉴。

本书的读者受众群体较广，包括但不限于从事应用经济学、地理学、公共管理学、人口学等领域研究的学者、专职科研人员及本硕博学生。

图书在版编目（CIP）数据

中国高技能劳动力迁移研究 / 古恒宇，沈体雁著. —北京：科学出版社，2023.3

ISBN 978-7-03-071583-8

Ⅰ. ①中… Ⅱ. ①古… ②沈… Ⅲ. ①高技术－劳动力转移－研究－中国 Ⅳ. ①F249.21

中国版本图书馆 CIP 数据核字（2022）第 030733 号

责任编辑：魏如萍 / 责任校对：贾娜娜
责任印制：赵 博 / 封面设计：有道设计

科学出版社 出版
北京东黄城根北街 16 号
邮政编码：100717
http：//www.sciencep.com
涿州市般润文化传播有限公司印刷
科学出版社发行 各地新华书店经销
*
2023 年 3 月第 一 版 开本：720×1000 1/16
2023 年 9 月第二次印刷 印张：14 1/2
字数：290 000

定价：160.00 元

（如有印装质量问题，我社负责调换）

前　言

随着我国户籍制度改革的逐步深化，区域间大规模劳动力迁移成为推动地区经济发展的重要驱动要素。21 世纪以来，随着劳动力老龄化趋势加剧及其伴随的人口红利逐渐减少，高技能劳动力的区域迁移和集聚成为影响区域发展的重要因素。在知识经济时代，高技能劳动力的迁移和集聚是提升地区创新能力、促进地区高质量发展的必要保障。一直以来，高技能劳动力迁移是区域经济学、人口地理学等学科共同关注的跨学科议题。既有研究主要关注地区经济因素对高技能劳动力迁移和集聚的影响，近年来已有文献开始讨论以公共服务、舒适度为代表的地方品质因素对高技能劳动力迁移的影响，但仍缺乏同时将二者共同纳入的一体化理论框架，且缺少对中国高技能劳动力迁移动态时空演化机制的探讨。本书试图对中国高技能劳动力迁移的时空演化机制进行系统分析，以期在劳动力流动日益频繁的背景下为有关部门开展高技能劳动力治理提供参考。

理论研究方面，本书构建了一个“两区域、两劳动力、三部门”的空间均衡模型——新高技能劳动力迁移（new economics of skilled migration，NESM）理论模型。NESM 理论模型实证了影响高技能劳动力迁移和集聚的二元驱动因素：首先，由工业部门引起的经济差异对高技能劳动力迁移和集聚产生影响，主要体现在名义工资差异和工业品价格指数（地区经济多样性）差异两个方面；其次，由地方品质部门引起的地方品质差异同样作用于地区间高技能劳动力迁移，具体体现在地方品质种类和质量差异及政府转移支付力度差异两个方面。上述二元驱动力体现出循环因果累积效应，成为影响高技能劳动力迁移和分布呈现集聚特征的关键机制。通过对经济系统多情况的模拟，本书发现地区经济因素对高技能劳动力迁移和集聚的驱动力比地方品质因素更显著。

本书实证研究分为探索性空间分析、宏观计量模型、微观计量模型和拓展计量模型四部分，证实了 NESM 理论假说。空间探索分析方面，分析了 2000～2015 年中国省际高技能劳动力的时空演化格局，发现高技能劳动力迁移具有持续显著的空间集聚特征，这种空间集聚性导致高技能劳动力分布的持续不均衡性。随着时间的推移，高技能劳动力迁移和分布的集聚程度皆有所下降，且伴随着逐渐减弱的跨省流动性及缩短的平均迁移距离。城市尺度上，高技能劳动力空间分布的演化特征同样显示出类似的集聚趋势。此外，高技能劳动力迁移网络也呈现出持续显著的网络溢出效应、逐渐强化的复杂网络“小世界”特性，以及以北京、上海、广东三省市为核心的稳定的网络结构。

通过 NESM 迁移方程推导得到基于泊松伪最大似然引力模型的宏观实证框架，以及基于多层 Logistic 模型的微观实证框架。泊松伪最大似然引力模型计量2000～2015年省际高技能劳动力迁移的决定因素，结果显示：①地区经济差异是驱动区域间高技能劳动力迁移的重要机制，具体体现在平均工资和地区经济复杂度两个变量上；②地方品质因素同样是影响中国高技能劳动力迁移的重要机制，具体体现在平均温差、每万名小学生拥有教师数、每万人拥有执业医师数和人均财政收入四个变量上；③地区经济因素对高技能劳动力迁移的影响占据主导地位，为主导驱动机制；④收入因素（名义工资、经济复杂度、人才补贴）对高技能劳动力迁移的影响随时间逐渐减弱，而地方品质因素的影响则随时间推移逐步增强；⑤迁入地的“拉力”比迁出地的“推力”对高技能劳动力迁移产生更大影响；⑥引力因素和社会网络因素同样产生作用。

多层 Logistic 模型从微观尺度计量高技能劳动力个体的户籍迁移意愿，结果显示，每月纯收入、构建健康档案、参加医疗保险、城市每万名中学生拥有老师数量、城市经济复杂度都显著影响高技能劳动力的户籍迁移意愿。此外，个人与就业因素、流动特征因素、迁出地因素等多种因素都与高技能劳动力迁移具有密切关系。

基于零膨胀、网络自相关等问题，本书将空间滤波引力模型和 Hurdle 模型范式结合，推导得到空间 Hurdle 引力模型。引入空间滤波算子后，模型独立误差项中网络自相关得到过滤，且对零值拟合预测的精度得到提升。作为一个稳健性检验，模型结果证实了前述模型的有效性。模型结果显示，高技能劳动力迁移可看作一个两阶段的问题，决定区域间是否产生迁移的因素和决定区域间迁移规模的因素呈现差异。

此外，本书探讨了异质性劳动力迁移的差异格局及影响因素。具体来说，高技能劳动力迁移网络比普通劳动力迁移网络具有更明显的空间集聚特征和网络溢出效应；高技能劳动力从内陆中西部地区涌入东部发达地区，而普通劳动力则持续在地区之间循环迁移，其空间分布更加平衡；相比高技能劳动力迁移网络，普通劳动力迁移网络呈现出明显的南北分异特性，南部地区普通劳动力迁移高值迁移流更加致密、迁移强度更大；高技能劳动力的平均迁移距离比普通劳动力的平均迁移距离更大；高技能劳动力网络结构随时间呈现相对稳定的特征，而普通劳动力网络结构则呈现出变化的趋势；计量模型发现，高技能劳动力迁移受地区经济因素差异和地方品质因素差异的二元驱动，而普通劳动力迁移则主要受地区经济因素差异的一元驱动，受地方品质因素差异的影响较弱。

作为全书总结性分析，本书认为：①经济因素和地方品质因素的地区差异是导致高技能劳动力迁移与分布呈现出持续集聚格局的机制，社会经济要素空间溢出、政策响应和社会网络是导致持续迁移网络溢出效应的机制，迁移及社会融入成本是导致持续距离摩擦效应的机制；②地区经济因素和地方品质因素差异的缩小是导致高技能劳动力迁移与分布的集聚性减弱的机制，户籍制度改革等政策是导致高技能劳动力迁移距离下降、流动性减弱及复杂特性增强的机制；③驱动因素差异是导致异质性劳动力迁移和分布格局差异的机制，劳动力人力资本差异是导致异质性劳动力迁移距离差异的机制，影响因素空间溢出差异是导致异质性劳动力迁移网络溢出效应差异的机制，距离摩擦效应差异是导致异质性劳动力迁移强度南北分异的机制。

本书依托国家社会科学基金重大项目“中国产业集群地图系统（CCM）建设与应用研究”（项目号：17ZDA055），由南京大学地理与海洋科学学院古恒宇研究员及北京大学政府管理学院沈体雁教授撰写而成。在理论和实证研究的基础上，本书创造性地提出了流动视角下中国高技能劳动力协同治理框架，倡导在高技能劳动力迁移日益频繁的当下及未来发挥政府主导、社会组织及市场主体的作用，并进一步提出具有针对性的六条治理策略，以期为我国开展“十四五”期间新型城镇化、深化户籍制度改革及盘活地区人力资源提供对策建议。

目　　录

第一章 绪　论

第一节 本书研究背景

一、高技能劳动力迁移是推进中国新型城镇化建设的重要议题

劳动力流动和迁移是影响中国未来人口发展的关键议题（蔡昉，2001）。改革开放以来，随着中国城市化进程的加快，劳动力迁移带来的人口机械变化成为各地区人口规模和结构变动的重要因素，深刻影响着中国人口和城镇化的发展（王桂新等，2012；蔡昉和王德文，2003）。劳动力迁移是人口变化的主要表现形式之一，是塑造世界人口格局、影响人类聚居形态变迁的重要驱动力。宏观层面上，劳动力迁移已成为经济有效运作的基础，是人类发展机制的重要参照部分，也是劳动力市场要素互动的经济投影（Smith et al.，2016）。微观层面上，人口迁移是迁移者实现自身乃至家庭目标的主要方式（Bernard et al.，2020）。后改革时期，中国经济的高速腾飞得益于其劳动力红利（蔡昉，2001）。20 世纪 70～80 年代，改革开放与放松人口流动管制等政策及户籍制度改革逐渐实施、落地，大规模跨区域的人口迁移流动由此成为中国最深刻的社会变化之一（Gu et al.，2019；Liu and Gu，2020）。劳动力迁移受到经济发展、社会转型及区域关系等多方面的重要影响，且近年来规模趋于扩大。人口流动规模的增加既是劳动力作为生产要素自由流动的市场规律的反映，也是改革后中国在发展过程中农村剩余劳动力不断迁往城市的阶段性特征体现（蔡昉，2001）。这两股合力导致浩浩荡荡的民工潮、春运高峰等跨省人口流动和其他由迁移引起的社会现象（简新华和张建伟，2005；宋洪远，2016）的出现，造成深刻的社会影响。

劳动力的流动和迁移是影响中国新型城镇化建设与区域可持续发展的关键要素（古恒宇等，2019a）。根据《中国流动人口发展报告 2018》，2018 年，中国流动人口规模达到 2.41 亿人。尽管流动人口在总人口中的占比仍然很大，但我国流动人口规模已经连续三年下降，这表明流动人口城镇化进程加速。第七次全国人口普查数据显示，2020 年末中国人户分离人口较 2010 年末增长 88.52%。如何促进进城务工流动人口达到完全城镇化以推动流动人口城镇化是我国新型城镇化建

设的必然要求，根据《国家新型城镇化规划（2014—2020年）》，我国需要建设有序城镇化、就地城镇化、就近城镇化。通过公共服务均等化等措施促进有能力在城镇就业和生活的农业转移人口实现就地城镇化与就近城镇化是一项关键举措。因此，流动人口未来的户籍迁移趋势及迁移动力受到地理学、人口学、经济学和管理学等领域学者的持续关注。

从结果上看，新型城镇化建设产生了卓越的成效。一方面，中国的城镇化率攀升明显，1990年至2020年，中国的常住人口城镇化率从26.41%提升至63.89%，已经突破60%的大关；另一方面，2010年至2020年，中国的户籍人口城镇化率从34.17%提升至45.40%，也呈现出跨越式增长。尽管中国常住人口城镇化率取得长足增长，但是，户籍人口城镇化率与常住人口城镇化率之间仍有较大的差距。即使在2020年，中国的户籍人口城镇化率仍然比常住人口城镇化率低约18个百分点，这表明仍有大规模的迁移人口处于流动或半城镇化状态。户籍人口城镇化率和常住人口城镇化率的差异，一定程度上反映了我国劳动力迁移过程中“流动人口难落户”的问题。如何将常住人口城镇化率转化为户籍人口城镇化率，是未来新型城镇化建设的重要难题。解决该难题的关键在于促进劳动力由短期流动向长期迁移的转移。对于学术界而言，在“十四五”期间，需要更加细致化的研究，厘清劳动力迁移的新格局和驱动因素，全面提升劳动力户籍城镇化率。

新常态下的区域经济发展格局要求关注高技能劳动力的城镇化。新型城镇化不仅要求对总体劳动力迁移趋势的把握，更要求对具有更高人力资本的高技能劳动力（人才）迁移流向的判断，尤其是在我国人口红利逐步失势、老龄化问题日益严峻、社会养老负担加重及低生育倾向的当下，关注和把握高素质、高学历、高技能人才的区域迁移规律，将成为未来合理优化全国城镇化布局的关键。如图1.1所示，2000年至2015年，尽管人口中大学学历占比和高技能劳动力[①]占比均有所上升，但直至2015年末，大学学历占比人口仅突破10%，而高技能劳动力占比则仅突破6%；至2020年末，具有大学学历人口比重超过15%，但仅达15.47%。即使假设所有人才均已经实现城镇化，城镇人口中的高技能人口数量仍然相对偏少，远落后于我国实际的城镇化率。下一阶段，如何优化城镇人口质量，提升人口素质，巩固城市流动人口治理水平，保障公共服务均等化，成为新型城镇化高质量发展的新问题（方创琳，2019）。

① 高技能劳动力被定义为最低学历为大学，普查时点年龄24～64岁，从事经济活动的人口。

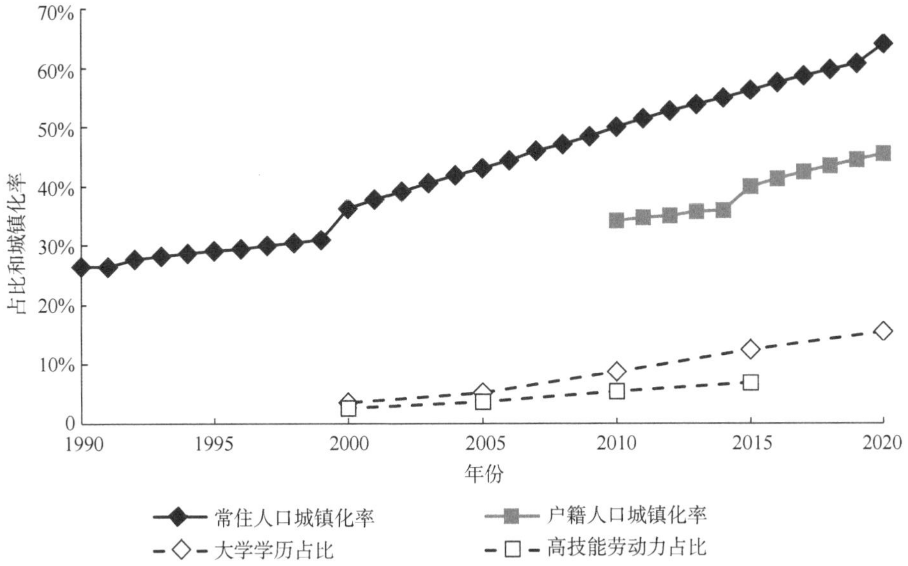

图 1.1 中国常住人口与户籍人口城镇化率走势

二、高技能劳动力集聚是促进地区高质量发展的保障

知识积累和技术进步是区域经济持续增长的源泉（Lucas，1988）。党的十八大明确提出“科技创新是提高社会生产力和综合国力的战略支撑，必须摆在国家发展全局的核心位置”，强调“要坚持走中国特色自主创新道路”“实施创新驱动发展战略”。高技能人才作为知识的载体，是推动创新驱动发展的重要组成部分。《国家新型城镇化规划（2014—2020 年）》也强调“顺应科技进步和产业变革新趋势，发挥城市创新载体作用，依托科技、教育和人才资源优势，推动城市走创新驱动发展道路”。十九届五中全会再次重申了坚持创新驱动发展，全面塑造发展新优势的重要意义，要“强化国家战略科技力量，提升企业技术创新能力，激发人才创新活力，完善科技创新体制机制”①。中国自 1999 年出台《面向 21 世纪教育振兴行动计划》以来，高等学校扩招步伐加快，从供给侧提升了高技能劳动力的数量和质量。21 世纪以来，中国的高学历人才数量激增。高校毕业生进入劳动市场后，进而引起了高技能劳动力（人才）规模的急剧上升。2020 年末，中国高学历（大学）人才数量达到 21 836 万人，占总人口比例超过 15%。与 2010 年相比，15 岁及以上人口的平均受教育年限由 9.08 年提高至 9.91 年。

总体来看，中国高技能劳动力与地区创新能力存在非常强的相关性。学者研

① 中国共产党第十九届中央委员会第五次全体会议公报. https://www.12371.cn/2020/10/29/ARTI1603964233795881.shtml[2020-10-29].

究发现二者的关系呈现紧密耦合态势（Lao et al.，2021）。由此可见，中国已经基本形成了人才集聚驱动创新发展的新格局，在未来的城市间乃至国家间的竞争中，高技能劳动力的集聚程度将成为一个关键的先决因素。引起区域高技能劳动力集聚的原因有二：一是本地高等学校对高素质劳动力的培养和培训（Rowe et al.，2013；Qian，2010）；二是区域品质提升吸引外来高技能劳动力落户和就业（杨开忠，2019a；古恒宇和沈体雁，2021）。目前来看，学界针对高等学校和人才集聚的空间布局的研究已经得到了较为一致的结论，然而关于高技能劳动力（人才）迁移机制的研究仍然停留在初等阶段。在新型城镇化推进、户籍捆绑日益放松的情况下，高技能劳动力的跨省、跨市、跨区县大规模迁移必然成为趋势，其引发的区域经济创新发展的异质性也值得被讨论和研究。要更好地了解中国未来地区经济走向，就需要深刻学习和认识高技能劳动力在中国内部各地区之间的迁移与集聚规律。

知识经济时代，高技能劳动力集聚是提升地区生产率、推动经济增长和创新的“新动能”。随着我国人口红利逐步减少，高素质、高技能劳动力成为区域经济发展的重要抓手。《国家人口发展规划（2016—2030年）》指出，“努力适应经济向形态更高级、分工更精细、结构更合理演进，发展方式向依靠持续的知识积累、技术进步、劳动力素质提升转变，着力培养具有国际竞争力的创新型、应用型、高技能、高素质大中专毕业生和技能劳动者，提高新增劳动力供给质量”。然而，需要认识到的是，目前中国的高技能劳动力集聚驱动创新发展格局仍然存在两个主要的问题：第一，中国的高技能劳动力集聚程度存在十分明显的区域不均衡特性。已有文献指出，东部沿海地区和少部分中部地区集聚了大量的人才，而大量的中西部地区是“人才荒漠”（武荣伟等，2020）。人才分布的不均衡也导致了创新产出的不平衡，这显然不符合区域均衡发展的宗旨（古恒宇和沈体雁，2021）。第二，从数量上来说，进一步筛选年龄和工作状态后得到的中国高技能劳动力规模则相对很少，占总人口的比重未达1/10，这显示出继续进一步提升区域高技能劳动力规模的迫切性。无论是重塑高技能劳动力再分布的经济地理，还是提升高技能劳动力占比，都亟须从高技能劳动力迁移这个角度入手。从这个意义上来说，高技能劳动力迁移规律的把握是区域创新发展的“密钥”（杨开忠，2018）。

三、新时代中国高技能劳动力迁移和集聚的新逻辑：地方品质

新常态下，由于结构性调整，中国经济增速放缓。调整经济发展逻辑，提升发展质量，需要强调人才集聚对区域创新的重要作用，而人才集聚本质上是地方

品质的驱动（李在军等，2020）。地方品质驱动发展由我国经济学家杨开忠在中国区域科学年会的报告中提出（杨开忠，2017）。2019 年，杨开忠给予了新空间经济学更为丰富的定义内涵，认为地方品质是驱动京津冀协同发展的新逻辑（杨开忠，2019a）。进一步，学界将地方品质引入理论模型，嵌套在一般均衡的框架中，提出了新空间经济学的概念（张骥，2019）。新空间经济学将空间中不可移动品[①]与服务称为地方品质，具体包括私人消费服务的数量多样性或品质，教育、卫生、文化等公共服务的数量多样性和质量（杨开忠，2017），实体的自然环境和生态环境，交通、通信基础设施及制度基础设施所决定的获取这些服务的速度（李在军等，2020；古恒宇和沈体雁，2021）。

事实上，"quality of place"（地方品质）的概念最早由著名学者 Florida（1999）提出，并对这一概念加以丰富拓展。然而，Florida 更加强调区域的"3T"，即"人才"（talent）、"技术"（technology）、"包容度"（tolerance）与区域发展的关系。哈佛大学城市经济学家 Glaeser 等（2001）虽然未明确提出有关"品质"的定义，但是从交通可达性、区域服务、消费、城市景观等角度细化了区域品质的内核。此外，Clark 等（2002）则主要从城市设施场景的角度阐述了城市品质。总体上看，上述所有因素都可以被归纳为不可移动要素。不可移动要素通常代表要素的生产和消费在地理空间上不可分割的要素组合，包含区域服务、开放程度、舒适度、文化、消费等多个方面。因此，广义上的区域（城市）品质可以被定义为一切不可移动、不可贸易品的组合（杨开忠，2017）。空间经济学逻辑认为，在运输成本日益下降、电商日益发达的情况下，运输成本导致的产品价格差异将被进一步压缩[②]，因此决定高技能劳动力迁移的因素将由原本的区域经济差异转变为地方品质。

新空间经济学进一步认为，由地方品质引起的人才集聚会进一步促进地区经济发展和创新能力的提升，从而驱动地区的高质量发展；而地区的高质量发展将进而驱动种类更多、质量更高的地方品质集聚，从而形成一个自我强化的区域发展逻辑（图 1.2）。此外，以公共服务为代表的地方品质提供会加速外来流动人口的城镇化进程，也会因为人才集聚而从需求侧促进地区产业和消费结构的升级，从而促进地区高质量发展。本书对高技能劳动力迁移的研究需要着重考虑地方品质因素的作用机制，同时，也需要解释地方品质因素和传统的经济因素对高技能劳动力迁移和再分布影响的作用机理差异。

---

① 可移动品被定义为生产地与消费地无关的产品总和，不可移动品被定义为生产地和消费地不可分割的产品总和。

② 尽管在本书的分析中认为这种运输成本造成的经济差异对人才迁移的影响仍然显著存在。

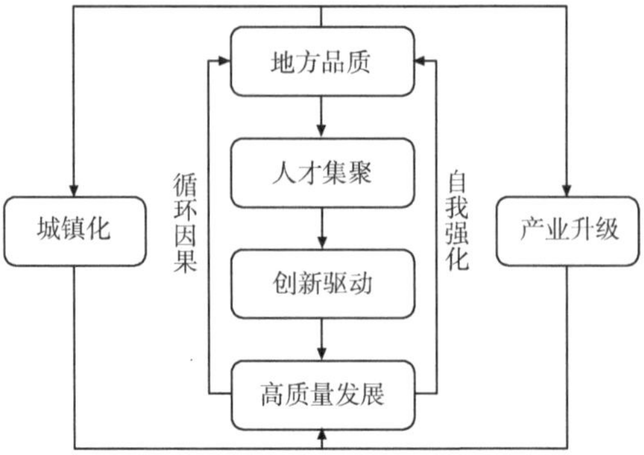

图 1.2　地方品质驱动高质量发展逻辑

四、作为跨学科议题，目前中国高技能劳动力迁移研究存在的不足

早在19世纪，Ravenstein（1889）就提出了劳动力迁移的七条法则。Zipf（1946）、Todaro（1969）等随后从新古典及迁移体系的角度对劳动力迁移进行了解释。20世纪末开始，劳动力的迁移问题逐步成为一个交叉学科的前沿问题。例如，区域经济学、空间人口学、人口地理学的文献均关注这一研究议题。其中，高技能劳动力作为劳动力中具备更高人力资本的部分，对地区发展产生更加不可替代的影响，也受到了相当一批学者的关注。从区域经济学、新经济地理学（new economic geography，NEG）的角度来说，劳动力的地区迁移是前后向联系（本地市场效应、价格指数效应）和地区的竞争拥挤效应三种力量的综合结果，其中两种集聚力存在循环因果累积机制（安虎森，2005，2009）。劳动力迁移与产业迁移息息相关，随着运输成本的增加，集聚所带来的生产成本和本地多样化消费的搜寻成本的下降更加明显，因此在运输成本较高的情况下，劳动力会集聚至某一特定区位，从而形成“中心—外围”结构（Krugman，1991）。随后的自由企业家模型更加直接地推导出高技能劳动力的迁移会随着运费的变化产生空间集聚效应（安虎森，2005）。与经济学家不同，人口地理学家主要关注劳动力的空间分布特征和演化规律（张善余，2013）。对于高技能劳动力而言，其受到经济机会、公共服务和地区舒适度等因素的影响显著，且人力资本的集聚会带来知识溢出等外部性，从而促进了新知识的产生，因此高技能劳动力的空间分布特征往往表现出比一般劳动力更加集聚的特点（Liu and Shen，2014a；Gu et al.，2020a）。

空间人口学是20世纪中期兴起的学科，强调将空间分析等相关前沿技术运用在传统的人口分析中。空间分析的思想基础源于地理学第一定律：地理物体相互关联，且距离越近关系越紧密（Tobler，2004）。针对高技能劳动力迁移问题，空间人口学家强调用数据驱动、技术驱动的分析手段来分析迁移的动机、格局和影响效应（沈体雁等，2021）。总之，高技能劳动力的迁移问题是具备相当理论意义的研究问题，且其研究视角较多，涵盖了多门学科。

尽管学界已有部分研究从公共服务（Gu et al.，2020a，2021a，2021b；王丽艳等，2019）、自然舒适度（喻忠磊等，2016）、城市景观（张亚丽和方齐云，2019）、开放度（Qian，2010；Liu and Shen，2014a）等角度对中国高技能劳动力集聚的逻辑展开研究，但仍存在一些破缺。目前为止，有关地方品质视角的研究数量仍然较少（李在军等，2020）。既有研究已经在一定程度上实证了地方品质对高技能劳动力的驱动作用（董亚宁等，2020），但仍需要更多实证研究的支撑。另外，既有的关于地方品质与人才集聚的模型——新空间经济学存在运输成本为零的假设，即不考虑可移动品对高技能劳动力集聚的影响（张骥，2019）。然而，现实情况中，地区经济因素和地方品质因素的影响往往是共存的，且很可能呈现二元共同驱动人才迁移集聚的机制与逻辑，因此需要建立新的空间均衡模型来解释经济因素和地方品质因素对高技能劳动力迁移的机制。数据方面，既有研究中严格定义高技能劳动力迁移的数据主要来源于 2000～2005 年的全国 1%人口抽样调查（2005 年全国 1%人口抽样调查微观数据库），主要涵盖 2000～2005 年省际人才迁移数据。基于该数据得到的相关研究（Liu and Shen，2017）滞后于目前我国新型城镇化建设的现实需求。研究方法方面，目前使用的主流模型——引力模型仍然存在如应对零膨胀和网络自相关数据的偏误问题，学界仍缺乏精细化的实证模型。基于以上分析，中国学界对高技能劳动力迁移机制的研究需求与现实研究桎梏形成矛盾，该矛盾也是本书致力于解决中国高技能劳动力迁移机制研究破缺的出发点之一。

第二节 本书研究意义

本书具有两个层面的学术意义。理论建构的视角下，在既有实证发现的基础上，首次推导了一个纳入可运输工业品和地方品质部门的两区域空间均衡模型来揭示两区域间高技能劳动力迁移的机理。该空间均衡模型考虑了由工业部门引起的区域经济差异和由地方品质部门引起的地方品质因素对高技能劳动力迁移的驱动。实证分析的视角下，首次建立了一个同时考虑到零膨胀和网络自相关的面板引力模型。模型借鉴了 Hurdle 模型和特征向量空间滤波（eigenvector spatial filtering，ESF）模型的部分设定，支持对基于我国现有的普查、抽样调查微观数据汇总而得到的区域迁移流时间的建模分析。基于一个空间均衡理论模型和一个新引力模型，本书得到了一系列新颖且相对可信的结论。

实践意义的角度下，本书研究刻画了中国2000～2015年高技能劳动力迁移的时空演化特征，较好地弥补和延展了传统研究中数据滞后[①]导致的研究结论与我国的实际情况脱节，从而无法针对性地指导我国的区域高技能劳动力治理的落实与开展的问题。本书所使用的数据将以往的截面数据分析拓展到了面板分析维度，所得到的结论更加确凿，能够为我国“十四五”期间新型城镇化建设和创新驱动发展等政策提供参考。同时，有利于更好地认识中国21世纪以来的高技能劳动力迁移格局，在“双循环”发展格局的背景下开展区域人才治理。

转型时期中国正经历百年未有之大变局。在国际、国内形势发生剧变、国内经济发展进入新常态的背景下，对高技能劳动力迁移格局、机制和治理等问题的研究，是发展新型城镇化的需求，是打通国内国际“双循环”的需求，是推动创新驱动发展的需求，是实现高质量发展和社会主义现代化的需求。在此背景下，本书主要围绕一个学术问题展开研究：21世纪以来，中国高技能劳动力区域迁移的时空演化机制是什么？围绕这一问题，可以进一步提出几个子问题：①中国高技能劳动力地区迁移呈现出怎样的时空演化格局特征和网络特征？②中国高技能劳动力迁移的时空演化受到怎样的因素驱动？其中，地区的经济发展是否仍然是维持中国高技能劳动力迁移的主导因素？地方品质因素在其中扮演的角色如何？③中国高技能劳动力迁移和中国高技能劳动力地区分布存在怎样的耦合关系？④在高技能劳动力流动日益频繁的背景下，如何开展高技能劳动力治理？围绕上述几个问题，本书拟从理论、实证等角度开展研究。

第三节　本书核心概念

一、高技能劳动力

高技能劳动力（人才）通常指代具有一定人力资本（技术）、在劳动力市场中从事专业职业的人口。一般而言，劳动力的工资性报酬会随着教育年限的提升而提升，在劳动力市场上，人力资本（技能）的提升会引起工资提升。在学界，尽管高技能劳动力一直是人口迁移研究中产出学术文献最多的话题之一，但对其的定义却没有达成统一。哪一类人群可以被称为高技能劳动力？通常有三种标准用于识别高技能劳动力（Liu，2013）。第一种定义方式是学历。在学历的划分下，高技能劳动力可以被定义为具有一定教育或培训资格的人（Salt，1992；Conradson

---

① 既有研究大多仅涉及对2000～2005年高技能劳动力的关注。

and Latham，2005）。然而，获得某种等级的学历也许并不足以胜任需要高水平专业知识的工作，一个劳动力可以通过经验而不是教育或培训获得技能（Koser and Salt，1997）。第二种定义方式是指那些从事管理、专业和技术工作，需要相关专业知识的人。Fielding（1989，1992）使用“服务阶层”（service class）一词来概括专业、技术和管理工人。第三种定义方式与具有特定技术职称或已在专业协会注册的人员有关，如工程师和医生。整体而言，学界对高技能劳动力的界定并没有达成统一的概念，但在实证研究中，国内外学者往往以受教育程度作为划分高技能劳动力与其他劳动力的标准，论证了高学历人才对城市与区域发展的推动作用（Gu et al.，2021c；Simon，1998；Whisler et al.，2008）。

纵观既有的劳动经济学、区域经济学和人口地理学相关文献，高技能劳动力的具体定义各异，但往往使用学历来作为高技能劳动力筛选的最重要标准。然而，尽管各国、各地区和各数据库对高技能劳动力认知存在差异性，但从广义上看，本书认为高技能劳动力至少应当拥有以下五大特征。

1. 高人力资本

根据定义，高技能劳动力应当具有比普通劳动力更高的人力资本。人力资本主要通过教育、培训、迁移等渠道转化获得（Ehrenberg and Smith，2016）。人力资本的提升意味着高技能劳动力在专业化领域劳动生产率更高，因而也将获得更高的工资报酬。一般而言，高技能劳动力位于一级劳动力市场就业，收入更高、工作稳定性更高（Piore，1979；Doeringer and Piore，1971）。由于具有更高的人力资本，高技能劳动力的基本需求、集聚效应、空间流动等都呈现出独有的特征。

2. 高空间流动性

由于具有更高的人力资本，高技能劳动力在劳动力市场上的地位和议价能力也更强，可以获得更高的报酬和稳定的工作环境（Schultz，1961）。因而，高技能劳动力可以抵御更强的迁移成本和融入风险，具有相比普通劳动力更高空间流动性。人力资本的区域流动可以被解释为企业在规模报酬递增的情况下空间流动活动集聚优势的产物（安虎森，2005）。另外，中心地原则说明了更大的城市具有更强的服务能力及多样的岗位需求，而这些城市之间的距离往往较远（李小建等，1999），因而，高技能劳动力的择业需要在大城市之间频繁流动迁移。

3. 多样化消费需求

高技能劳动力往往具有多样化的消费需求，总是偏好于将资产用于购买更多种类的产品（无论是工业品还是地方品质），这是因为高技能劳动力的凸偏好假设

（Browning and Zupan，2020）。在该假设下，在 Dixit-Stiglitz 提出的著名的垄断行政框架（Dixit-Stiglitz 框架，DS 框架）中常使用常数替代弹性（constant elasticity of substitution，CES）效用函数来描述不同种类商品间的替代体弹性。

4. 非经济需求

高技能劳动力与同质化劳动力相比，另一个显著特征是其对非经济产品的需求更大。20 世纪初著名的“霍桑实验”发现人才不仅仅只追求金钱的收入，还有社会和心理方面的需求，从而产生“社会人”的假说（McCarney et al.，2007）。一般而言，高技能劳动力被认为对地区的地方品质产生需求，包括地区的公共服务、私人服务、速度、舒适度、消费等一系列地方品质（杨开忠，2019a）。

5. 规模报酬递增

由于学习、交流、共享、知识溢出等效应，高技能劳动力的空间集聚能够产生正向的外部性，导致同一行业内部和不同行业之间的规模经济差异（王伟光等，2015）。高技能劳动力的投入使得企业对产品的生产体现出规模报酬递增的特征。在理论建模中，常将高技能劳动力作为固定成本投入，以体现规模报酬递增原则。

二、劳动力迁移

国际上对人口（劳动力）迁移的定义十分清晰直观，人口在空间上发生了变化，且在迁入地居住了一段时间，就可以被定义为迁移（Liu，2013）。然而，由于我国特殊户籍制度的存在，人口在区际不能完全不受限制地流动。在我国，出现了流动人口和迁移人口的概念（段成荣和孙玉晶，2006）。对流动的定义包含着对人口暂时性迁移状态的概括，即人口的户籍仍在外地，但在本地居住了一段时间（如六个月）；对迁移的定义则相对严格得多，狭义上，迁移特指发生户籍迁移的人口，包含着对人口永久性迁移状态的概括。户口是否变化对于研究人口迁移而言是十分重要的，这是因为在我国户口的获得与公共服务和购房指标及身份认同的获得是直接相关的（魏后凯和苏红键，2013）。人口迁移和迁移人口都要求有户籍变动，而人口流动和流动人口则没有户籍的相应变动（段成荣和孙玉晶，2006）。广义上，迁移的定义可以包含户籍变化和流动两种状态。例如，在实证研究中，常使用人口普查长表中“现住地和五年前常住地”来定义迁移（古恒宇等，2019b）。然而，仅刻画人口空间移动而忽视其户口变动状态的定义，只能被概括为流动而非迁移。在高技能劳动力迁移研究领域，目前已有非常多的文献关注高技能劳动力（人才）的流动情况，而由于数据限制，较少文献关注其迁移。本书对高技能劳动力迁移的定义符合传统研究的定义，即强调其户口变化的过程。

三、地方品质

地方品质的概念由我国学者杨开忠（2019a）提出。地方品质是引起高技能劳动力空间集聚，进而引起地区创新和发展的一系列不可移动要素的组合，可以被定义为以实体环境、不可贸易品数量、质量和消费可及性为代表的因素。或者说，地方品质是指各地空间上不可贸易的消费品数量、多样性、质量和可及性的总和。地方品质最大的特点是不可移动性（non-movable），意为地方品质产品的生产地和消费地具有不可分割性。已有部分文献开始关注地方品质对人才集聚的作用机理（李在军等，2020；董亚宁等，2020）。事实上，早在 1999 年，Florida 的文献中就提到过“quality of place”（地方品质）的概念，主要用来强调地区创意阶层人才与地区发展的关系（Florida，1999）。杨开忠（2019a）提出的新空间经济学着重强调地方品质对人才迁移和集聚的影响机制，强调地方品质部门产生的作用。本书的空间均衡模型借用了这一思路，同时，本书的实证模型解释也强调地方品质对高技能劳动力迁移的影响。图 1.3 概括了地方品质的内涵和外延。

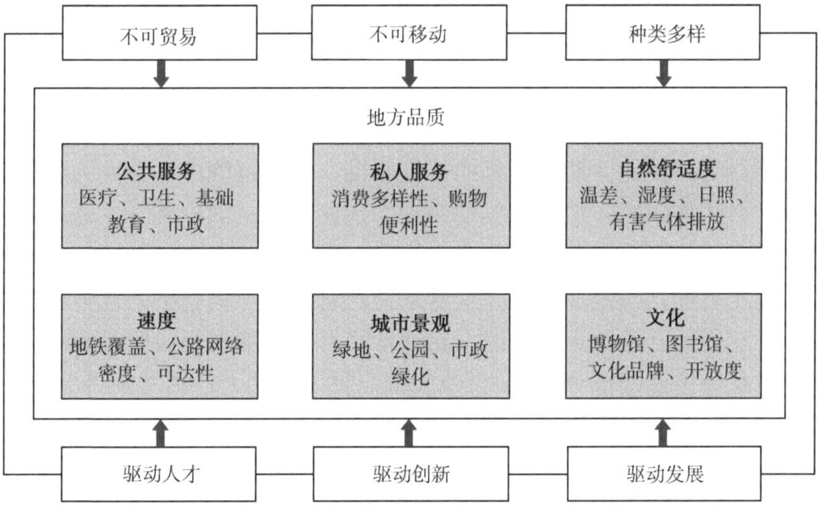

图 1.3 地方品质的内涵和外延

四、时空演化机制

经济要素（如人口、生产率、土地利用）在地理空间上具有一定的空间分布格局，这种空间分布格局随时间而不断演变，因而可以被概括为经济要素的时空演化特征。已有大量的研究关注人口迁移与分布、土地利用、产业集聚、街道网络、经济不平衡等各类时空演化特征（孙铁山等，2014；孙铁山，2016；李国平和王春杨，2012；李国平和张杰斐，2015；古恒宇等，2018，2020a，2020b；劳昕和沈体雁，2015；王彦博等，2018；周麟等，2018；杨开忠和陈良文，2008；刘晔等，2019）。造成这种时空演化特征的成因和机理可以被概括为时空演化机制。通常来说，使用探索性空间分析、计量分析等手段，可以揭示经济要素的时空演化机制。在对空间人口问题的分析上，通常运用各类的统计分析（如空间自相关分析、耦合分析、地理探测器）、空间计量模型（如空间计量交互模型、空间自回归模型、空间杜宾模型）及多层模型（广义线性模型、多层 Logistic 模型）对人口迁移及再分布等现象的时空演化影响因素进行分析。本书关注的时空演化机制是高技能劳动力迁移的空间特征随时间演变的规律，以及这种规律背后的成因。

第四节 本书主要章节及内容

本书主要分为九章。

第一章为绪论，概括本书的研究背景，提出本书研究的核心问题是中国高技能劳动力迁移的时空演化机制，辨析了高技能劳动力、劳动力迁移、地方品质、时空演化机制四个关键定义的核心概念，描述了全书的研究内容与技术路线，并总结了本书主要创新点。

第二章介绍高技能劳动力迁移的理论基础，主要围绕经典劳动力迁移理论、高技能劳动力迁移研究、中国高技能劳动力迁移研究三部分展开。通过系统性的文献综述，发现既有研究主要存在定义缺陷、数据缺陷、理论缺陷和方法缺陷四大不足。使用更加精确定义的高技能劳动力迁移数据，构建纳入地方品质的空间均衡模型，运用适合于数据特征的全新计量模型，是本书开展研究的落脚点。

第三章是理论建构部分，主要讨论我国高技能劳动力迁移与集聚的经济地理。一系列特征事实表明经济因素和地方品质因素与我国高技能劳动力迁移和再分布具有密切关系。基于高技能劳动力的基本特征，构建了一个“两区域、两劳动力、三部门”的空间均衡模型——NESM 理论模型，同时纳入了新经济地理学中传统强调的运输成本及新空间经济学强调的地方品质对高技能劳动力的影响。模型求解后得到一个长期均衡状态下的高技能劳动力迁移方程，基于该方程进行模拟，可以得到相关的假说和推论，用于支持后文的实证分析。

第四章是空间分析部分，主要对 2000～2015 年中国省际高技能劳动力迁移格局的时空演化和网络特征进行分析。第一，该章介绍所使用的反映中国高技能劳动力迁移的数据；第二，论述户籍制度改革背景下中国近几十年来省际人口迁移变动规律；第三，对中国高技能劳动力的迁移和分布进行描述性分析；第四，分别对中国高技能劳动力迁移的时空演化特征和网络特征展开分析，同时，也对异质性劳动力迁移和再分布时空格局的差异展开分析；第五，分别对中国城市高技能劳动力空间演化格局及中国省际高技能劳动力和普通劳动力的复杂网络特征进行分析。

第五章使用一个泊松伪最大似然引力模型对中国 2000～2015 年省际高技能劳动力驱动机制展开实证研究。本书的计量模型框架系空间均衡理论迁移方程推导而来。首先，对不同实证模型进行对比，论证泊松引力模型的优势；其次，对空间均衡模型的相关模型假说进行实证研究，发现经济因素和地方品质因素共同驱动我国高技能劳动力区域流动，但相比之下，经济因素扮演更为重要的角色；再次，探究经济因素和地方品质因素对高技能劳动力迁移的影响如何随着时间而改变；最后，对异质性劳动力迁移机制的差异进行探究。

第六章使用一个多层 Logistic 模型，在微观尺度上实证 2017 年全国流入城市的高技能劳动力个体户籍迁移意愿的影响因素。模型结果从微观的角度再次论证空间均衡理论的正确性。此外，发现高技能劳动力户籍迁移意愿同时受到个体内部因素和城市外部因素的驱动，异质性劳动力迁移决策同样在微观角度上产生一定的差异性。

第七章为本书的拓展实证研究部分，为了进一步解决零膨胀、网络自相关等长期存在于我国区域高技能劳动力迁移数据中的问题，同时检验前文计量结果的稳健性，该章构建一个全新的 ESF Hurdle 引力模型。模型同时借鉴空间滤波的思想和 Hurdle 模型的思想。研究发现，相对于传统引力模型，该模型在各方面都具备优势。模型进而被运用于中国高技能劳动力迁移的研究中，一方面为前文结论提供稳健性检验；另一方面更好地实证模型的性能。

第八章以 NESM 理论模型为核心，结合实证研究中得到的相关拓展结论，以经典人口迁移经济理论为辅助参考，构建相关的分析框架，探讨中国高技能劳动力迁移和分布维持不变的特征、变化特征，以及异质性劳动力迁移和分布的差异特征机制。

第九章为治理政策建议部分。首先，该章对前文的理论和实证研究进行系统性的总结。其次，该章系统性地提出流动视角下中国高技能劳动力治理体系，并基于该体系提出了几条具体性的政策建议，以应对目前高技能劳动力迁移失衡和地区发展不均的问题。最后，该章对本书的不足进行总结，并展望未来的研究方向。

总体来说，本书的结构分为文献述评、理论构建和实证分析三大部分。实证分析进而又可以分为时空演化分析、宏观实证、微观实证和拓展实证四个部分，其中，前三个部分为实证计量部分，最后一个部分为总结性分析论述部分。

第五节　本书主要创新点

本书基于既有的经济地理理论，将地方品质因素纳入传统新经济地理学分析框架中，构建一个新的空间均衡模型以解释中国21世纪以来高技能劳动力的迁移机制。基于模型得到的一系列假说，运用如全国人口普查数据和全国1%人口抽样调查微观数据，以及中国流动人口动态监测调查（China Migrants Dynamic Survey，CMDS）数据，构建中国省际、市际、个体高技能劳动力微观数据库。使用若干空间分析和空间计量分析方法，构建适当的模型框架对中国21世纪以来高技能劳动力迁移的时空演化机制展开分析。总体来说，本书在理论、实践和政策启示等方面均具有创新性，主要可以概括为以下几个方面。

第一，将地方品质引入传统空间经济模型中，构建NESM理论模型。Krugman（1991）率先提出新经济地理学理论，该理论为解释区域间运费导致的规模报酬递增的产业集聚、经济发展现象及其导致的具有多样化消费偏好的劳动力区域迁移和集聚现象提供了具有强大解释力的工具，认为在运费下降的前提下，区域间的劳动力和产业会呈现出“核心—边缘”格局（安虎森，2005）。随后，尽管新经济地理学理论得到了长足的发展，但将其拓展至解释区域高技能劳动力迁移问题时，其忽视了影响高技能劳动力迁移的一个重要原因——地方品质，这导致了新经济地理学理论对现代人才迁移机制刻画的失真。

Graves（1976）提出的均衡理论首次将地区舒适度纳入研究劳动力迁移的分析框架中，此后，一批区域经济学家，如Florida（1999）、Glaeser等（2001）、Clark等（2002）强调了地区非经济因素，如自然条件、文化包容、交通通达、消费多样性、公共服务等对人才及区域创新的长足影响。这些非经济因素被我国经济地理学家杨开忠概括为地方品质。尽管学界已有非常多的文献将地方品质纳入实证分析框架中，但目前为止，对地方品质理论化、模型化的建构研究寥寥无几。尽管杨开忠（2019a）和张骥（2019）提出的新空间经济学尝试将地方品质纳入传统分析框架中，但相对而言，该理论忽视了仍然扮演重要地位的区域间运费导致的经济因素差异的影响效应。

因此，从理论上，本书的创新点在于首次构建了一个纳入学界持续关注的地方品质因素和地区经济因素的大一统的经济地理模型。该模型内生性地描述了地区经济效应与地区地方品质效应如何引起中国高技能劳动力的区域迁移，决定了21世纪以来高技能劳动力迁移的时空演化格局，为传统研究提供了一种理论化的分析视角。

第二，将对中国高技能劳动力迁移的截面分析拓展至 2000～2015 年面板分析。囿于反映高技能劳动力迁移的数据可得性问题，传统研究仅仅使用 2005 年全国 1%人口抽样调查数据对 2000～2005 年中国高技能劳动力的迁移问题展开研究（Liu and Shen，2017）。显然，以往研究已远远滞后于目前我国日益激烈的地区人才竞争下对高技能劳动力迁移研究的需求。本书将以往的研究数据拓展至 2000～2015 年面板，并结合一系列近年来开展的全国人口调查（如全国流动人口动态监测调查数据），对我国最新的高技能劳动力迁移规律展开研究，弥补了既有研究的不足。

第三，从区域宏观和个体微观两个视角展开实证研究。既有的关于劳动力迁移的实证研究可分为区域宏观视角下的建模研究和个体微观视角下的建模研究两类（蒲英霞等，2016；古恒宇等，2019b）。例如，著名的引力模型就是最为常用的一种宏观人口迁移模型，模型主要考虑迁出地和迁入地的人口规模及两地之间的迁移距离，用来解释两地之间劳动力的迁移规模。地理学和空间统计学家更倾向于使用区域宏观模型来描述区域劳动力迁移行为。个体微观模型则主要从每个劳动力本身的效用最大化（或家庭效用最大化）为视角出发刻画其迁移决策行为，一批劳动经济学家和社会人口学家构建了各类微观迁移模型来描述劳动力迁移行为。

宏观迁移模型和微观迁移模型各具优劣。宏观模型虽然能够很好地模拟区域劳动力迁移行为，但其存在如迁移流独立性、迁移流对称性等假设，且无法考虑到劳动力个体本身的决策过程；相反地，微观迁移模型虽然能够很好地刻画每个劳动力的迁移决策行为，但空间描述能力和模型拟合往往不如宏观模型直观。

本书创新性地将宏观迁移模型和微观迁移模型都运用在中国高技能劳动力迁移的实证研究中，宏观模型主要基于引力模型展开，研究对象为省际迁移的高技能劳动力规模；微观模型主要基于 Logistic 模型展开，主要研究城市高技能劳动力户籍迁入倾向（决策）行为的决定因素。从宏观和微观两个尺度进行研究，能够较好地弥补传统研究单一研究视角的问题。

第四，将传统引力模型计量方法拓展为空间滤波 Hurdle 引力方法。传统引力模型主要使用普通最小二乘法（ordinary least square method，OLS）进行估计，随后，泊松模型被更多用于引力模型的计量研究中（Shen，2012）。然而，传统的引力模型无法有效解决数据中的网络自相关和零膨胀问题。网络自相关的存在会导致迁移流之间违背独立同分布的假设，从而导致经典的高斯-马尔可夫假定失效，导致内生性的问题。零膨胀数据也会导致模型拟合精度和预测能力的下降。空间滤波是目前较为成熟的一种用于应对网络自相关的方法，通过设定滤波器可以有效减少残差中网络自相关的影响，降低内生性；Hurdle 模型是零膨胀模型的一种，将零值数据和非零数据的生成过程划分为两个阶段，两阶段的影响因素各不相同，从而精确地预测数据中零值的生成概率。本书创新性地将 Hurdle 模型和空间滤波模型共同纳入一个引力分析框架之中，用来对中国高技能劳动力迁移机制进行建模分析。较传统模型而言，该模型被实证具有更优的模型拟合能力和解释力，适合在针对中国异质性劳动力迁移的分析中推广。

第五，提出流动视角下中国高技能劳动力治理策略。基于理论模型推导和实证计量分析，本书得到一系列结论，这些结论可为提出中国高技能劳动力治理策略提供政策参考。在未来，高技能劳动力的迁移将持续保持规模大、次数频等特点，对地区经济发展和创新产生重大影响。通过地区经济发展要素和地方品质要素的调控，可以实现重塑高技能劳动力迁移和再分布的政策目标。同时，迁出地和迁入地在制定高技能劳动力政策时需要具有差异化视角，而地理邻近的城市乃至省份之间制定高技能劳动力政策也需要具有区域协同的视角。总之，本书创新性地提出在流动视角下中国高技能劳动力若干治理策略，为我国推动新型城镇化进程、实现高质量和创新驱动发展提供参考借鉴。

第二章　高技能劳动力迁移的理论基础

高技能劳动力迁移一直是学界经久不衰的重要议题。高技能劳动力的迁移和再分布对地区经济发展与创新能力具有不可替代的作用。作为交叉学科，劳动力迁移一直受到人口学、地理学、区域科学、经济学等诸多学者的关注。高技能劳动力作为劳动力的一种，与一般劳动力的迁移决策过程和时空格局有何异同？转型时期的中国更加重视人才对地区经济发展的作用，对中国高技能劳动力迁移和分布的研究有何进展？目前关于高技能劳动力迁移的研究有何不足之处？基于以上，本章将围绕高技能劳动力迁移这一议题展开综述。综述内容主要包括经典劳动力迁移理论、高技能劳动力迁移研究进展、中国高技能劳动力迁移研究三部分，并对既有研究的不足进行总结，以指导本书的理论构建和实证研究工作。

第一节　经典劳动力迁移理论

一、早期宏观迁移理论流派

经济学家和人口学家倾向于根据研究对象来区分宏观和微观劳动力迁移模型，尽管二者有时候并不具备完全明晰的界限（Charles-Edwards et al.，2019）。早期，劳动力迁移理论大多是以地区为研究单元的宏观迁移模型。在经济学界，关于劳动力迁移的讨论最早可以追溯到亚当•斯密（Adam Smith）在 *An Inquiry into the Nature and Causes of the Wealth of Nations* 中的论述（Smith，1976）。Smith（1976）发现城市地区与农村地区劳动力可获得工资的差异大于商品的价格差异；区域间的贸易抵消了商品价格的差异，而区域间劳动力迁移则抵消了工资差异。区域劳动力迁移是对劳动力市场空间不平衡的一种反映，而移民的一个关键决定因素是劳动力供给回报的空间差异（Hicks，1932）。Smith（1976）的迁移理论暗示着如果区域间的工资差异大于区域间的价格差异，则区域间会出现大规模的劳动力迁移流。

Ravenstein（1889）是 Smith 后的劳动力迁移理论集大成者，他利用英国人口普查数据并结合相关的人口迁移调查，提出了人口迁移的七大原则。Greenwood（1997）将 Ravenstein 的七大原则总结如下：①多数劳动力趋向于短距离迁移，目的地多为大城市；②快速增长的城市趋向于从周围的农村地区吸引大量人才，并进一步拉大城乡差距；③迁出规模往往与迁入规模呈现负相关；④一个大规模的人口迁移流将会促进一个补偿性的反向迁移流；⑤长距离迁移的劳动力更倾向于迁移至大城市；⑥农村人口比城市人口具有更高的迁移意愿；⑦女性比男性具有更高的迁移意愿。Zipf（1946）提出的“（P1P2）/D”假说认为区域间的劳动力迁移与迁出地和迁入地的人口规模成反比例关系，而与迁移距离呈正比例关系。Zipf（1946）的理论也直接推动了人口迁移引力模型的提出和发展。

同时期，Lewis（1954）也提出了一个著名的劳动力转移理论，认为发展中国家存在传统经济部门和现代经济部门，传统经济部门中存在大量剩余劳动力，发展中国家要实现经济跃迁，必须促使这些剩余劳动力转移至城市现代经济部门，从而达到资本积累。严格意义上来说，Lewis（1954）在发展经济学视角下的劳动力转移理论并没有强调实际地域环境和地理摩擦对迁移的影响，而描述了一种抽象化地理环境下的劳动力部门间的转移行为。

在 Smith（1976）、Hicks（1932）、Ravenstein（1889）、Zipf（1946）、Lewis（1954）等的劳动力迁移理论的启发下，自 20 世纪初，描述劳动力迁移的学术主流思潮倾向于将其看作一种追求劳动者人力资本最大化回报的过程。劳动者的迁移是一种对区域劳动力机会差异性的反映，当目的地与迁出地劳动力机会差异大于迁移成本时，区域间就会发生劳动力迁移。Jerome（1926）的实证研究发现区域的迁入移民与迁入地内部的就业条件有紧密联系，且迁移人口对迁入地就业市场条件的敏感程度高于迁出地就业市场条件。随后，Kuznets 和 Rubin（1954）的研究发现了政策因素及宏观经济因素在影响迁入劳动者的收益和成本决策中的重要作用。上述两篇文献虽然没有包含迁移理论建构，但对随后产生的从人力资本回报角度讨论劳动力迁移的理论奠定了基础。

二、新古典微观迁移理论流派

20 世纪中叶开始，随着社会学界生态学谬误（ecological fallacy）困境的出现及大规模微观人口学统计调查方式的普及，西方人口研究逐渐转向微观层面的人口研究，开始关注家庭、个体的社会人口学（沈体雁等，2021）。20 世纪 60 年代，学界开始从劳动者人力资本回报的角度解释区域迁移行为。人力资本迁移模型暗示着劳动力迁移的目标是最大化迁移效用，该迁移效用是其人力资本回报与迁移成本的净收益。

1. Sjaastad 模型

Sjaastad（1962）是人力资本迁移理论的开创者，他认为劳动力迁移的目的地选择实质上是换取其人力资本在各区位劳动力市场上所获得最高回报的结果。通过迁移和区位选择，劳动者促使与自身技能绑定的人力资本在市场上得到最大的回报。尽管 Sjaastad（1962）并未提出一个完善的数学模型，但他提出了劳动力迁移的初步决策过程：考虑自身在整个生命周期中迁出地与迁入地就业市场中获得效用的相对关系而得到一个最优的迁移区位选择。此后出现的几乎所有的现代新古典迁移模型都受到了 Sjaastad 模型的启发，如 Greenwood（1975，1985，1997）、Shields 和 Shields（1989）、Ghatak 等（1996）。在传统的 Sjaastad 模型中，迁移所带来的非货币化的回报（如更好的气候、优质的公共服务、开放的文化环境）并未被考虑在内，这并不意味着这些因素与迁移是无关的。相反，Sjaastad 模型认为上述因素已经体现在各地不同的区位特征中，从而反映在生活成本等经济因素上。例如，美国加利福尼亚州比明尼苏达州更好的气候条件已经被加利福尼亚州更高的房价所解释了（Shields and Shields，1989）。与引力模型相似，Sjaastad 的人力资本迁移模型同样纳入迁移距离作为重要的考量要素。迁移距离指的迁移成本包含所造成的旅行成本、融入新环境的迁入成本、在新环境中就业的搜寻成本及社会融入的心理成本等。

一个最为一般化的人力资本迁移模型框架可以被论述如下：假设不同地理区位上的收入存在差异性，且劳动者将在 T 时期后退休，定义 W_t^{O} 为迁出地单位时间段内的收入；W_t^{D} 为迁入地单位时间内的收入；$\mathrm{CL}_t^{\mathrm{O}}$ 为在迁出地的生活成本；$\mathrm{CL}_t^{\mathrm{D}}$ 为在迁入地的生活成本；i 为折旧率；C 为迁移成本。则在一个离散的时间点，劳动者获得的净迁移效用 π 可以表达为

$$\pi=\sum_{t=1}^{T}\frac{\left(W_t^{\mathrm{D}}-W_t^{\mathrm{O}}\right)}{\left(1+i\right)^t}-\sum_{t=1}^{T}\frac{\left(\mathrm{CL}_t^{\mathrm{D}}-\mathrm{CL}_t^{\mathrm{O}}\right)}{\left(1+i\right)^t}-C\left(D,X\right) \tag{2.1}$$

式中，D 为迁入地和迁出地之间的迁移距离；X 为影响迁移成本的其他因素（如落户门槛）。在一个连续的时间段内，劳动者获得的净迁移效用为

$$\pi=\int_{t=0}^{T}\left(W_t^{\mathrm{D}}-W_t^{\mathrm{O}}\mathrm{CL}_t^{\mathrm{D}}+\mathrm{CL}_t^{\mathrm{O}}\right)\mathrm{e}^{-rt}\mathrm{d}t-C(D,X) \tag{2.2}$$

无论是在离散型还是连续型的迁移模型中，迁移者都会选择在 $\pi>0$ 时迁移。更为一般化的情况下，当出现一系列迁移目的地时，迁移者会将式(2.1)与式(2.2)运用在每一对迁出地和目的地的比较中，从而选择一个带来最大化 π 的目的地进行迁移。

Sjaastad 模型奠定了现代新古典迁移理论的基调，但也存在诸多不合理之处：

①该模型仍然是一个静态模型，没有考虑到迁移者在一生中可能遇到的各种迁移选择的可能性和差异性；②描述的迁移单位是个体，缺乏对迁移者亲朋好友对其迁移选择的影响的考虑；③“推力”和“拉力”因素在该模型中是对称的，而在现实中迁入地的“拉力”往往更为重要；④迁移者被假设为具有完全信息；⑤没有考虑到迁移者从迁入地向迁出地的汇款（remittances）。除了 Sjaastad 模型外，一些经典的迁移模型如 Schultz（1961）和 Becker（1965）同样从人力资本回报的角度对区域迁移进行了论述。尽管 Sjaastad 模型在现代新古典迁移理论上具有奠基的地位，然而在现实中劳动者迁移的动机是多样的，这昭示着需要从更多的角度对 Sjaastad 模型展开拓展。

2. Sjaastad 模型的拓展

自 20 世纪下半叶开始，人力资本迁移模型得到了极大的发展和扩充（Bodvarsson et al.，2015）。

首先，一部分区域经济学家在传统的 Sjaastad 模型框架中考虑不可贸易消费品的影响，如将舒适度、公共服务、开放程度等因素纳入劳动者迁移效用方程中（Rosen，1974；Graves and Linneman，1979；Graves，1983；Green et al.，2005；Greenwood，1997；Glaeser et al.，2001；Tiebout，1956）。

其次，也有部分学者在 Sjaastad 模型框架中纳入社会网络的影响。在早期的人力资本模型中，货币形式表现的迁移成本仅仅依赖于迁移距离，而非货币化的心理成本等因素被看作常数。然而，从社会学的角度来说，目的地家庭关系和亲朋网络对迁移者的影响在迁移决策过程中显示出十分重要的地位。劳动者迁入一个已经形成较好迁移网络的目的地时，其搜寻就业的成本、搜寻住所的成本、儿童教育成本将会下降（Hugo，1981；Taylor，1986；Massey and España，1987）。由于迁移成本很可能与上一期迁移规模（将会构成目的地的社会网络）相关，迁移成本从外生变量变为内生变量。一种直接考量目的地社会网络的方式是纳入一个衡量社会融入风险的变量。例如，Taylor（1986）的模型中，社会融入风险变量被假设为与迁移规模呈现负相关关系。

再次，部分学者在 Sjaastad 模型中考虑迁移个体的生命周期效应。这是由于在现实情况中，迁移者往往是异质的：一部分迁移者在一生中的不同阶段具有不同的迁移意愿（周期性）；另一部分迁移者也许在一生中迁移意愿变化不大（非周期性）。传统的 Sjaastad 模型对劳动者的循环迁移和回流行为的解释力相对薄弱（Bodvarsson et al.，2015）。Polachek 和 Horvath（1977）提出的模型在继承传统 Sjaastad 模型设定的基础上，假设劳动者的迁移决策具有生命周期效应，因此其对各区位价值的需求在其生命的不同阶段也是异质的。

最后，一部分学者考虑在 Sjaastad 模型的框架内纳入不确定性的考量（Harris

and Todaro，1970；Todaro，1969）。这些学者认为一旦农村人口迁移至城市，需要等待相当长的一段时间才能进入城市部门就业。因此，这些新迁入的人口会加入一个大规模的劳动力“池”（pool），“池”中包含与这些人相似的新迁入的没有找到工作的工人。Todaro（1969）微观迁移模型是 Sjaastad 模型的一个现代完善版本，其基本设定如下。

$$\pi = \int_{t=0}^{T} \left(p(t) W_t^{\mathrm{D}} - W_t^{\mathrm{O}} \mathrm{CL}_t^{\mathrm{D}} + \mathrm{CL}_t^{\mathrm{O}} \right) e^{-rt} \mathrm{d}t - C(D, X) \tag{2.3}$$

式中，$p(t)$为迁入劳动力在t时期进入城市现代部门就业的概率；其余符号与式（2.1）和式（2.2）相同。Todaro 的框架为后续大量的迁移研究奠定了基础。例如，Harris 和 Todaro（1970）的模型考虑了城市部门对迁入者的工资补贴后迁入劳动力的福利水平变化。Corden 和 Findlay（1975）的模型进一步在 Harris 和 Todaro（1970）模型的基础上考虑了资本的区域流动，而 Fields（1979）则将该模型拓展为考虑劳动者就业偏好的选择模型。Calvo（1978）则在模型中考虑到城市公会的存在，公会的目标是最大化迁移者所获得的相对于其出发地而言的效用和福利。与此同时，Pickles 和 Rogerson（1984）、McCall 和 McCall（1987）则主要着眼于考虑移民在迁入城市所获得的预期收入的不确定性。

值得一提的是，有关于传统人力资本迁移框架的另一个重要的拓展是将迁移决策从个人到家庭主体的变化。最早从家庭视角对迁移行为展开研究的学者包括 Sandell（1977）、Polachek 和 Horvath（1977）等，这些模型假设家庭成员之间对迁移目的地决策存在矛盾，因此从这个意义上看，迁移决策往往只对某一部分的家庭成员有好处，而其余家庭成员则牺牲自身的效用。进入 20 世纪 80 年代，以 Stark 为代表的新迁移经济学出现，代表文献包括 Stark 和 Levhari（1982）、Stark（1984，1991）、Katz 和 Stark（1986）。新迁移经济学强调了劳动力在目的地往出发地汇款的重要性。个体的迁移决策是家庭效用最大化条件下的结果，而家庭联系的存在可以在一定程度上减轻个体迁移的风险性。新迁移经济学模型尤其对发展中国家人口迁移行为有着很好的解释力度（Bodvarsson et al.，2015）。

随后，在 Sjaastad 模型框架下，不少学者将微观劳动力迁移模型拓展至更贴合现实世界的形式。例如，Rogerson（1988）在原有的模型框架下构建了一个内生的劳动力迁移模型；也有学者在迁移模型中考虑多种多样的迁移成本，包括社会融入成本、购房成本、心理成本等（Beine et al.，2011；Grogger and Hanson，2011；Ortega and Peri，2009）；部分学者在原有模型下考量了人口政策对劳动力迁移的影响（Clark et al.，2007；Mayda，2010）；Borjas（1987）、Borjas 和 Bratsberg（1994）则关注劳动力迁移的自选择效应。尽管学者进行了多种多样的理论拓展，但既有的微观迁移框架主要仍然沿用了 Sjaastad 和 Todaro 等早期的思想和设定。总体来说，在 20 世纪中叶至 20 世纪末的这段时间里，微观迁移模型一直是劳动力迁移研究的主流理论。21 世纪初，随着学界重新对人口迁移中空间变迁的关注，诸多考虑到地理因素的劳动力迁移宏观模型逐步吸引了更多的关注（Bernard et al.，2020）。

三、区域科学迁移理论流派

1. 主流区域科学界的劳动力迁移理论

“区域科学之父”Isard（艾萨德）在其 *Introduction to Regional Science* 中，将区域科学定义为一门研究具有空间和区域属性社会问题的学科（Isard，1975a）。从这个定义上来看，劳动力迁移的研究毫无疑问是区域科学关注的重要方面。劳动力迁移具有明确的空间属性，因为迁移行为需要通过在空间上发生移动完成；而劳动力迁移也是一个明确的社会议题（Greenwood et al.，1991）。早期的区域科学在一定程度上是由古典区位论发展而来的，因而主要关注的是地理区位因素下的产业、贸易和区域经济活动（张可云和陈秀山，2003），但也有少数学者从区域科学的视角下关注区域劳动力迁移的理论化表达。Stouffer（1940，1960）提出了著名的干预机会模型（intervening opportunities model），认为出发地和目的地之间的区域人口迁移规模与目的地和出发地距离范围内的干预机会成反比，而与目的地和出发地距离范围之外的机会成正比。干预机会模型很好地模型化了迁移距离、机会及迁移规模之间的关系。同时干预机会模型也预示着一定程度的劳动力迁移溢出效应，因为相邻的迁出地很可能受到相似的干预机会的影响，从而导致相邻迁出地迁出人口规模存在一定的正相关关系（古恒宇等，2019b；Gu et al.，2019；Chun and Griffith，2011）。

事实上，以 Isard 为代表的早期区域科学家主要关注地区产业区位选择、区域经济发展等问题，而对区域劳动力迁移本身的关注相对较少（Alonso，1964；Isard，1956）。Isard 著名的区域科学奠基作 *Location and Space-Economy* 一书中仅仅将区域劳动力流动作为其论证区域产业集聚及区域经济系统的一个关键辅助要素加以论述和讨论（Isard，1956）。在其 1975 年出版的 *Introduction to Regional Science* 中，Isard 开始讨论区域劳动力流动的问题（Isard，1975a）。彼时，引力模型（gravity model）凭借其对区域劳动力流动简洁但解释力强的描述得到了以 Isard 为首的一批区域科学家的关注。Isard（1975a）首次论证了引力模型（空间交互模型）的基本原理和区域经济学逻辑，并推导出区域劳动力迁移的距离衰减曲线。20 世纪 80 年代，后来十分著名的空间计量经济学家 Anselin 在 Isard 的指导下完成了多篇有关引力模型的理论与实证研究，将引力模型纳入区域科学的研究视野范围之内（Anselin，1982，1984；Isard and Anselin，1982）。随后，Isard 等（2017）在其著名的论述区域科学研究方法的著作 *Methods of Interregional and Regional Analysis*

（1998年第一版，2017年再版）中利用一个章节的内容讨论了引力模型的逻辑及其区域人口迁移研究的运用。而如Plane（2000）等区域科学家也一直致力于强化区域科学中对劳动力迁移研究的关注和学术训练，并强调区域科学中劳动力研究的重要意义。可以说，以Isard、Anselin、Plane等一批主流的北美区域科学家为代表，区域科学对劳动力迁移的研究和发现主要在引力模型的理论化进行理论表达与应用研究（杨开忠，2008）。

除了上述区域科学家之外，一大批区域经济学学者在受到20世纪60年代Sjaastad人力资本迁移框架的影响下，同样致力于完善在劳动力迁移模型中纳入空间均衡的工作（Bodvarsson et al.，2015）。正如前文所述，早期的人力资本迁移模型假设区域间所有的消费品都是可贸易的，因而在劳动者迁移的效用函数中仅考虑收入效应，而并不纳入对舒适度的考量。这批区域经济学家最早对Sjaastad模型中无法纳入舒适度、公共服务和开放度等不可贸易品的影响产生怀疑，并进一步思考如何在该框架中纳入这些因素的考量。其中，以Graves（1979）的均衡理论、Glaeser等（2001）的消费者城市假说、Florida（2004）的创意阶层理论及Clark等（2002）的场景理论最具代表性。尽管部分理论并没有很好的数学模型化表达，但其理论框架都强调了不可贸易因素在引导人口迁移和再分布过程中的重要作用。

2. 新经济地理学中的劳动力迁移模型

从主流经济学的角度来看，Arrow-Debreu一般均衡框架是现代经济分析的基础（Arrow and Debreu，1954）。此后，如何在一般均衡框架内纳入空间的影响成为主流经济学家和区域科学家共同面对的问题。然而，尽管以Isard为首的北美区域科学家一直强调在纳入地理空间因素后的模型化、理论化表述，但将空间因素纳入一般均衡框架的难度极大，以至于Isard等认为需要建立完全不同于一般均衡框架下的新的用于论述空间的模型框架（杨开忠，2019a）。Starrett（1978）提出了著名的空间不可能定理，论证了当存在运输成本的情况下，难以将空间因素纳入传统的完全竞争的一般均衡模型中。随后，Dixit和Stiglitz（1977）在他们开创性的研究成果中提出了DS框架，DS框架将规模报酬递增纳入建模范畴，直接影响了后继的空间经济学的蓬勃发展。Krugman（1991）在DS框架的基础上结合Samuelson（1953）的冰山交易成本，首次构建了一个纳入运费（空间）因子的一般均衡模型——核心边缘（core-periphery，CP）模型，从而开创了新经济地理学。CP模型视角下，本地市场效应和价格指数效应在循环因果累积的作用下催生了产业和劳动力由外围地区集聚到核心地区，而拥挤效应的存在也同样使得劳动力在区域之间的对称均衡分布成为可能。随后，诸如Fujita、Baldwin、Ottaviano、Thisse等一大批经济学家继承了新经济地理学模型的思路，对其进行诸多扩展，相继提出了如自由资本（footloose capital，FC）模型、自由企业家（footloose enterpreneur，FE）模型等（安虎森，2009）。

在新经济地理学模型世界中的一般均衡框架下，区域的总供给和总需求达到均衡状态，产业分布、劳动者就业和流动、产品生产、运输和消费等要素组成了一个理想化的经济系统（Fujita et al.，1999）。仅从劳动力迁移理论的视角看，新经济地理学模型着眼于每个劳动力个体进行建模，因此仍隶属微观迁移模型的范畴。多数的新经济地理学模型在对劳动力区域流动解释时所构建的关键迁移方程仍然与早期的 Sjaastad 模型存在异曲同工之处。例如，在一个两区域的 CP 模型中，均衡状态下可以求得区域 A 与区域 B 的劳动力实际工资为 ω_1 和 ω_2，则导致 B 区域劳动力迁移至 A 区域的动力是 $\omega_1 > \omega_2$，而均衡条件则是 $\omega_1 = \omega_2$。然而，由于区域之间的迁移距离通过运费内生化在区域均衡条件下的价格指数P中，因此区域间个体劳动力迁移决策方程仍然表现为 $f[\omega_1(d),\omega_2(d)]$ 的形式，式中，d 为由距离导致的消费品价格在不同区域成交时的差异比值。从另一个角度来看，新经济地理学中的劳动力迁移是同质的，故而每个同类劳动力所面临的迁移选择是完全一致的，因此，可以求出均衡时的区域迁移方程。从这个意义上来说，新经济地理学中劳动力迁移的模型框架由于纳入了对地理空间的考量而颇具宏观迁移模型的色彩。

新经济地理学诞生后一度吸引了地理学界、经济学界和区域科学界学者的广泛关注与热议。可以说，以 Krugman 为代表的经济地理学家一定程度上实现了以 Isard 为代表的北美主流区域科学家一直以来的夙愿，即将空间纳入模型化的经济学分析框架中。然而，新经济地理学诞生伊始遭到了诸多区域科学家的批评，以 Isserman（1993，1995）为代表的批评者认为新经济地理学仅仅使用了崭新的技术解决了如 Isard 和 Thunen 等早先时候已论述清楚的有关城市、产业和劳动力流动的议题。此外，新经济地理学模型由于追求完美的数学设定而丧失了对现实的解释力度。例如，对于一个只有两区域、两类劳动者和两部门的经典 CP 模型而言，其对劳动力区域流动的解释与现实情况相距甚远。这种对新经济地理学的批评使得主流区域科学家一直没有将新经济地理学纳入区域科学的范畴。这种情况一直持续到 2004 年，彼时 *Papers in Regional Science* 杂志出版了名为“黎明前的黑暗：区域科学的 50 年”的专刊，正式将新经济地理学纳入区域科学的研究范畴，这也表示新经济地理学正式被主流区域科学家所接受（Barnes，2004）。此后，新经济地理学一直是区域科学界的一个重要的研究方向（Fischer and Nijkamp，2013）。

早期的新经济地理学模型主要关注区域间运费为正的可贸易品流动或人力资本等要素的流动对两区域劳动者获得的实际工资的影响从而引发劳动者的区域迁移行为，并没有将其他因素（舒适度、公共服务等）内生地纳入劳动力的区域迁移方程中。事实上，这也是很大一部分学者批判新经济地理学模型缺乏对现实解释能力的一个典型例子。注意到这一问题，受到 Glaeser、Florida、Clark 等一批区域科学家理论的启发，杨开忠（2017，2019a）以中国京津冀协同发展为案例提出地方品质的概念，并将自然和城市舒适度、公共服务供给、交通便利性及社会服务等一系列不可贸易品定义为地方品质。随后，张骥（2019）首次构建了一个考虑到地方品质因素的新经济地理学模型，并认为考虑到地方品质因素的新经济地理学模型可以统一归纳为新空间经济学模型。模型中假设两类劳动力（高技能劳动力、普通劳动力）、三类部门（贸易品部门、地方品质部门、政府）、两种产品（可贸易品、地方品质）的存在。为了求解简易，运费被设置为零，即不存在冰山交易成本形式的运输折旧。高技能劳动力效用的提升与其消费的可贸易品和地方品质产品相关，均衡条件下迁移方程为

$$\frac{V_A}{V_B}=\frac{W_H^A}{W_H^B}\left(\frac{\int_{i\in NB}q(i)^{\frac{1}{1-\theta}}\mathrm{d}i}{\int_{i\in NA}q(i)^{\frac{1}{1-\theta}}\mathrm{d}i}\right)^{\frac{1}{1-\theta}(1-\alpha)} \tag{2.4}$$

式中，V_A/V_B 为 A 地区与 B 地区劳动者获得的效用之比，若该值大于 1，则高技能劳动力迁移者会从 B 地区迁移至 A 地区；W_H^A 和 W_H^B 分别为 A 地区和 B 地区高技能劳动力迁移者所能获得的名义工资；$q(i)$ 为高技能劳动力迁移者对地方品质的消费数量；θ 为生产可移动贸易品需要的普通劳动力边际数量；α 为投入生产地方品质产品的土地面积。由该迁移方程可以看出，相比于传统新经济地理学模型，新空间经济学模型同时考虑到地方品质因素和可移动品因素对劳动者迁移的影响，且主要关注于高技能劳动力的迁移行为，这导致新空间经济学更为贴近人口迁移的实际情况。随后，杨开忠团队进一步推出更多形式的新空间经济学模型用于解释区域人口迁移和再分布规律（董亚宁等，2019，2020）。

四、空间迁移理论流派

20 世纪下半叶，西方社会科学领域学者倡导将更广泛的空间分析技术运用在传统人口学研究中，社会学家 Giddens（1984）认为传统西方社会理论忽视了空间问题，只有围绕空间才能构建合理的社会理论。由于人口迁移微观模型中较难纳入对地理空间因素的考量，一系列宏观迁移模型在 2000 年以来受到了学界的大量关注（古恒宇等，2019b；蒲英霞等，2016）。随着地理信息系统（geographical information system，GIS）技术的发展，学者开始重新关心劳动力迁移研究中的空间行为。在这一思潮下诞生了空间人口学（spatial demography）。人口学家 Voss

（2007）首次系统地阐明了空间人口学作为一个重要学科的意义，并强调运用 GIS 等一系列空间分析手段解决传统人口学研究的相关问题（沈体雁等，2021）。

虽然学者一直试图将引力模型（空间交互模型）纳入区域经济学的一个研究领域，但实际上引力模型在人口迁移研究中的涉及面和影响极其广泛。推拉理论的思想最早可以追溯到 Ravenstein（1889）的“人口迁移七大原则”。在推拉理论的影响下，学者一直寻求描述区域间人口迁移的模型。Zipf（1946）受到物理学万有引力的影响，提出了著名的人口迁移引力模型，来描绘两地区间人口迁移的规模。最原始的引力模型仅包含三个变量：迁入地的人口规模、迁出地的人口规模、迁移距离（Gu et al.，2019）。随后，一批学者在引力模型的框架下加入不同的迁出地和目的地变量以提高模型的拟合能力（Alonso，1978；Fotheringham，1983，1986；Lowry，1966；Plane，1984；Wilson，2011）。另一批学者则一直在致力于通过模型设定提升模型的解释力，降低模型的误差。这些拓展引力模型包括但不限于对数线性模型（Rogers et al.，2002）、多层引力模型（Shen，2012）、泊松引力模型（Flowerdew and Aitkin，1982）及负二项引力模型（Burger et al.，2009）。也有一部分学者致力于将引力模型应用于不同的研究对象中。例如，刘晔和沈建法团队曾致力于将引力模型运用于中国的高技能劳动力流动的模型研究中（Liu and Shen，2014a，2017）。一般形式的引力模型可以写成如下形式。

$$y_{ij} = g(p_i, p_j, d_{ij}, \boldsymbol{X}_i', \boldsymbol{X}_j') \tag{2.5}$$

式中，$y_{ij} = y_{ji}$ 为 i 地、j 地之间的劳动力迁移规模；p_i 和 p_j 分别为 i 地和 j 地的人口规模；d_{ij} 为 i 地和 j 地之间的距离；$\boldsymbol{X}_i$ 和 $\boldsymbol{X}_j$ 均为一系列经济社会特征的列向量。

迄今为止，引力模型在劳动力迁移领域得到了大量的运用，成为被广泛接受的人口迁移宏观模型（古恒宇等，2019b）。引力模型隐含着一个重要的假设，即每一条迁出地—目的地（origin-destination，OD）流是相互独立的。引力模型的独立性假设意味着迁移流之间不存在网络自相关性，而这个假设在实际情况下很难达到（古恒宇等，2019a）。例如，Griffith 和 Jones（1980）关于加拿大人口流动的研究证实，出发地相邻的人口外迁趋势呈现出相似的特征，而指向同一目的地的人口迁入趋势同样具有一定的关联。自此，如何在引力模型的形势下考虑迁移网络的自相关特征成为学界关注的重点。

人口迁移网络的自相关效应目前能追溯两个重要的理论派系：中介机会模型和竞争目的地模型。中介机会模型认为两地之间的劳动力迁移规模与两地之间的中介机会成反比，而与两地距离之外的机会成正比（Stouffer，1940）。竞争目的地模型则认为，劳动力迁移决策分为两个主要阶段，在第一个阶段中，劳动者先选取一部分目的地子集，在第二个阶段中，劳动者则在这个目的地子集中对目的地进行考量。因此，在目的地子集中的目的地如果距离越近，就越会产生竞争效应，从而影响迁移至对方目的地的劳动力迁移决策（Fotheringham，1983，1986）。中介机会模型实际上暗示着一种基于迁出地的网络自相关效应：指向同一目的地而迁出地相邻的迁移流之间会产生关联。而竞争目的地模型则暗示了一种基于迁入地的网络自相关效应：从同一出发地迁出，指向相邻目的地的迁移流将有更大可能发生空间关联（Chun，2008）。

从统计学的角度来看，传统数据主要包含对象属性特征乃至时间序列演化，而空间数据则进一步包含了地理位置信息（又称空间信息）。人口数据是典型的空间数据，包含了特定的空间特征信息，且体现出一定的网络自相关效应（古恒宇等，2019b）。人口迁移是一个空间决策过程，受到其他迁移现象及社会经济要素在宏观层面上的影响，如区域间的经济发展水平差异、邻近地区的影响（Chun，2008）。模型分析若忽视空间自相关效应，则可能会导致有偏的结果及内生性的问题。传统的人口迁移模型（包括引力模型在内），需要满足因变量相互独立的基本假设（Lesage and Pace，2007），即需假设迁移流之间相互独立。然而网络自相关性广泛存在于空间交互数据，导致此基本假设的违背（Chun，2008；Fischer and Griffith，2008）。若模型中未能很好考虑网络自相关性，则会忽略迁移流的空间相互作用，无法区分局部空间结构、全局空间行为效应与距离衰减效应所带来的影响。因此，拟合结果会存在一定的偏差，结果可信度下降，各影响因素的显著程度与系数大小将出现误差（Fischer and Griffith，2008）。目前，对引力模型中网络自相关的处理手段主要包括空间计量交互模型（Lesage and Pace，2008）和空间滤波引力模型（Griffith，2009）两大类。

随着计算机技术的发展，更多种类的GIS图谱分析、地理统计分析、空间统计分析、空间复杂模型等方法被运用于人口空间迁移及分布的研究中（沈体雁等，2021），表2.1总结了这些方法及其应用。

表2.1　空间分析的概念内涵与空间人口学研究运用

空间分析概念	内涵	具体手段	空间人口应用案例
GIS图谱分析	基于距离的空间邻近性度量及地理数据间的影响效应	缓冲区分析、叠加分析	人口学变量的空间格式化、专题地图制作
	基于拓扑网络的传播路径及距离特征分析	网络分析	人口迁移、疾病传播的路径分析
地理统计分析	空间插值分析，以变异函数为基础基于地理样本点对未知区域数据进行无偏最优估计	克里金插值	人口学变量空间异质性的探测，预测未知区域的数据，集合数据的离散化

续表

空间分析概念		内涵	具体手段	空间人口应用案例
空间统计分析	格局分析	基于距离、密度等点数据的位置特征，对个案数据进行空间格局分析；或针对离散化的栅格或网格数据进行空间格局分析	标准差椭圆法、平均最近邻法、Ripley's K 函数法	人口变量个案（如某市疾病发病样本点）或集合（生育率、死亡率）的集聚度等分布规律
	模型分析	利用统计学原理、图表数据可视化技术相结合对空间维度的数据进行分析和鉴别	探索性空间数据分析（exploratory spatial data analysis，ESDA）	人口变量的空间自相关、各向异性、热点分析、局部空间聚类等特征
		利用显格式的空间回归模型对地理数据的影响因素进行估计	空间自回归模型	人口变量（如两地间人口迁移数量）的影响因素及空间溢出大小
		利用隐格式的空间滤波技术对地理数据的影响因素进行估计	空间滤波模型	过滤空间自相关效应后，人口变量（如两地间人口迁移数量）的影响因素
		针对各地理样本点的影响因素空间差异展开分析	地理加权回归模型	区域人口变量（如出生率）影响因素的空间分异
空间复杂模型	随机模型	通过条件约束机制模拟研究对象的行为及特征结果	元胞自动机、多智能体	人口变量（如出生率）的时空模拟分析
	动力学模型	利用系统反馈机制并考虑空间非线性、多层次、复杂网络等模拟分析	复杂网络模型、系统动力学模型	洲际人口迁移网络的复杂网络特征演化分析

第二节　高技能劳动力迁移理论研究

一、高技能劳动力迁移研究的历史沿革

高技能劳动力的迁移问题直到 20 世纪下半叶才引起学界的关注。对高技能劳动力迁移的研究最早可追溯到 20 世纪 60 年代中期，当时英国学界普遍对英国正遭受人才流失困境产生忧虑（Koser and Salt，1997）。在整个 20 世纪 70 年代，关于技术移民的文献数量较少，尽管已经出现了一些学者表示出对高技能劳动力迁移的关注（Koser and Salt，1997；Gould，1988a）。20 世纪 80 年代，关于高技能劳动力迁移的文献数量逐步增加，尤其是以英国的一批地理学者为代表（Liu，2013）的文献逐步增加。传统上，学界主要关注因工作原因从一个地方迁移到另一个地方的同质化的体力劳动者迁移问题（Ravenstein，1889；Sjaastad，1962）。

然而，这样的研究框架并没有考虑到20世纪80年代以来劳动力迁移呈现出的复杂性特征和与以往决策模式的细微差别（Liu，2013）。在全球化背景下，高技能劳动力迁移变得越来越普遍，高技能劳动力迁移的规模逐渐增大，一部分原因可能是由于后工业经济越来越依赖于获取、部署和利用人力资本与专业技术能力；另一部分原因是跨国公司通过在其国内劳动力市场转移技术人员来部署公司战略（Salt，1992）。Salt（1983）指出，由于现代劳动力市场的分散性，西北欧洲国家间的高技能劳动力开始频繁流动。Gould（1988b）探讨了国家政策对撒哈拉以南非洲熟练技能国际移民地理差异的影响。Findlay（1988）基于微观层面的调查显示，永久性定居的高技能劳动力数量逐渐减少，而非永久性熟练劳动力转移的规模日益显著。

显然，传统理论和框架不足以支撑对区域经济发展日益重要的高技能劳动力流动和再分布行为的分析。20世纪70年代，以Graves（1976，1979）等为代表的区域经济学家从美国高技能劳动力迁移至自然舒适度较高的城市的现象出发，关注舒适度因素对高技能劳动力迁移的影响。Graves（1976）从城市效用均衡出发，认为高技能劳动力同时受到工资和舒适度的影响，高舒适度的城市意味着较低的工资和较高的土地租金（地价），当舒适度带来的效应提升比地价上升和工资下降带来的效用下降的程度更大时，高技能劳动力将迁移至该城市。随后，Glaeser等（2001）从消费者的视角对Graves的理论进行了阐述和扩展。均衡理论学派对舒适度因素的关注，开创了以不可贸易品视角入手对高技能劳动力迁移研究的先河，对后续研究产生了一定的影响。

20世纪80年代末，地理学家也认识到高技能劳动力迁移的重要性日益增加，一部分英国地理学家成立了一个英国地理学家协会（Institute of British Geographers，IBG）技术国际移民工作组，并制定了相关的研究议程，确定了未来关于高技能移民的研究方向：将研究视角从以往主要从宏观尺度关注国际移民，转向从宏观尺度的国际移民、中观尺度的国内区际迁移和微观尺度的家庭迁移。该时期，学界一致认为，在回答与迁移的行为和组织维度相关的问题方面，一手数据优于二手数据（Findlay and Gould，1989）。1988年，《地理论坛》（*Geoforum*）杂志出版了特刊，提供了地理学家对这一领域的兴趣和方法的代表性观点（Gould，1988b）。

20世纪80～90年代，Krugman（1991）与Fujita等（1999）构建了新经济地理学理论，将空间正式纳入一般均衡框架中，从不完全竞争、规模报酬递增的视角研究高技能劳动力的区际迁移问题。以往关于高技能劳动力迁移的理论多为理论阐述，缺乏严谨的数学建模推导，新经济地理学构建的分析框架为严谨、理性地解释和模拟高技能劳动力迁移提供了借鉴。但与此同时，新经济地理学理论也存在一些问题。例如，仅关注产业间的内部规模经济，而忽视了外部规模经济的作用；高技能劳动力的迁移仅看作实际工资作用下的迁移现象，而忽视了迁移成本、舒适度等其他因素的影响。

20 世纪 90 年代，学界开展了全面深入的实证研究，研究主题围绕世界各地高技能劳动力迁移的空间格局、机制和影响效应展开。在全球化和世界各国贸易联系逐渐紧密的背景下，学者开始关注各部门中专业化、管理技术和技术联系的动机和特征。除了新古典主义方法外，行为主义方法和制度主义方法被广泛用于解释高技能劳动力迁移的环境约束和机会，以及个人和家庭的迁移决策。与此同时，一些学者开始对现存的关于高技能劳动力迁移的学术和政策问题展开综述（Koser and Salt，1997；Peixoto，2001；Iredale，2001）。然而，虽然高技能劳动力的国际迁移问题吸引了相当多数学者的注意，但除了 Fielding 的假说之外，20 世纪 90 年代的迁移研究领域明显忽视了高技能劳动力的国内迁移研究（Fielding，1992）。

自 20 世纪 90 年代末和 21 世纪初以来，社会科学学者发表了大量关于技术移民的多学科出版物（刘晔等，2013）。跨国主义（transnationalism）的概念在国际高技能移民中越来越普遍，一部分原因是目前的全球经济状况需要循环流动，另一部分原因是高技能移民本身比以前更有能力跨越国界（Vertovec and Cohen，1999）。此外，学者开始通过全球-地方联系（global-local nexus）的视角来探讨国际移民运动（Chen and Sun，2007）。他们对地理空间与流动网络、国家主权与商业网络、地方网络与全球网络、国家认同与世界主义之间的矛盾与冲突关系越来越感兴趣。

而对国家内部高技能劳动力迁移，无论是理论还是实证研究，都少于对国际高技能劳动力迁移的讨论。目前来说，学界对国内高技能劳动力迁移的研究主要集中在对美国、中国及英国的讨论上。学者主要关注了三个方面的问题：一是城市区域的内部迁移和对外联系，通过对地理动因和职业动因之间的因果关系进行评价（Findlay et al.，2008，2009；Fielding，1989，1992）；二是评估与工作机会相关和与舒适度相关的因素在多大程度上影响高技能劳动力和创意阶层的流动（Arntz，2010；Chen and Rosenthal，2008；Ferguson et al.，2007；Gu et al.，2021a；Greenwood and Hunt，1989；Knapp and Graves，1989；Liu and Shen，2014b；Niedomysl and Hansen，2010；Scott，2010）；三是研究高校毕业生在劳动力市场中的学历与工作不匹配问题（Büchel and van Ham，2003；Faggian and McCann，2009；Hensen et al.，2009；Liu et al.，2017）。

二、国际高技能劳动力迁移研究

人口地理学家一直倾向于将人口迁移分为内部迁移（国家内部、省份内部等）

和国际迁移展开分析，而许多情况下区域经济学家在分析劳动力迁移行为时对该概念并不做严格的区分（朱宇等，2017）。显然，国际高技能劳动力迁移和国内高技能劳动力迁移在其影响机制方面是有区别的：对于国际迁移而言，国家界限所带来的行政壁垒及其所带来的文化、社会融入成本是影响劳动力迁移不得不考虑的因素，而国家内部迁移的行政壁垒则相对小得多（Skeldon，2006）。但除此之外，国际和国内人口迁移的机制和影响因素十分相近，主要包括地区的经济发展水平、舒适度等（King and Skeldon，2010）。国际高技能劳动力迁移的研究与国内高技能劳动力研究存在密切的关系，对国际高技能劳动力迁移机制的梳理有利于指导国内高技能劳动力研究（Gu et al.，2021c）。

总体来看，在跨国主义、世界主义和全球化的思潮影响下，国际高技能劳动力迁移日益频繁（陆军等，2010）。本节借鉴 Liu（2013）的框架对国际高技能劳动力迁移机制进行梳理（图 2.1），从宏观、中观和微观三个层面总结影响国际高技能劳动力迁移的因素。

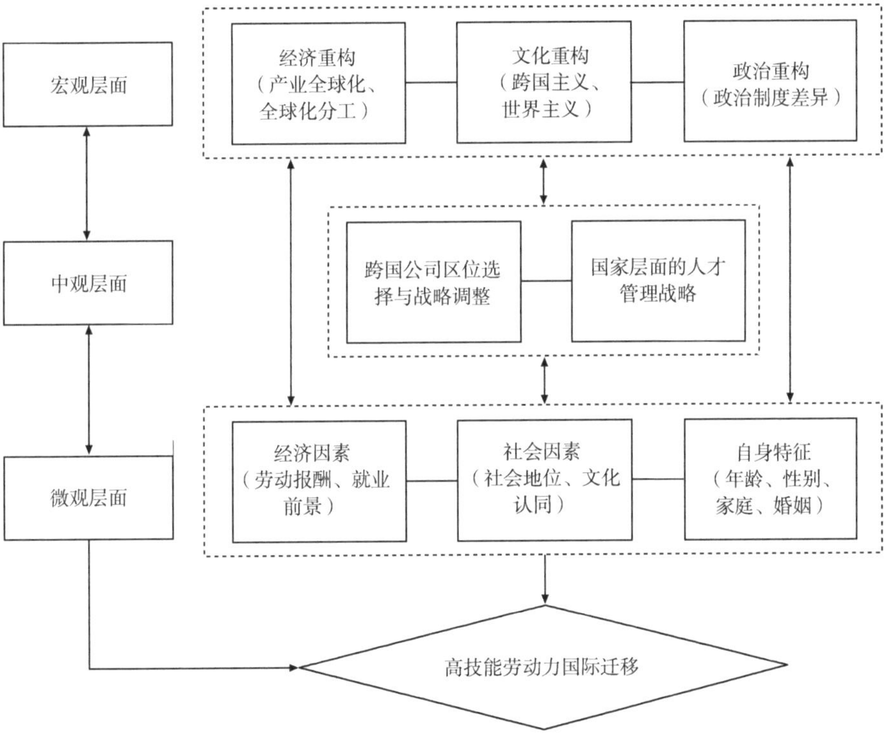

图 2.1　国际高技能劳动力迁移框架

从宏观层面来说，经济全球化正日益塑造全球劳动力流动格局，而全球经济重构在影响各国劳动力市场的差异性，从而引起大规模的高技能劳动力流动。一般来说，世界“南部”到“北部”的人才流动主要是全球经济不均衡的结果（Gould，1988b）。随着经济全球分工的加剧，为了追求更大的经济回报，各国的劳动力市场出现了分工与分化，发达国家对体力劳动者的需求逐步下降，而对高技能劳动力的需求提升。此外，1940 年以来逐渐出现的世界城市和全球城市也通过吸引大量的外国投资和跨国公司加剧了国际高技能劳动力从发展中国家向发达国家迁移的步伐。另外，也有学者发现发达国家之间逐步形成的高技能劳动力流动趋势：一批高技能劳动力从老牌发达国家转移到新兴工业化国家。造成这种现象的原因与特定高技能劳动力就业匹配和跨国公司选址策略有关（Dicken，2003；Salt，1983）。全球文化重构和政治重构也在影响着国际高技能劳动力迁移格局。此外，Ong 等（1992）认为高技能劳动力的流动不一定是为了追求更高的劳动报酬，而可能只是为了追求自身的身份认同。政治因素同样起着与文化因素类似的作用，政治制度的改变会影响高技能劳动力的迁移选择（Findlay and Li，1997）。

从中观层面来说，塑造全球高技能劳动力迁移格局的因素主要是跨国公司区位选择与战略调整和国家层面的人才管理战略。首先，迁出国和迁入国会颁发一系列的高技能劳动力管理政策以吸引国外高技能劳动力迁入或减缓国内高技能劳动力的外流（Mahroum，2001）。中国长期以来饱受人才流失的影响，而中国近年来实行的若干人才引进政策，正致力于吸引大量海外高技能劳动力回国就业。而对于美国等发达国家而言，国家政策的改变也深刻改变着来美定居的高技能劳动力。其次，跨国公司作为高技能劳动力国际迁移的重要就业单位，其区位选择很大程度上会改变高技能劳动力的全球分布格局（Findlay，1990；Salt，1983）。除了跨国公司外，一些劳动力中介机构的成立也会对高技能国际移民产生影响（Boyle et al.，1996；Findlay，1990）。

从微观层面来说，高技能劳动力的跨国迁移可以看作其自身的迁移选择，这种迁移选择受到自身经济条件、社会地位、人口因素、就业因素等多种因素的影响（刘晔等，2013）。一般而言，高技能劳动力的迁移主要是为了获得更高的劳动报酬，因此经济因素是影响其移民的重要因素（Beaverstock，1990，1991）。另外的考虑是一些高技能劳动力通过移民以获得更多的职业晋升机会或者就业比较优势（Beaverstock，1990，1991）。此外，高技能劳动力迁移与其自身特征有着密切关系，包括年龄、性别、家庭、婚姻等多方面的因素（刘晔等，2013）。年龄可以反映高技能劳动力的人力资本，而家庭因素与其迁移成本有着密切关系（Gu et al.，2020b）。一些高技能劳动力移民是为了获得更高的社会地位，或者追求文化认同（Findlay，1990）。

三、国家内部高技能劳动力迁移研究

1. 经济机会与高技能劳动力内部迁移

内部劳动力迁移与国际劳动力迁移的主要差别在于其无须面对跨越由国界而造成的各种明显的政治、文化和经济壁垒，受跨国公司等大体量的就业驱动企业的影响相对较小（Skeldon，2006）。主流的人口经济学家和区域经济学家一直从地区经济机会的角度解释区域劳动力迁移，尤其是国家内部劳动力迁移行为，并得出一系列的经典的宏微观劳动力迁移模型。虽然这些模型的角度各不相同，如人力资本模型主要从个人人力资本投资的角度解释区域迁移（Todaro，1969），而新迁移经济学则主要从家庭迁移收益最大化的角度入手进行建模（Stark，1991），但学者均普遍关注地区经济差异和个人经济禀赋对迁移行为的影响。高技能劳动力是人力资本较高的劳动力，因而绝大多数既有的经典劳动力迁移模型同样适用于对内部高技能劳动力迁移的分析。

将分析内部高技能劳动力迁移的框架大致分为宏观框架和微观框架。

从宏观框架来看，地区间的经济差异被认为是引起劳动力流动的重要因素，这种地区经济差异可以镶嵌在推拉理论的视角下加以解释：地区的经济发展水平、就业市场稳定性、产业结构都与外来迁入的高技能劳动力有关。地区的经济发展水平和就业市场稳定性越高、产业结构更加优化（第三产业占比增加），则该地区将会获得更大份额的高技能劳动力迁入（Zipf，1946；Alonso，1978；Plane，1984）。而地区的经济发展水平和就业市场稳定性越低、产业结构不合理，则地区很可能会经历大规模的人才迁出潮（brain drain）。也有学者从劳动力市场的角度来解释高技能劳动力迁移，根据 Lewis（1954）的二元经济理论，剩余的高技能劳动力将从农村部门转移至现代城市部门以获得更高的报酬，以此推动区域经济发展。劳动力市场分割论则认为，区域劳动力市场分为一级市场与二级市场，一级市场集聚更多的高技能劳动力，具有更高的劳动报酬、更稳定的劳动收益和工作机会，二级市场集聚更多的普通劳动力，其劳动报酬更低、工作机会也更少；二级市场的普通劳动力很难转移至一级市场成为高技能劳动力（Piore，1979；Doeringer and Piore，1971）。

微观框架则主要传承 Sjaastad 框架的模式（Sjaastad，1962；Todaro，1969；Stark，1984）。事实上，Sjaastad 框架本质上认为劳动力的迁移是其人力资本的投资，因而该框架自然而然地非常适用于解释高技能劳动力的区域迁移行为。与宏观框架不同，微观迁移框架主要从个体迁移的视角解释其迁移行为。例如，新古典微观迁移理论认为高技能劳动力的迁移主要是由其在迁出地和迁入地的劳动报酬差异、就业机会及迁移成本决定的（Todaro，1969）。在生命周期视角下，该决策过程也可以看作其一生效用的折现。社会网络理论则在框架内考虑社会融入成本对高技能劳动力迁移的作用（Taylor，1986）。Stark（1984）提出的新迁移经济学理论则是在框架内考虑高技能劳动力家庭效用最大化和风险最小化的影响。

新经济地理迁移论是区域经济学家从集聚经济的视角对区域劳动力迁移解释的代表性理论，其主要考虑区域产品运输成本导致的价格及工资差异对高技能劳动力区域流动的影响（Krugman，1991；Ottaviano，2001；Forslid，1999）；此外，框架中同时包含了对规模报酬递增、生产多样化消费品的产业集聚与高技能劳动力集聚关系的讨论。新经济地理学中的劳动力迁移理论的建模视角是微观视角，即对每个高技能劳动力，在均衡时都能求得其迁移方程。但由于新经济地理学的一般均衡框架可以求出均衡时地区的收支水平、价格水平及实际工资（效用），这使得该理论有别于只着眼于个体迁移的微观迁移理论，而具有宏观迁移理论的特征。

如前文所述，迁移行为由于涉及地理空间的改变而具有空间特征，但生态学谬误等困境使得学界在很长的时间内主要关注非空间的微观迁移建模。20 世纪 80 年代，计算机技术的发展使得学界重新考虑劳动力迁移的空间问题。在既有的经典框架中，推拉框架是典型考虑到空间影响的框架，而推拉框架延伸出来的引力模型，则在估计区域劳动力迁移规模时直接纳入距离的影响。因而，基于推拉框架的引力模型成为目前最广泛使用的解释区域劳动力迁移的框架。此外，新经济地理学框架，尽管大多数模型不直接考虑个体的迁移成本，但区域的运费成本（空间）也被直接内生性地纳入模型中，从而使得其纳入了空间的影响。但由于实证起来较为困难，新经济地理学框架在实证研究中的应用相对较少。各迁移理论对应的宏观框架、微观框架及空间框架、非空间框架总结，如图 2.2 所示。

实证研究方面，学者通过在上述框架指导下的数据分析证实了宏观和微观经济因素对区域间高技能劳动力迁移的作用力。例如，反映地区总体经济发展水平的地区经济发展规模会影响行业内部、城市内部的规模经济效应及区域外部的贸易活力，使得高技能劳动力在这些区域得以获得更高的经济回报，从而集聚外来的高技能劳动力（Drucker，1954；Palivos and Wang，1996）。另外，工资回报是高技能劳动力个体迁移效用最主要的来源部分，是对其人力资本的折现，由各种机制导致（如产品运输成本）的区域工资差异是引起区域高技能劳动力流动的重要驱动力。高技能劳动力的迁移可以看作一种人力资本投资，同时区域规避个人乃至家庭的风险，从这个意义上来说，就业的稳定性（如失业率）将会在很大程度上与高技能个体的迁移选择相关联（Fielding，1989）。

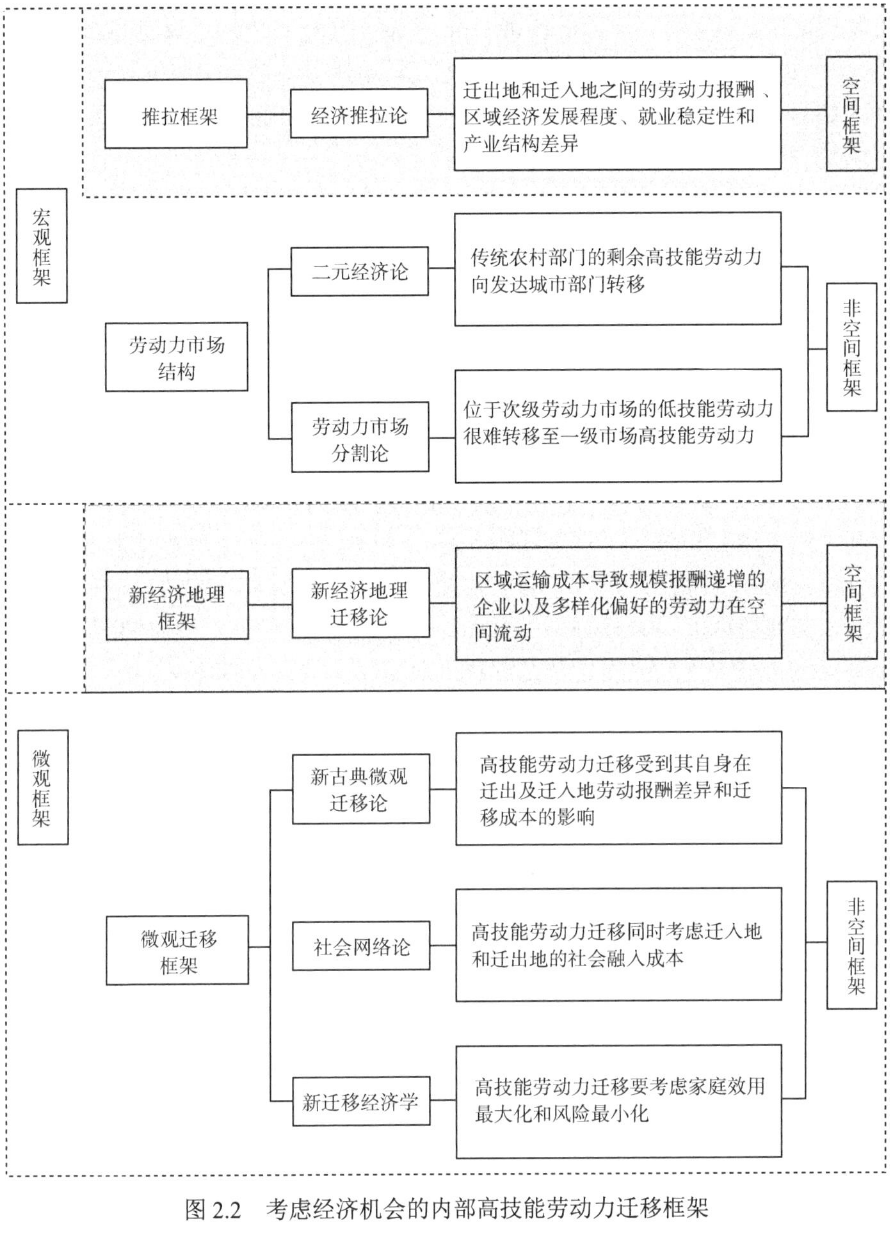

图 2.2 考虑经济机会的内部高技能劳动力迁移框架

2. 地方品质与高技能劳动力内部迁移

除了经济因素外，以区域自然和社会舒适度、交通便利性、开放程度、消费多样性等为代表的地方品质因素也被认为与区域高技能劳动力迁移有着密切关系（杨开忠，2019a）。对于内部高技能劳动力迁移而言，这种与地区区位高度相关的地方品质因素显得更为重要。目前，讨论地方品质与高技能劳动力迁移的框架主要包括 Graves（1979）的均衡框架、Glaeser（2001）的消费城市框架、Florida（2004）的创意阶层框架和 Clark 等（2002）的场景框架，这些框架大多没有严格的一般均衡理论模型，并主要侧重于讨论地方品质的某一特定要素对区域人才迁入的影响。

Graves（1976）的均衡框架优化了 Cebula 和 Vedder（1973）纳入环境变量的模型，通过求得美国主要城市收入、失业率等经济因素与医师数、犯罪率及气候等地方品质因素，发现在假定各个地区高技能劳动力个人效用一致的前提下，地区间劳动力报酬的差异是对地区舒适度差异的补偿，因此引起高技能劳动力迁移的本质动因是对地区舒适度的需求（Knapp and Graves，1989；Mueser and Graves，1995）。Graves（1980）的实证研究也证实了地区舒适度塑造了高技能劳动力的空间分布格局。

Glaeser 等（2001）提出的消费城市框架建立在 Graves（1976）的均衡框架之上，其本质上也是构建一个地区均衡方程。不同之处在于，消费城市框架强调了更为一般化的地方品质，包含了四大方面：多样化的消费、美学与地理环境、公共服务、交通通达度。Glaeser 等（2001）认为在均衡情况下，高技能劳动力的城市劳动报酬与城市地方品质之和是城市土地租金（收入）。通过法国、英国、美国等城市的实证案例，Glaeser 等（2001）发现在城市地方品质水平较高的城市，其人才集聚程度也更快，且人才集聚受舒适度因素的影响大于经济因素的影响，以此说明要吸引高技能劳动力、促进城市发展与区域创新，关键是提升城市本地的地方品质。

Florida（2004）的创意阶层框架开创性地提出和定义了城市创意阶层的概念，该概念与传统文献中对高技能劳动力的定义有所差别。创意阶层的核心人群为创造知识的核心，包括科学家、工程师、教授、演艺人士等；创意阶层的外围人群为在知识密集型产业中从事劳动的人群。Florida（2004）认为创意阶层与传统的高技能劳动力一样拥有更高的人力资本，但创意阶层是城市发展的关键要素。关于如何培养和吸引地区创意阶层，Florida（2004）认为打造城市的便利设施是提升本地创意阶层的关键。

Clark 等（2002）的场景框架的核心观点则认为，随着地区间产品运输成本的逐渐下降，高技能劳动力在各个地区所购买的私人物品价格差异将进一步减少，因而经济因素对高技能劳动力的驱动作用将下降；取而代之的是，地区的公共服务供给及地区的物理设施将扮演更为重要的角色。Clark 等（2002）认为为吸引外来高技能劳动力定居，需要打造体现城市舒适度的各类设施，如降低空气污染的设备、公园、博物馆等（表 2.2）。

表 2.2　地方品质驱动高技能劳动力迁移的主要观点流派

流派名称	代表学者	主要观点
均衡框架	Graves（1976）	地区间劳动力报酬的差异是对地区舒适度差异的补偿
消费城市框架	Glaeser 等（2001）	城市吸引人才的关键是消费水平、公共服务、交通便利及自然舒适度
创意阶层框架	Florida（2004）	城市发展的关键是培育创意阶层，创意阶层的关键是城市设施
场景框架	Clark 等（2002）	公共物品和城市的物理设施是吸引高技能劳动力的关键

有关地方品质因素与高技能劳动力迁移及再分布的实证研究基本论证了前述的各类地方品质因素的作用机理。最早，一批美国学者开始关注美国“阳光地带”对东岸高技能劳动力的吸引，从而认为优越的自然环境是引起高技能劳动力迁移的重要因素（Argent et al.，2014；Rappaport，2007；Graves，1979；Partridge，2010）。随后，学者将视角从自然环境转移到城市公共服务等城市舒适度因素上，这部分的文献大多构建在均衡框架上，实证了教育、医疗等公共服务因素对高技能劳动力集聚的作用力（Abel and Sander，2014；Gyourko and Tracy，1991；Nechyba and Strauss，1998；Woodward et al.，2006）。随着美国大城市治理水平的提升，美国吸引了国内外大量的高技能劳动力涌入，推动了区域创新发展。因此，部分学者开始从区域文化包容度和开放度的角度论证高技能劳动力的迁移机理。基于创意阶层框架，Florida 和 Gates（2003）进一步提出“3T”理论，即人才、技术、宽容（talent、technology、tolerance），并运用“3T”理论实证了中国城市高技能劳动力驱动区域创新发展的逻辑。Ryan 等（2011）则论证了区域开放程度对加拿大科技人员居留黏性的影响。也有学者从城市消费多样性的角度考虑高技能劳动力的空间集聚和迁移，这部分文献主要基于消费城市框架展开。有学者基于欧洲研究发现，丰富的娱乐设施对人才有显著吸引力；丰富娱乐消费种类和提升娱乐消费质量有利于吸引更多的高技能劳动力。由于高技能劳动力是区域创新发展的关键要素，为了吸引和培育更多的高技能劳动力，城市及地区需要提升自身的消费多样性；同时，这些地区也要提升自身的交通便捷程度以迎合快节奏生活方式下的高技能劳动力（Glaeser and Gottlieb，2006）。

3. 经济驱动论与地方品质驱动论之争

长久以来，西方学术界关于高技能劳动力迁移受经济因素还是地方品质因素驱动展开了激烈的争论。总体而言，多数学者都承认地方品质因素的重要性，但认为地方品质在区域高技能劳动力迁移过程中的作用力要小于经济因素（Arntz，2010；Greenwood and Hunt，1989；Niedomysl and Hansen ，2010；Partridge，2010；Rowe，2017）。一般而言，地方品质因素中的公共服务被认为与高技能劳动力迁移有紧密关系，医疗、教育、市政建设水平更高的地区将会集聚更多的高技能劳动力（Woodward et al.，2006；Rowe，2017）。然而，对如自然舒适度等地方品质因素，部分学者一直持质疑态度，如 Storper 和 Scott（2009）则并不认同更好的气候环境是美国“阳光地带”吸引人才的原因。从事实的角度而言，美国的一些中部城市（如芝加哥）尽管不具备海滩、阳光、暖冬等优越的自然环境，但由于其能够提供大量的就业机会，同样吸引了大量的外来高技能劳工居留（Chiquiar and Hanson，2005；Davies et al.，2001）。从生命周期的视角上看，在劳动力的不同阶段，经济因素和地方品质因素的驱动力也是各不相同的，两种力量的作用力对异质性的高技能劳动力同样是不同的，如 Gottlieb 和 Joseph（2006）的研究就实证了博士人群相对于其他高技能劳动力人群对地区工资收入的重视程度有所下降，而更为关注地方品质因素。

4. 讨论经济机会与地方品质驱动效应的新经济地理学框架

新经济地理学理论一直以来都被运用于解释区域的要素流动（包括产业集聚和劳动力流动）的相关问题（董亚宁等，2019）。新经济地理学模型在一般均衡框架中纳入了区域的产品运输成本，使得该框架能够超越传统从外部性等角度对产业集聚和劳动力流动问题的解释。从劳动力流动的视角上看，劳动力流动受到规模报酬递增生产消费品的产业流动的影响，地区劳动力的支出份额增大会导致外来产业在逐利作用下的流入，这被称为市场扩大效应。另外，本地企业种类的增加意味着产品种类的增加和外来运输产品成本的下降，从而导致区域价格指数的下降，区域实际工资的提升，会吸引更多的外来劳动力，这被称为价格指数效应。本地市场扩大效应和价格指数效应会导致劳动力从一个地区迁移至另一个地区，直至区域达到均衡状态。因此，新经济地理学框架下讨论的经济因素跟传统实证研究中的经济因素出现了些许不同。在新经济地理学模型中，劳动力受到的经济影响来源于生产具有运输成本的产品的工业部门所导致的价格效应和收入效应，分别对应区域消费品的多样化程度和劳动力的名义工资。后续出现的专门针对高技能劳动力迁移的 FE 模型仍然从上述两种效应的角度讨论高技能劳动力的区域流动。

传统的新经济地理学模型主要从集聚经济的角度解释高技能劳动力迁移，而并不考虑区域地方品质的影响（Partridge，2010）。杨开忠（2017，2019a）首次提出了地方品质的概念，张骥（2019）进一步运用新空间经济学模型将地方品质严格定义为区域的不可移动品：生产地和消费地不可移动的产品。因此，从新经济地理学理论的角度来看，因区域不可移动品产生的效应都可以被归纳为地方品质效应，这些效应对高技能劳动力迁移产生作用。在考虑地方品质的新空间经济学模型中，地方品质驱动效应主要可以解释为由更多种类和数量的地方品质产生的对外来高技能劳动力的作用力。此外，由于新空间经济学的模型设定，区域的地方品质与区域人才补贴相关，因而也需要考虑地方品质部门的人才财政补贴对高技能劳动力的影响。

5. 其他因素

显然，仅从经济机会和地方品质两个角度对区域高技能劳动力迁移机制进行研究仍然是不够的，学者同样讨论了更多有关高技能劳动力迁移的机制。首先，本地的高等学校能增加高技能劳动力的本地供给，并直接影响地区高技能劳动力池的存量，从而导致大量的外来高技能劳动力迁入；另外，本地的高等学校也能吸引外来的学生前往本地接受教育，毕业后留在本地工作（Qian，2010；Rowe et al.，2013；Liu et al.，2017）。尽管高等学校可以被归纳为地方品质因素，但严格来说，高等学校对高技能劳动力产生的影响机制与区域的中低等教育完全不同，因而需要对高等学校因素进行单独的考量。其次，高技能劳动力的家庭和社会网络对其迁移选择决策必然产生很大的影响。一般而言，高技能劳动力如果能够在迁入地建立更为紧密的家庭和社会网络，其迁移意愿会增加；反之，如果高技能劳动力在当地的家庭社会网络薄弱，而与迁出地家庭和社会关联更紧密，其迁移意愿会下降（Pillinger，2008）。最后，与国际高技能劳动力迁移机制相似，社会制度对内部高技能劳动力迁移同样产生重要的作用：西方国家尽管在区域迁移上并没有严格的户籍限制，但各省（州）的法律和社会管理方式仍然具有差异性，从而导致区域迁移的高技能劳动力需要面临一定的行政壁垒（Nifo and Vecchione，2014）；中国拥有独特的户籍制度，对劳动力的区域迁移进行限制并绑定其接受本地公共服务的权利，这同样形成了高技能劳动力迁移的行政壁垒（Shen，2013）。

四、高技能劳动力迁移的空间效应

地理学者、空间统计学者最早开始关注劳动力迁移网络的空间效应（如空间溢出、网络自相关），而既有的经典的解释劳动力迁移空间效应的理论同样适用于高技能劳动力（Gu et al.，2020a，2021c）。根据中介机会模型和竞争目的地模型，高技能劳动力迁移网络中很可能因为中介机会效应和目的地竞争效应而产生基于迁出地和基于迁入地的网络自相关性，即在空间上更为邻近的高技能劳动力迁移流之间存在关联（Fotheringham，1983；Stouffer，1940，1960）。区域经济学家一直试图从产业集聚等角度来解释空间上的劳动力迁移行为，而对地理空间上劳动力迁移的空间效应关注甚少，然而区域经济学家十分重视对经济活动空间集聚的解释，这种集聚经济效应往往与高技能劳动力的空间分布和流动关系紧密。古典经济学家主要从外部性的角度来探讨集聚经济。1890 年，Marshall（2009）认为内部规模经济（大规模生产）、专业化投入与服务、专业化的劳动力和人才的面对面交流、现代化的基础设施共同导致了产业与各种经济要素的集聚。Scitovsky（1954）进一步将外部性分为技术外部性与资金外部性，并论证了两种外部性都存在且作用于现实世界集聚经济行为。Lucas（1988）则强调交流的外部性对区域经济及创新的影响。Isard（1956）在一个统一的框架下介绍了古典区位论中对集聚经济的阐述。另外，新经济地理学理论则将区域经济研究纳入了一般均衡框架，在该框架内，集聚经济是由厂商规模报酬递增的生产行为和消费者多样化的消费偏好决定的（Fujita and Thisse，2002）。

通过梳理文献，图 2.3 从地理学、空间统计学角度和区域经济学角度对高技能劳动力迁移的空间效应展开解释的主要机理进行了总结。①交流成本效应：高技能劳动力在目的地之间的空间集聚会降低其交流的成本（Fujita and Thisse，1996）。②外部性：高技能劳动力在目的地的集聚会产生集聚经济外部性，使得迁移至附近目的地的高技能劳动力能享受这种外部性（Miguélez et al.，2010）。③知识溢出：周围地区由于人才集聚而产生的知识溢出效应会导致本地经济增长与创新能力的增加，从而吸引更多的外来高技能劳动力（Henderson，2007）。④居住就业选择空间关联：高技能劳动力寻找工作和居所的行为往往优先考虑自身当时居住的区域周围（Liu and Shen，2017）。⑤影响因素空间关联：出发地和目的地影响高技能劳动力迁移的因素（如经济水平、公共服务）在空间上也是溢出的，从而导致了迁往（或迁出）相邻区域的高技能劳动力具有相似的特征（Miguélez et al.，2010）。⑥跨区域政策与社会网络：高技能劳动力区域迁移的迁出地或迁入地往往受到跨区域相邻地区相似区域的政策的影响，且更有可能构建紧密的社会关系网，导致高技能劳动力迁移的空间关联（Gu et al.，2020a，2021b）。⑦中介机会效应：高技能劳动力的迁移受到迁出地和迁入地之间的中介机会的影响，

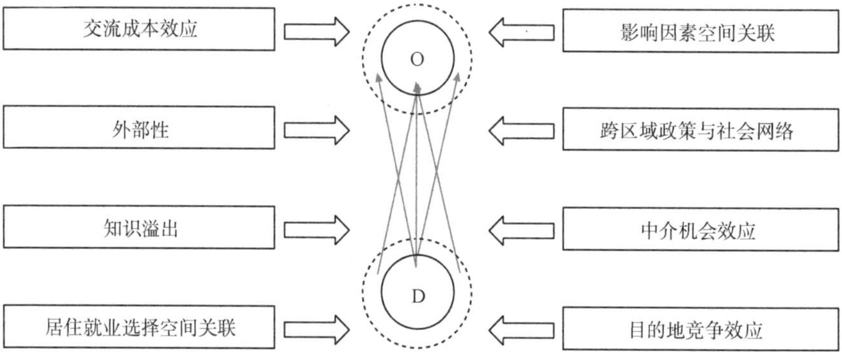

图 2.3　导致高技能劳动力迁移的空间效应及机制

而出发地相邻的高技能劳动力迁移往往会共享相似的中介机会（Chun，2008）。⑧目的地竞争效应：高技能劳动力的迁移目的地选择会考虑到其周边地区条件相近的目的地，从而受到目的地竞争效应的影响（Chun，2008）。

总体而言，讨论劳动力迁移的空间效应的文献数量很多（Chun，2007，2008，2013；Peeters and Thomas，2009；Shen，2016），但关注高技能劳动力迁移的空间效应的论文数量仍然偏少，这主要源于相关劳动力数据的可得性。仅有的文献显示出无论是高技能劳动力迁移还是高技能劳动力空间分布都具有很强且正向的空间溢出效应，即相邻空间之间的高技能劳动力迁移流和高技能劳动力空间分布存量具有空间依赖性（Gu et al.，2020a；Liu and Shen，2014b，2017）。在计量建模时，不考虑空间效应会导致模型误差项不符合独立同分布的假设，从而导致内生性问题和有偏估计，在研究高技能劳动力迁移的影响机制时，要纳入对其空间效应的考量（古恒宇等，2019b；古恒宇和沈体雁，2021；蒲英霞等，2016）。此外，对高技能劳动力迁移空间效应的考量能为政府部门制定人才政策提供有效参考。

五、高技能劳动力迁移对迁出地和迁入地的影响

1. 高技能劳动力区域迁移与地区差异

目前为止，多数文献都承认高技能劳动力流入对迁入地（无论是迁入国还是国内迁入地）产生了总体来说积极的影响，提升了当地的创新水平和地区经济发展速度。高技能劳动力相比一般劳动力而言具有更高的人力资本，高技能劳动力在迁入地的集聚能够产生显著的知识溢出等正外部性，从而带动相关创新技术产业的发展。从需求侧来说，高技能劳动力的迁入会增加迁入地对高技术产业岗位及多样化生活服务等需求，从而产生需求侧的联系，导致逐利的高技术产业的进一步集聚（Forslid and Ottaviano，2003；Fujita and Thisse，2002），同时地方政府也会提供更为优质的社会服务以迎合人才的需求，高技术产业的集聚和社会服务质量的提升将会吸引更多的高技能劳动力集聚。另外，关于高技能劳动力跨区域迁移是否会引起迁出地和迁入地的地区差异，许多学者产生了争论（Raghuram，2009；Mayr and Peri，2009；Jöns，2009；Zweig et al.，2008；Pellegrino，2001；Meyer，2001；Lucas et al.，2006）。传统来说，从欠发达地区（国家）迁移至发达地区（国家）的高技能劳动力人才会流失的问题，这些高技能劳动力的迁移被认为会加剧迁入地和迁出地之间的经济社会发展差异。然而，也有学者认为，高技能劳动力的迁出对于迁出地而言也有积极的作用。例如，增加了迁出地的汇款和回流人才（Pellegrino，2001），因此，这部分学者更愿意把高技能劳动力的地区迁移称为“脑力交换”（brain exchange）而非“脑力流失”。一些学者更愿意

从知识网络和知识流动的角度来解释高技能劳动力区域迁移对迁出地与迁入地造成的影响。例如，Beaverstock（2002）解释了亚洲的高技能劳动力迁移如何镶嵌在本地的知识网络之中；Zweig 等（2008）则解释了前往美国的中国高技能劳动力回国后如何驱动了中国的经济增长。

2. 高技能劳动力区域流动的社会融入与交互

尽管多数文章关注高技能劳动力区域迁移对迁入地和迁出地经济发展的影响，也有部分学者关注高技能劳动力迁移的社会影响，如高技能迁入者如何融入目的地的社会。一些学者从高技能劳动力在目的地的社会网络构建和日常行为交互来探究高技能劳动力的社会融入。Scott（2007）发现英国迁移至法国巴黎的高技能劳动力通过日常的面对面交流来实现他们的身份构建，并进一步通过加入有关的社会组织来融入当地生活。Beaverstock（2002）则主要观察位于新加坡的受到西方教育的高技能迁入者通过构建特殊的社会组织网络来使得自身更好地融入当地。此外，学者发现来自发展中国家迁入发达国家的高技能劳动力在迁入地会构建出一个相对隔绝的社会网络（Glasze and Alkhayyal，2002；Wu and Webber，2004）。

第三节　中国高技能劳动力迁移理论研究

随着改革开放后中国经济的崛起，中国各类高技能劳动力的空间分布、影响机制和地区发展效应等问题受到了学界的热议。受到数据限制[①]，关注中国高技能劳动力迁移的研究数量十分少（Liu and Shen，2017）。为了更全面对中国内部高技能劳动力迁移研究展开综述，与前述章节的处理相似，本节放宽对迁移和高技能劳动力的定义，将所有考虑到中国各类高技能劳动力及各类人才空间分布、集聚、迁移、流动的文献进行系统综述。

一、高技能劳动力迁移及分布的时空格局

改革开放后，户籍制度的进一步放开导致中国经历了大规模的劳动力迁移潮：源源不断的高技能劳动力和普通劳动力涌入东部发达地区和沿海地区，为当地提

① 目前能够严格定义中国内部高技能劳动力迁移的数据仅有每十年进行一次的人口普查及人口抽样调查的微观数据库，其余数据尽管能够反映高技能劳动力的集聚程度、流动等特征，但与人口迁移的定义存在一定的偏差。

供了充足的劳动力和智力支持；与此同时，中西部地区则面临了前所未有的人才流出潮，制约了当地的经济发展。由于经济、社会的区域差异巨大，高技能劳动力的迁移和分布均呈现出不均衡的特征，这种不均衡的特征近年来被众多地理学者所关注。总体来看，学者并不局限于对高技能劳动力的关注，而更多关注于各类人才，包括高学历人才、科技人才、特殊人才（如杰出青年、长江学者）等。

首先，从空间分布的角度，张波（2019）、王若宇等（2019）均发现我国的高学历人才在空间分布上呈现出不均衡的特征，东部沿海地区集聚了大量的人才，而中西部人才规模则较小；Gu 等（2020a）与古恒宇和沈体雁（2021）则发现中国高学历人才在城市上同样呈现类似的特征；刘兵等（2018）得出京津冀地区的科技人才呈现“双核性+多轴式”分布，且人才密度集中趋势逐年加强。

其次，从高技能劳动力迁移流动的角度，由于无法得到精确刻画高技能劳动力迁移的数据，多数的既有文献主要从分布存量的变化角度或高技能劳动力与普通劳动力的比值等角度来刻画其流动问题。科技人才流动的空间分布是学者关注最多的话题，例如，黄海刚等（2018）与黄海刚和取越（2019）则基于精英科学家（杰出青年、长江学者）的空间分布变化，发现我国精英科学家的流动呈现出“孔雀东南飞”的特征；徐倪妮和郭俊华（2019）同样发现我国的科技人才在省际尺度上的流动特征呈现出趋于集聚的格局。此外，也有学者基于升读大学和本科就业的数据发现人才流动具有很强的本地空间黏滞性特征，而总体来看，人才流动形成东南沿海和长江经济带沿岸分布的“弓形”格局（聂晶鑫和刘合林，2018）。此外，也有文献关注归国高端人才的空间分布（马海涛，2017）。

严格来说，上述文献都仅仅是从人才的角度而非从劳动力的角度描述中国高技能劳动力迁移流动行为。受限于数据，仅有极少数文献真正关注中国高技能劳动力的时空分布问题。目前来说，对中国高技能劳动力的定义主要可以从最高学历和从事职业两个角度来进行。Liu 和 Shen（2014a，2014b，2017）根据最高学历、适龄劳动年龄和工作状态的角度来定义高技能劳动力，发现 2000～2005 年中国高技能劳动力的省际迁移呈现不均衡的分布特征，大量的中西部地区高技能劳动力迁移至东部沿海地区。随后，刘晔等（2019）基于第五次全国人口普查数据和第六次全国人口普查数据研究了 2000～2010 年中国高技能劳动力在地级市层面的空间分布格局，同样发现了集聚的分布特征。

二、高技能劳动力迁移的影响因素

造成我国各类高技能劳动力迁移和空间分布呈现集聚特征的因素众多，其中，多数学者认为区域经济因素的差异是最主要的原因（Gu et al.，2020a）。具体来说，经济因素体现在：①工资差异和就业市场稳定性。例如，Liu 和 Shen（2017）、刘晔等（2019）、Gu 等（2020a）、古恒宇和沈体雁（2021）均发现地区的工资差异和失业率差异是引起区域高技能劳动力迁移的首要动因；王若宇等（2019）同样实证了工资水平对高学历人才的空间集聚的作用，但并未实证失业率等就业因素的作用。②投资差异。例如，陈恩和于绯（2013）实证了地区外商直接投资与中国劳动力流动具有协同关系。③地区价格水平差异。程名望和刘金典（2019）采取博弈论的方法，结合计量模型发现地区相对价格水平差距是高技能劳动力流动的重要原因。④就业岗位匹配。彭国华（2015）从技术能力匹配的角度论证了东部地区大量高技术型工作岗位的设立是导致大量高技能劳动力从中西部地区集聚到东部地区的原因。⑤集聚效应。踪家峰和周亮（2015）构建了一个空间均衡模型，发现大城市中的集聚经济会导致工资溢价，使得大城市能够支付更高的工资水平，吸引更多的高技能劳动力集聚。⑥房地产价格。江永红等（2018）实证了房价对各省高技能劳动力与普通劳动力比值（高技能劳动力集聚）的影响，一定程度上说明了房价上升对人才迁入的“门槛”效应。

2010 年以来，越来越多的文献开始关注地区舒适度等地方品质因素对高技能劳动力迁移和空间分布的影响，其中，多数文献发现地方舒适性因素对中国各类高技能劳动力迁移的正向促进作用。与地方品质不同，地方舒适性因素主要考察的是地区的人居环境舒适度（包括温度、湿度、日照等）（喻忠磊等，2016），这些因素被发现与人口迁移（Yu et al.，2019）、人才集聚（Song et al.，2016）乃至城市竞争力（温婷等，2016）都具有密切关系。然而，这种高技能劳动力对纯粹的自然舒适度偏好在一些文献中被质疑（Wu et al.，2019a）。相反，便利的、高质量的城市服务舒适度（包括医疗、教育等公共服务和城市便利设施及消费服务）被认为与人才集聚和区域创新有着更为直接和密切的联系。例如，Li 等（2019）基于大众点评数据，以上海市的高技能人力资本和就业分布为例，实证了城市服务设施的重要作用。受到 Florida 的创意阶层理论影响，一部分学者开始尝试定义中国城市的创意阶层，并论证了城市开放程度对中国创意阶层空间分布和集聚的促进作用（He et al.，2018；Qian，2010）。也有少数文献关注地区建成环境对人才分布的影响（Wu et al.，2019b）。

目前，尝试对比经济因素和地方品质因素对中国高技能劳动力迁移效应差异的文献相对较少，且数据严重落后于实际需求，仅有的文献达成了一致的结论，即地区经济因素是引起中国高技能劳动力迁移的首要因素（Liu and Shen，2014a，2014b；Gu et al.，2020a；古恒宇和沈体雁，2021），地方品质因素中，医疗、教育等公共服务因素也被论证与高技能劳动力迁移有关，但其他因素的影响在很多文献中并不明确。也有学者认为，对中国高技能劳动力迁移的讨论不能复制西方发达国家的框架，对于社会主义市场经济制度下的中国而言，制度因素成为影响人口迁移的重要政策抓手。户籍制度的存在极大程度地限制了劳动力的空间转移：户籍制度绑定着公共服务的可获得权，同时也体现了对迁移者的社会身份认同（Liu，2013）。因而，对于中国而言，在考虑高技能劳动力迁移时，制度因素也必须考虑在内。既有文献发现，户籍壁垒会在很大程度上阻碍人才迁入（Au and Henderson，2006；梁文泉，2018；李天成和温思美，2018；赵连阁等，2014）。

随着国家卫生与健康委员会自 2009 年开始每年公开流动人口动态监测调查数据，一些文献开始筛选出流动人口中的高技能劳动力，并从微观尺度研究其流动意愿。尽管该数据不能完全反映高技能劳动力的迁移结果，但可以反映一种主观迁移倾向（古恒宇等，2018，2019c），从而弥补国内由于数据滞后长期缺乏的高技能劳动力迁移研究的现状。然而，多数文献并未纳入对外部经济因素和地方品质因素的考量，而仅仅论证了人才的家庭、个人等特征对其居留选择的影响（吕红军等，2014）。也有文献发现个人收入、家庭收入等经济因素会促进人才在迁入城市的居留意愿（黄鲁成等，2018）；刘杜若和邓明（2017）的研究利用流动人口动态监测调查数据发现随着家乡贸易水平的开放，高技能劳动力越倾向于留在本地就业，而普通劳动力则更倾向于外出；颜品等（2014）利用自选择假设理论发现受教育程度更高的高技能劳动力相比普通劳动力具有更高的迁移倾向，而地区间收入差异扩大会降低迁移倾向。

三、高技能劳动力迁移的地区影响及空间溢出效应

1. 高技能劳动力迁入、产业集聚和地区收入差距

高技能劳动力是迁出地的人力资本向迁入地转移的过程，为迁入地带来了充分的知识外溢和创新效应，也加强了地区的产业集聚和关联；与此同时，高技能劳动力的迁入也可能会加剧地区的收入差距。考虑到“劳动力—产业—贸易”关联的新经济地理学模型无疑为研究高技能劳动力迁移与地区产业集聚和收入差异影响提供了理论借鉴，引起了大量国内学者的研究（高云虹和符迪贤，2015；余运江和高向东，2017；赵连阁等，2014；赵伟和李芬，2007）。受到国内数据获取的限制，尽管多数相关文献已经开始涉及异质性劳动力尤其是高技能劳动力的空间分布与地区发展和创新的关系，但并未在严格意义上关注高技能劳动力迁移问题。多数文献中所涉及的高技能劳动力流动或迁移仅仅使用地区高技能劳动力分布占比和集聚程度来代替，并不符合劳动力迁移研究领域对迁移人口的定义。赵连阁等（2014）以 FE 模型为理论基础，研究了异质性劳动力集聚、人口迁移壁垒与地区收入差距的关系，发现高技能劳动力和普通劳动力的比值升高能提升地

区人均收入水平，而普通劳动力面临的迁移壁垒将引起地区收入差距的扩大；高云虹和符迪贤（2015）构建异质性劳动力一般均衡模型研究了高技能及普通劳动力地区集聚对产业集聚的影响。部分学者利用相关的流动人口动态监测调查数据提取出高技能和普通劳动力样本，并分析市场潜能对其工资差异影响（余运江和高向东，2017）。尽管涉及流动人口，但上述数据反映的高技能劳动力并没有真正考虑到劳动力的空间迁移。另有极少数学者试图通过估算的方法得到地区高技能劳动力流入率，如通过地区总人口迁入率来估计高技能劳动力迁入（李惠娟，2013），但这些估计方法存在明显的样本偏差等缺陷。基于估算的高技能劳动力迁入数据，李惠娟（2013）实证了高技能集聚对地区服务业集聚的影响。

2. 高技能劳动力迁入、地区经济发展与区域创新

显而易见，高技能劳动力的迁入会促进迁入地区本地经济水平和创新能力的提升。首先，学者发现中国高技能劳动力的集聚会产生自我增强的累积效果，使得集聚区的消费需求或支出份额变大。根据市场接近原则，劳动力倾向于选择大规模市场所在区位，即人才集聚刺激更多的人才聚集（季小立和浦玉忠，2017）。由于“学习、匹配、交流、共享”等效应存在，高技能劳动力集聚也使知识学习及其积累成本降低，知识积累成本趋低将增加当地知识技术存量，相当于提高劳动力技术、技能平均素质，促使区域人才期望效率工资（季小立和龚传洲，2010）。其次，中国高技能劳动力的集聚会产生多样化的知识生产，知识的不可分性和互补性作为高技能劳动力集聚区经济主体合作的基础，会促进新知识技术的产生，从而提升区域创新能力（季小立和浦玉忠，2017）。最后，人力资本的区域集聚会在报酬递增效应下促进内生经济增长，人力资本集聚会通过技术进步等方式促进知识内部化的机理，促进区域创新（陈淑云和杨建坤，2017）。在实证研究中，学者发现高技能劳动力集聚对区域创新的影响存在滞后效应和外溢效应（徐彬和吴茜，2019）。

3. 高技能劳动力迁移和再分布的空间溢出效应

如前文所述，高技能劳动力的迁移和再分布的空间效应问题已经引起了国外学者的广泛关注。目前，讨论中国人口迁移网络空间溢出效应的文献较之前已经明显增多（古恒宇等，2019c；Gu et al.，2019；蒲英霞等，2016）。然而，目前为止，涉及中国高技能劳动力迁移空间溢出效应的探讨仍然很少。仅有的几篇文章都显示，无论是区域迁移还是空间分布，中国高技能劳动力和各类人才都呈现出显著且正向的空间溢出效应：空间邻近的高技能劳动力迁移流和高技能劳动力分布具有相似的规模（Liu and Shen，2017；Gu et al.，2020a，2021b）。在实证计量

时，对这种空间溢出效应进行考量是十分必要的，因而 Liu 和 Shen（2017）选取了 ESF 泊松模型来研究中国高技能劳动力的迁移机制。尽管 Gu 等（2020a）认为跨区域政策和人才跨市社会网络联系是引起中国高学历人才空间分布空间溢出的主要原因，但较少文献讨论和解释高技能劳动力迁移和再分布的空间溢出效应。

第四节　理 论 述 评

本章系统性地对劳动力迁移经典理论进行了梳理，并进一步总结了高技能劳动力国际和国内迁移的相关研究，最后聚焦于中国高技能劳动力研究现状。总体来看，全球化的日益加剧使得全球人才联系日益增加，致使全球范围内对高技能劳动力迁移问题的关注热度的提升。另外，无论是归国人才分布还是国内高技能人员的迁移，均与中国目前的经济地理格局高度相关，因而国内学者 2000 年以来也开始关注高技能劳动力迁移及其相关问题。尽管如此，通过梳理文献，目前研究仍然存在以下四大研究不足（图 2.4），对这些不足的针对性讨论甚至解决是本书的立足之本。

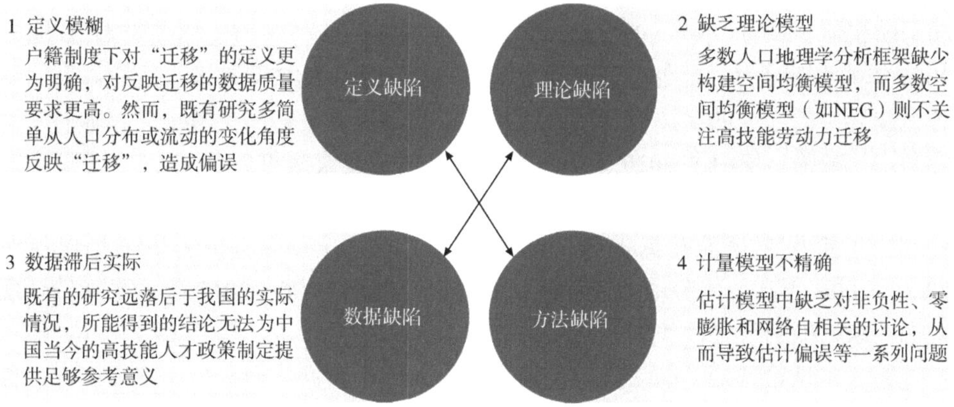
1 定义模糊
户籍制度下对“迁移”的定义更为明确，对反映迁移的数据质量要求更高。然而，既有研究多简单从人口分布或流动的变化角度反映“迁移”，造成偏误
定义缺陷
理论缺陷
2 缺乏理论模型
多数人口地理学分析框架缺少构建空间均衡模型，而多数空间均衡模型（如NEG）则不关注高技能劳动力迁移
3 数据滞后实际
既有的研究远落后于我国的实际情况，所能得到的结论无法为中国当今的高技能人才政策制定提供足够参考意义
数据缺陷
方法缺陷
4 计量模型不精确
估计模型中缺乏对非负性、零膨胀和网络自相关的讨论，从而导致估计偏误等一系列问题

图 2.4　已有研究存在的四大不足

第一，定义缺陷，严格意义上讨论高技能劳动力迁移研究的缺失。通过综述发现，尽管国内对广义上的人才迁移的讨论已经开始出现，但对严格意义上高技能劳动力迁移的研究十分匮乏。首先，与广义的人才不同，经济学家更关注劳动力的概念，即强调个体的经济属性。绝大多数既有研究往往使用最高学历或某种职业来定义特定的人才，而缺失了对其是否具有经济活力、是否处于适龄劳动年龄的讨论。主体划分的不明晰致使既有文献得出的结果出现相对的偏差。其次，囿于数据缺乏，目前几乎无法检索得到讨论严格定义下的迁移劳动力，多数文献

十分粗略地使用人才分布存量的变化来衡量高技能劳动力流动，这显然会产生很大的偏差。其原因在于，这种粗略的划分方法的前提假设是各地区高技能劳动力的“生产”和“消亡”比率是一定的，这显然与实际不符。显然，北京、上海等地区拥有充足的高校资源，其高技能劳动力的“生产”能力远高于周边地区；使用分布的变化率来度量其流动特征，会高估这些拥有超凡高技能劳动力“生产”能力的地区。最后，由于独特的户籍制度，我国对人口迁移的定义与流动不同，迁移应该有明确的地区（常住地）变化，同时要求人口在迁入地居留一定的时间。从这个意义上看，绝大多数既有的关于高技能劳动力迁移的文献显然无法准确定义劳动力的迁移状态和特征。因而，目前绝大多数讨论中国高技能劳动力迁移的文献由于无法严格定义研究对象的原因而并不能严谨地开展。因此，关于讨论中国高技能劳动力迁移的研究仍然处于严重缺失的状态，相关研究具有十分必要的理论和现实意义。

第二，数据缺陷，数据不可得导致研究与现实脱节。如前所述，严格意义上讨论中国高技能劳动力迁移的文献十分匮乏。目前来说，能够满足研究需要的数据是中国每十年开展一次的人口普查和人口抽样调查的微观数据库。由于数据保密等原因，目前应用于实证研究中能够刻画高技能劳动力迁移的最新数据为2005年1%人口抽样调查微观数据集。该数据催生了一批对中国高技能劳动力空间格局和影响机制讨论的文献，但这些文献中关注的高技能劳动力迁移仅仅为2000～2005年的省际迁移。显然，既有研究远远落后于我国的实际情况，所能得到的结论无法为中国当今的高技能劳动力迁移政策制定提供足够的参考意义。本书为了弥补这一缺陷，使用了2010年第六次全国人口普查数据和2005年、2015年全国1%人口抽样调查的微观数据集，该数据能够为本书的研究对象——高技能劳动力迁移——提供充足的数据支持；此外，这三期的迁移数据使得本书把以往对2000～2005年高技能劳动力迁移机制的研究延展至2000～2015年，更加符合现实的需求，能为现实政策的制定提供依据。

第三，理论缺陷，缺乏考虑到地方品质效应的空间均衡模型。总体来说，传统经典的空间均衡模型（如新经济地理学模型）主要关注运输成本与规模报酬递增对高技能劳动力空间迁移的影响。另外，也有很多考虑高技能劳动力迁移机制的模型，这些模型主要关注的是城市区域经济导致的收入水平差异对高技能劳动力迁移的影响，而且仍然有许多模型构建在完全竞争市场的框架下，且假设劳动力和产业是同质化的（赵方和袁超文，2017）。通过综述可以知道，除了经济因素外，地方品质因素（不可移动品）已经在地区影响人才集聚的方面产生了不可估量的影响，尤其是医疗、服务等公共服务（夏怡然和陆铭，2015）。目前来说，既有文献中仍然缺乏考虑到地方品质效应对高技能劳动力迁移作用的空间均衡模型。张骥（2019）提出的新空间经济学模型框架虽然是一个对地方品质因素影响人才迁移的较好尝试，然而在该框架中假设各地区间的商品运输没有成本，因而没有价格水平差异，这显然也是脱离实际的，而且忽略了传统新经济地理学中强调的运输导致的地区实际工资差异对高技能劳动力的影响。基于不足，本书将探索性地提出一个全新的新经济地理学空间均衡模型，同时纳入商品运费及地方品质的影响，试图对中国高技能劳动力迁移提出更为一般化的理论阐述。

第四，方法缺陷，欠缺精细化刻画高技能劳动力迁移的实证模型与方法。由于数据限制，目前使用相关空间模型对我国高技能劳动力迁移机制进行刻画的研究数量仍然不多。此外，高技能劳动力迁移往往会体现出以下三个特性：①非负性，即高技能劳动力区域迁移数量是非负整数。进一步说，这种非负整数往往呈现泊松或者泊松伽马分布特征，多数情况下具有过度离散特性（overdispersion）。②零膨胀（zero-inflated）。精确定义之下提取出来的区域高技能劳动力迁移数据常常具有大量的零迁移流，体现出零膨胀的特征（Liu and Shen，2014b）。③网络自相关（network autocorrelation）。高技能劳动力迁移流往往与其周围的高技能劳动力迁移流体现出正向关联，这是由于高技能劳动力的区域迁移会受到其周边地区高技能劳动力迁移趋势的影响。基于上述三个特征，目前国内的高技能劳动力迁移机制的空间模型缺乏对非负性、零膨胀和网络自相关的讨论，从而导致估计偏误等一系列问题，误导文章的结论。本书在第六章将使用一个传统的负二项引力模型来实证第三章的理论模型结论，考虑到实际数据的非负性及其衍生的过度离散特性，本书进一步纳入对零膨胀和网络自相关的讨论，以期得到更多有意义的结论。

第三章　中国高技能劳动力迁移与集聚的经济地理建模

第一节　引　　言

根据文献综述，可知现有关于区域高技能劳动力迁移机制的讨论主要集中在两大方面：经济（就业）机会因素和地方品质因素。对应现实情况，区域经济机会和地方品质的包含范畴往往很广：经济机会可以包括消费者就业、生活及从事相关经济活动的因素（如地区经济发展水平、失业率、产业结构）（Gu et al.，2020a，2021b；古恒宇和沈体雁，2021；武荣伟等，2020）；而地方品质因素主要包括一个地区不可移动、不可贸易的公共服务、自然舒适度、交通通达度、消费多样性等因素（杨开忠，2019a）。总体来看，尽管学界对经济机会因素和地方品质因素对区域高技能劳动力迁移的作用机制争论不一，以至于至今未达到一致的意见，但从既有实证文献的结论来看，经济机会因素和地方品质因素都可能对区域高技能劳动力迁移产生不可忽视的影响（Cherry and Rickman，2009；Knapp and Graves，1989；Liu and Shen，2014a，2014b；Gu et al.，2020a，2021b；Partridge，2010；Rowe，2017；Woodward et al.，2006）。不足之处是，既有的关于经济机会、地方品质与区域高技能劳动力迁移的研究以实证论文为主，鲜有文献构建了一般化、严谨化和理论化的空间均衡框架。另外，在实证研究中，由于经济机会因素和地方品质因素的外延极其广泛，学者大多在自身理解范围之类寻找相应的代理变量进行实证（Gu et al.，2020a）。而在理论研究中，尤其是对非货币化呈现的地方品质因素，一直较难找到合适的空间均衡模型框架进行实证。

Arrow 和 Debreu（1954）的一般均衡分析框架利用不动点理论证明了竞争性一般均衡的存在性。1977 年的 DS 框架则在一般均衡框架下纳入不完全竞争和规模报酬递增因素，进一步提出垄断竞争模型。随后，Krugman（1991）在 DS 框架下纳入地区间运费的概念，提出 CP 模型。后续的新经济地理学模型大多以 CP 模型的框架为基础，其一般均衡分析一般遵循以下几个步骤：需求侧分析（消费者行为）、供给侧分析（生产者行为）、短期均衡分析和长期均衡分析。

在新经济地理学的语境中，经济因素对劳动力流动的影响主要体现在区域间存在运费的工业部门生产的多样化消费品的种类差异及其导致的价格指数差异以及劳动力在不同地区就业的工资报酬差异。传统的新经济地理学模型并未纳入地方品质因素对劳动力空间集聚的影响，直到张骥（2019）在杨开忠教授的指导下首次提出新空间经济学的理论框架。新空间经济学的第一个特性是在建模时放松了工业品运输成本的假设。这是由于杨开忠（2019a）、Fujita 和 Thisse（1996）、Glaeser 和 Kohlhase（2004）等学者观察发现，较 20 世纪早期，当今世界内狭义的区域间运输成本已经出现了大幅度下降。此外，放松运输成本的假设与工业品生产企业在物流大发展的社会环境下逐步在区域间实现的统一定价策略有关（张骥，2019）。新空间经济学的第二个特性在于考虑微观个体异质性。传统上，新经济地理学对异质性的考量主要包括企业生产率异质性（Baldwin and Okubo，2006）和劳动力技能异质性（Lucas，1978；Melitz，2003），而新空间经济学主要传承对劳动力技能异质性的考量。换言之，新空间经济学主要关注的是高技能劳动力的空间迁移和再分布的问题。新空间经济学的第三个特性是着重关注不可移动品的作用。不可移动品即地方品质，可以统一概括为生产地和消费地区位一致的产品，包括私人服务、公共服务、实体环境及速度（杨开忠，2019a，2019b）。大量实证研究证实了高技能劳动力迁移决策不仅受到经济因素的影响，也受地区不可复制的具有本地属性的地方品质的影响（董亚宁等，2019，2020）。放松了工业品运费的假设后，传统新经济地理学模型中讨论的区域消费品运输成本差异导致的集聚力和离散力将不复存在，进而，影响高技能劳动力迁移的变量变成了地区地方品质的数量和种类。地方品质的数量和种类与高技能劳动力的收入挂钩，高技能劳动力集聚引起的总需求提升将提升本地地方品质企业的数量和质量，进一步吸引更多高技能劳动力迁入。与新经济地理学模型类似，地方品质与高技能劳动力集聚的关系同样是自我强化的。模型中，建设用地价格和地区总收入（总需求）的关系将成为驱动高技能劳动力集聚或离散分布的关键变量（张骥，2019）。

显然，新空间经济学的思想是超前的，而其建模方式也是在传统新经济地理学模型框架下的创新[①]。由于不考虑运费，即区域运费，工业品在不同区域间的交易价格是相同的，从而使得新空间经济学的迁移方程可以明晰地划分出经济收入效应（名义收入）和地方品质效应（不可移动品的数量和种类）对高技能劳动力迁移的影响。然而，现实情况往往不可完全否认工业品运输成本的存在。实际情况是，对于中国不同地区而言，产品价格差别仍然很大；而对于物流行业发展较慢的国外地区而言，更不能否认地区间运输的人工成本、产品损耗等一系列运输成本。最明显的例子，直至目前，仍然有大量学者关注区域商品运输成本与商品定价、出口和经济增长等的关系（朱廷珺和刘子鹏，2019；孙浦阳等，2019）。

必须承认，从地方品质的角度窥探区域高技能劳动力集聚确实是极有意义的。因而，我们同时借鉴了新空间经济学和传统经济地理学中 FE 模型框架，提出一个全新的理论模型——NESM 理论模型。最终，在纳入商品运费和地方品质效应

① 目前为止，尽管新空间经济学的模型设定仍然没有完全超越新经济地理学中经典的 DS 框架。

后，本章构建的高技能劳动力迁移方程既兼顾了工业部门导致的区域名义工资及消费品种类对劳动力迁移的影响，又强调了由于地方品质部门的存在而引起的区域地方品质产品数量和质量及相关人才补贴的影响。相比既有的较为“激进”的新空间经济学理论，NESM 理论模型更加“接地气”；相比传统的经典 FE 模型，NESM 理论模型则创新性地强调地方品质对高技能劳动力集聚的作用。NESM 理论模型将为全面刻画和理解中国当下高技能劳动力迁移机制提供参考与借鉴，并颇具人才治理的政策意义。本章提出的 NESM 理论模型将用于指导本书实证研究。

第二节　模型提出的特征事实

第一，根据 2005 年、2015 年全国 1%人口抽样调查数据和 2010 年第六次全国人口普查资料的微观数据集，可以提取出 2005 年、2010 年、2015 年末各省的高技能劳动力存量。高技能劳动力可以被定义为最高学历在大专或以上、在调查日从事经济活动（不包括家庭主妇、学生、残疾人等）且处于适龄劳动年龄（24～64 岁）的人口数量（古恒宇和沈体雁，2021）。根据人口普查长表数据，可进一步根据现住地和五年前常住地划分出 2000～2005 年、2005～2010 年、2010～2015 年的高技能劳动力迁移数量。

笔者根据计算结果，仔细观察了 2005 年、2010 年、2015 年末高技能劳动力分布占总人口比重，以及 2000～2005 年、2005～2010 年、2010～2015 年各地区的高技能劳动力迁入率，可以发现，无论从空间分布还是从迁移趋势而言，高技能劳动力迁移的空间格局都趋向于集聚分布：东部沿海地区（北京、上海等）和少数的西部地区（新疆、内蒙古等）具有较高的高技能劳动力分布占比及较高的高技能劳动力迁入率；而多数地区（尤其是中西部省份）具有较低的高技能劳动力分布占比和迁入率。这种空间集聚格局似乎为使用 NESM 理论模型对高技能劳动力集聚、分散的流动趋势进行讨论提供了依据。

第二，考察高技能劳动力迁移与代表性地区经济因素和地方品质因素的内在联系。根据相关年份的《中国统计年鉴》获取数据，选取地区在岗职工年平均名义工资（元）和人均地区生产总值（元/人）来代表地区经济发展水平和就业机会，选取每万人病床数量（张/万人）和初中生师比（教师=1）来代表地区不可移动的地方品质因素，并绘制出上述变量和 2005 年、2010 年、2015 年末各省级行政区划单位高技能劳动力占比的散点图，求出线性趋势线及变量之间的决定系数 R^2。

结果显示，地区名义工资（R^2=0.4148）、人均地区生产总值（R^2=0.6488）、万人病床数（R^2=0.4026）都与地区高技能劳动力数量呈现正相关关系，而初中生师比（R^2=0.3862）则与地区高技能劳动力数量呈现负相关关系。换言之，地区经济发展水平越高，就业机会越多，地区的医疗和教育服务质量越高，地区的高技能劳动力数量也相应越多。从粗略的散点图分析可以看出地区经济因素、地方品质因素与中国高技能劳动力分布产生了某种内在联系。因而，在模型框架中抽象化地考虑经济因素和地方品质因素的影响，从而构建严谨的理论模型是十分必要的。而传统既有的模型分析框架，由于无法同时考虑地区经济因素和地方品质因素的影响，因而与我国现实的高技能劳动力迁移脱节。

此外，地方品质因素在近期有关论述中国人才空间分布的论文中得以强调。例如，古恒宇和沈体雁（2021）发现以公共服务、舒适度和消费为代表的地方品质因素在城市群人才分布的过程中起决定性地位；张超和陈思（2021）发现地方品质对劳动分布的影响较就业机会而言更大。上述研究结论同样为地方品质因素与高技能劳动力集聚的关系提供了特征事实判断。

第三，新空间经济学中的重要假设前提——地区统一定价——目前无法达成。表 3.1 列出了 2015～2019 年来我国各地区的居民消费价格指数。尽管该指数无法进行地区间横向比较，但各地区与自身上一时期对比的变化幅度在每个时间截面上均不同，这说明了地区间并未统一定价的事实，换言之，消费品在各地区的价格指数均不相同。造成消费品价格指数地区差异的一个很重要的原因仍然是地区间的运费。在电商、物流大发展的背景下，尽管大城市间购买消费品的价格差异已经逐步缩小，但在众多的中小城市之间的价格差距仍然存在。另外，尽管运输技术迎来了大发展，但相对低廉的劳动力价格才是导致中国地区间消费品网购价格差异趋于减小的重要原因。而在世界上更广泛的地区，尤其是劳动力价格高昂的发达国家，地区间运输和投递商品的人力成本仍然很高，导致地区间的运费差异巨大。因此，新空间经济学对运输成本归零化的重要假设并不符合目前的现实世界特征。

表 3.1　2015～2019 年居民消费价格指数（上年=100）

地区	2019 年	2018 年	2017 年	2016 年	2015 年
北京	102.3	102.5	101.9	101.4	101.8
天津	102.7	102.0	102.1	102.1	101.7
河北	103.0	102.4	101.7	101.5	100.9
山西	102.7	101.8	101.1	101.1	100.6
内蒙古	102.4	101.8	101.7	101.2	101.1
辽宁	102.4	102.5	101.4	101.6	101.4

续表

地区	2019 年	2018 年	2017 年	2016 年	2015 年
吉林	103.0	102.1	101.6	101.6	101.7
黑龙江	102.8	102.0	101.3	101.5	101.1
上海	102.5	101.6	101.7	103.2	102.4
江苏	103.1	102.3	101.7	102.3	101.7
浙江	102.9	102.3	102.1	101.9	101.4
安徽	102.7	102.0	101.2	101.8	101.3
福建	102.6	101.5	101.2	101.7	101.7
江西	102.9	102.1	102.0	102.0	101.5
山东	103.2	102.5	101.5	102.1	101.2
河南	103.0	102.3	101.4	101.9	101.3
湖北	103.1	101.9	101.5	102.2	101.5
湖南	102.9	102.0	101.4	101.9	101.4
广东	103.4	102.2	101.5	102.3	101.5
广西	103.7	102.3	101.6	101.6	101.5
海南	103.4	102.5	102.8	102.8	101.0
重庆	102.7	102.0	101.0	101.8	101.3
四川	103.2	101.7	101.4	101.9	101.5
贵州	102.4	101.8	100.9	101.4	101.8
云南	102.5	101.6	100.9	101.5	101.9
西藏	102.3	101.7	101.6	102.5	102.0
陕西	102.9	102.1	101.6	101.3	101.0
甘肃	102.3	102.0	101.4	101.3	101.6
青海	102.5	102.5	101.5	101.8	102.6
宁夏	102.1	102.3	101.6	101.5	101.1
新疆	101.9	102.0	102.2	101.4	100.6

资料来源：国家统计局

综上所述，通过特征事实可以发现，现阶段中国高技能劳动力迁移既与收入、地区经济发展等经济因素有关，又与公共服务、舒适度等地方品质因素关系密切。在构建理论模型时，既要吸取新空间经济学模型的优势，构建相应的框架讨论地方品质对高技能劳动力迁移的影响，同时也要正视地区商品运输成本的事实，考虑到地区工业品对高技能劳动力的影响。在此思想下，本章开始理论建模。

第三节 模型设定

总体来说，本章试图提出一个纳入地区间商品运输成本和地方品质因素对高技能劳动力驱动作用的理论来解释中国地区间高技能劳动力的迁移和再分布特征。根据空间不可能定理，同质空间、收益不变和完全竞争不可共存，有鉴于此，有三个纳入空间的拓展方向：空间异质性、外部性和不完全竞争（杨开忠等，2016）。不完全竞争的拓展导致了 DS 框架下新经济地理学的诞生，而新空间经济学可以看作不完全竞争假设下微观主体异质性纳入 DS 框架的拓展。NESM 理论模型是传统新空间经济学和新经济地理学的进一步拓展，可直观理解成：在新空间经济学中考虑运输成本，或在新经济地理学中纳入地方品质（不可移动品）效应。NESM 理论模型在经济地理学模型体系中的定位，如图 3.1 所示。

在 NESM 理论中，地域空间经济体系存在两个地区（北方地区、南方地区）；产品部门包括工业部门（可移动品部门）和地方品质部门（不可移动品部门）。其中，工业部门生产可运输、可移动、可消费的工业品，工业品的生产地和消费地无关。工业品在两区域间的运输成本按照冰山交易成本的形式设定（图 3.2）。遵循新经济地理学主流模型的设定，工业部门的生产是规模报酬递增的，需要投入可变成本要素普通劳动力 L 和固定成本要素高技能劳动力 H[①]，这导致为了利润最大化，每个工业部门企业只会选择生产一种消费商品，因而不会存在范围经济，只存在规模经济。高技能劳动力不仅偏好于工业品和地方品质产品的数量，还偏好于其种类和质量。高技能劳动力可以在区域间自由流动，具有迁移决策方程，而普通劳动力的流动按照地区的需求进行配置，并没有主观的迁移函数。由于高技能劳动力是企业的所有者，高技能劳动力的迁移同时引致企业的迁移[②]，从而导致区域生产份额的改变，因而具有更多高技能劳动力的地区也会拥有更多的工业企业，从而拥有更多种类的消费品。这种需求导向的本地市场放大效应与传统新经济地理学模型相似。

① 之所以重点关注高技能劳动力而非普通劳动力，一是由于数学计算原因，借鉴了如 FE 模型和新空间经济学模型中的建模技巧，并不关注普通劳动力的主观迁移方程；二是与普通劳动力在劳动力市场上较低的议价能力、较低的工作稳定性等因素有关。本书第六章也发现，中国高技能劳动力迁移倾向大约比普通劳动力高 20 个百分点，从侧面显示出高技能劳动力在迁移选择上的自主性与异质性。

② 或者说，企业的迁移会引致高技能劳动力迁移，二者在模型意义上是抽象统一的概念。

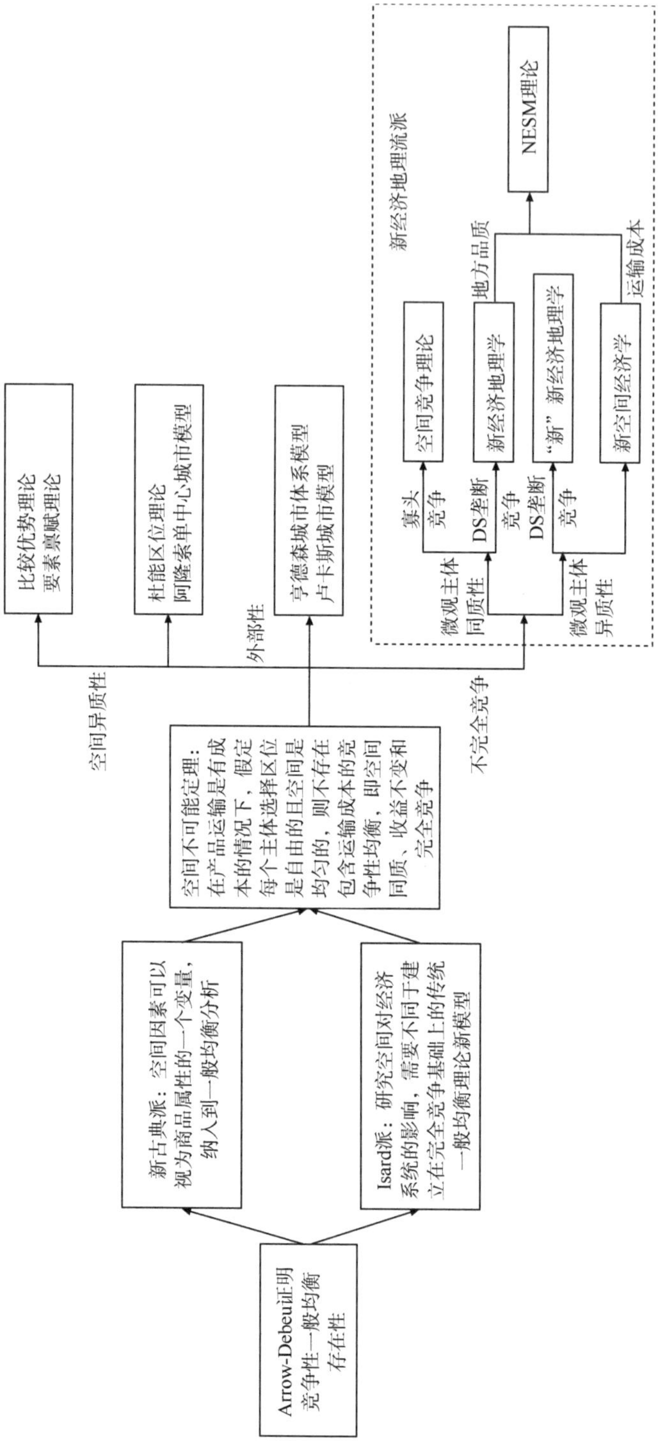

图3.1　NESM理论模型在经济地理学模型体系中的定位

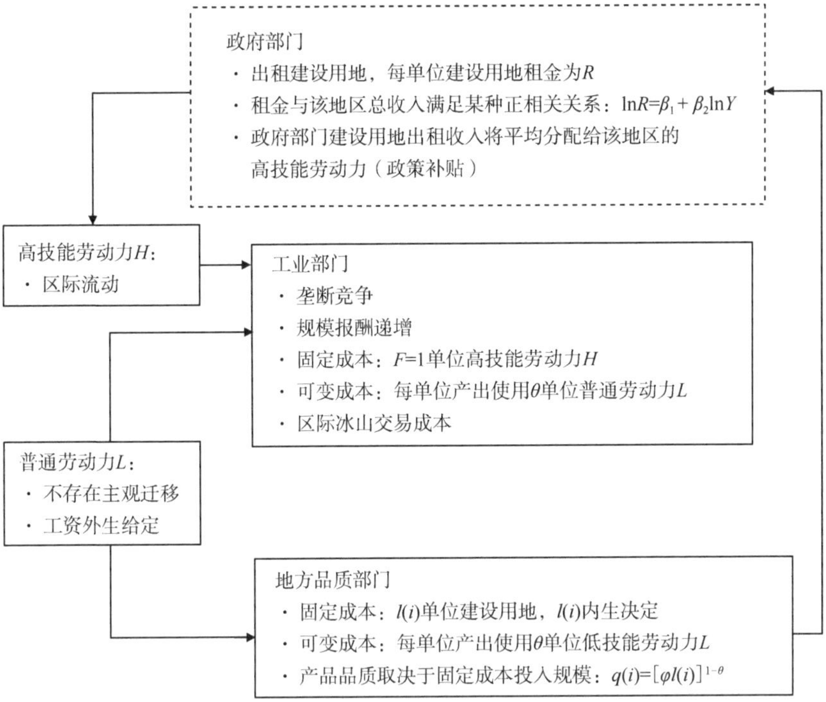

图 3.2　NESM 理论模型图解

地方品质部门的设定主要借鉴杨开忠（2019a）和张骥（2019）的相关论述。地方品质部门使用建设用地（固定投入）和普通劳动力（可变投入）作为其生产要素，建设用地投入越多，地方品质的规模越大、质量也越高①。政府部门将建设用地出租给地方品质部门用于生产地方品质（如医院、学校、城市绿地和相关设施），获得地租，并将地租通过转移支付的形式平均分配给高技能劳动力。此设定可以理解成为现实中的多种人才补贴，这些补贴主要来源于地方政府的建设用地出让收入。由于高技能劳动力对地方品质的数量和质量具有需求，因而高技能劳动力越多的地区，需求侧的力量会导致更多的地方品质企业出现，从而提升消费者福利，并进一步吸引更多的高技能劳动力。

模型的逻辑关系可以概括如图 3.3 所示。首先，因为工业品具有地区运输成本，所以模型会呈现出如新经济地理学模型中的前后向联系。成本关系的前向联系体现在，高技能劳动力向北方集中时，由于多样化的消费品种类增加，节约了运输成本，因此工业品价格指数降低，生活成本降低，当名义工资不变时，高技

① 现实中，许多地方品质的组成部分（如医院、学校等公共服务以及绿地、公园等市政设施）都需要投入建设用地要素，因而将建设用地设置为固定成本符合现实世界。但也需要承认，这种设定无法涵盖地区文化开放程度等与建设用地要素投入无关的地方品质，这是 NESM 理论模型的缺陷。

能劳动力的实际收入上升，从而进一步导致高技能劳动力集聚。需求关系的后向联系体现在，高技能劳动力的增加会导致支出份额增加，导致市场份额增加，导致地方品质企业的集聚，从而导致生产份额增加，进一步导致更多的高技能劳动力集聚。其次，模型保留了新空间经济学特有的地方品质部门的集聚力和离散力（张骥，2019）。集聚力体现在，高技能劳动力的集中，导致区域收入份额增加和地方品质的需求增加，导致地方品质产品种类数增加，从而导致更多高技能劳动力的集聚。离散力体现在，高技能劳动力的集中导致区域收入份额的增加，导致土地价格提高，导致地方品质产品种类数减少，从而导致高技能劳动力的减少。

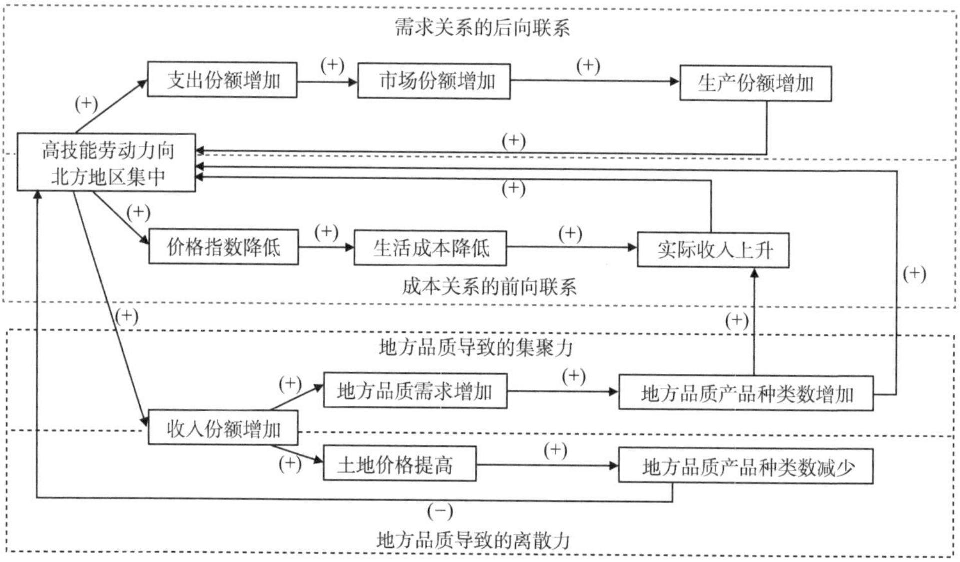

图 3.3　NESM 理论模型的集聚和离散力分析

NESM 理论模型对高技能劳动力的假设主要参考的依据为第一章第三节中阐述的高人力资本、高空间流动性、多样化消费偏好、非经济需求与规模报酬递增特征相适应。高人力资本、高空间流动性的高技能劳动力被假设在两区域之间自由流动。多样化消费偏好主要体现在使用 CES 嵌套 CD 效用函数来描述代表性消费者的需求。非经济需求使得笔者在对高技能劳动力需要满足购买区域可运输的消费品的前提下（效用函数中），纳入对不可移动品（地方品质）的需求。规模报酬递增效应使得高技能劳动力作为固定要素进入，使得对消费品的生产是规模报酬递增的。相对地，普通劳动力则作为可变要素投入，因此不是直接导致规模报酬递增生产的关键因素。表 3.2 概括了高技能劳动力特征、具体描述及对应的模型假设。

表 3.2　高技能劳动力特征、具体描述及对应的模型假设

特征	具体描述	模型假设
高人力资本	高技能劳动力具备更高的人力资本，具有更高的劳动生产率和工资报酬	高技能劳动力空间集聚会产生集聚经济和规模效应；高技能劳动力获得政府转移支付的补贴 b_N
高空间流动性	高技能劳动力相比一般劳动力而言在空间上具有更高的流动性	高技能劳动力可以在两区域间自由流动，流动条件取决于效用 U_Z
多样化消费偏好	高技能劳动力具有多样化消费偏好	使用 CES 效用函数设定，设定工业品和地方品质产品之间的替代弹性都介于[0,1]
非经济需求	高技能劳动力除了对工作报酬等经济因素具有需求外，也对地方品质等非经济因素产出需求	设定效用函数为 $U_Z = T^{\alpha} N_Z^{1-\alpha}$
规模报酬递增	高技能劳动力会使其进入的产业部门进行规模报酬递增的生产	设定工业部门的固定成本为高技能劳动力，可变成本为普通劳动力。此时，工业部门的生产没有范围经济，只有规模经济，每种企业生产一种产品

在上述假设下，展开以下建模。

一、需求侧问题

假设对代表性消费者（高技能劳动力）来说存在两类消费品，一类是以一定运输成本在区域间流动的可移动、可贸易的工业品，一类是锁定在每个地区的不可移动、不可贸易的地方品质产品。对于两类商品的生产来说，都满足 DS 框架设定。与 CP 模型类似，设定 Z 地区（Z=N，北部地区；Z=S，南部地区）代表性消费者的效用函数为 CES 形式，则效用函数可以写成

$$U_Z = T^{\alpha} N_Z^{1-\alpha},\ Z \in \text{N,S} \tag{3.1}$$

式中，T 为工业品数量；N_Z 为 Z 地区地方品质产品数量。进一步使用 P^T 为工业品价格指数；P_Z^N 为 Z 地区地方品质价格指数；Y_Z 为 Z 地区代表性消费者总收入，则对于式（3.1）而言，其约束条件为

$$P^T T + P_Z^N N_Z = Y_Z \tag{3.2}$$

由科布道格拉斯函数的特性可以知道，有 αY_Z 的收入分配给工业品消费，有 $(1-\alpha)Y_Z$ 的收入分配给地方品质产品消费。

首先，对生产工业品的工业部门的需求函数进行推导。假设 t_w 为两区域工业企业总量（即工业品总种类数），$p^t(i)$ 为第 i 类工业品单价，t 表示可贸易工业品，$c(i)$ 为第 i 类工业品的消费数量，$\theta \in (0,1)$ 为产品间的替代弹性，则需要求解以下消费成本最小化问题。

$$\min\int_{i=0}^{t_w} p^t(i)c(i)\mathrm{d}i,\text{s.t.}\left[\int_{i=0}^{t_w} c(i)^\theta \mathrm{d}i\right]^{1/\theta}=T \tag{3.3}$$

$$\text{F.O.C.}\quad p^t(i)=\lambda\left[\int_{i=1}^{t_w} c(i)^\theta \mathrm{d}i\right]^{\frac{1-\theta}{\theta}} c(i)^{\theta-1} \tag{3.4}$$

$$p^t(i)c(i)=\frac{p^t(j)^{\frac{\theta}{\theta-1}}}{\left[\int_{i=1}^{t_w} p^t(i)^{\frac{\theta}{\theta-1}}\mathrm{d}i\right]^{1/\theta}}T \tag{3.5}$$

代入式（3.3）得到成本最小化条件：

$$\int_{i=1}^{t_w} p^t(i)c(i)\mathrm{d}i=\left[\int_{i=1}^{t_w} p^t(i)^{\frac{\theta}{\theta-1}}\mathrm{d}i\right]^{\frac{\theta-1}{\theta}} T \tag{3.6}$$

可得到工业品价格指数为 $P^T=\left[\int_{i=1}^{t_w} p^t(i)^{\frac{\theta}{\theta-1}}\mathrm{d}i\right]^{\frac{\theta-1}{\theta}}$，由此可以求得每个产品的需求函数为

$$c(i)=\frac{\alpha Y_Z p^t(i)^{\frac{1}{\theta-1}}}{P^{T^{\frac{\theta}{\theta-1}}}} \tag{3.7}$$

其次，对 Z 地区生产地方品质的地方品质部门的需求函数进行推导。假设 n_Z 代表 Z 地区的地方品质企业总量，$p^n(i)$为第 i 类地方品质的消费价格，$e(i)$为第 i 类地方品质的消费数量。为了简便起见，参考张骥（2019）的做法，假设地方品质和工业品产品间的替代弹性相同，因此对地方品质也有 $\theta\in(0,1)$ 为产品间的替代弹性。在现实世界中，相对于可运输的工业产品，地方品质产品通常具有更多的度量维度，其对高技能劳动力驱动的机制也各不相同。如 Gu 等（2020a）发现中国高学历人才的分布受到地方品质中公共服务的影响，而与自然环境关系并不紧密。据此，参考 Picard 和 Okubo（2012）、Picard（2015）的做法，考虑代表性消费者对异质性地方品质产品需求的异质性。此时，质量越高的地方品质（往往体现为更优质的公共服务、更开放的社会文化环境、更便利的交通、更舒适的生活环境等），代表性消费者对其需求越强烈。使用 $q(i)$表示消费者对第 i 种地方品质产品的需求，此时，消费者成本最小化的问题为

$$\min\int_{i=1}^{n_Z} p^n(i)e(i)\mathrm{d}i$$

$$\text{s.t.}\quad\left[\int_{i=1}^{n_Z} q(i)e(i)^\theta \mathrm{d}i\right]^{1/\theta}=N_Z \tag{3.8}$$

此时可以求得价格指数为

$$P_Z^N=\left[\int_{i=1}^{n_Z}p^n(i)^{\frac{\theta}{\theta-1}}q(i)^{\frac{1}{1-\theta}}\mathrm{d}i\right]^{\frac{\theta-1}{\theta}} \tag{3.9}$$

对第 i 类地方品质产品的需求函数为

$$e(i)_Z=\frac{(1-\alpha)Y_Z p^n(i)^{\frac{1}{\theta-1}}q(i)^{\frac{1}{1-\theta}}}{P_Z^{N\frac{\theta}{\theta-1}}} \tag{3.10}$$

此外，根据式（3.1）和式（3.2），可以将消费者在区域 Z 的间接效用函数表示为

$$V=\left(\frac{\alpha Y_Z}{P^T}\right)^{\alpha}\left[\frac{(1-\alpha)Y_Z}{P_Z^N}\right]^{1-\alpha}=\alpha^{\alpha}(1-\alpha)^{1-\alpha}\;P^{T-\alpha}P_Z^{N-(1-\alpha)}Y_Z \tag{3.11}$$

由式（3.11）可知，消费者在 Z 区域的生活成本指数为 $P^{T-\alpha}P_Z^{N-(1-\alpha)}$，完全价格指数为 $P^{T\alpha}P_Z^{N(1-\alpha)}$。假设高技能劳动力和普通劳动力得到的名义工资分别为 W 和 W_L，实际工资分别为 ω 和 ω_L，则有 $\omega=P^{T-\alpha}P_Z^{N-(1-\alpha)}W$，$\omega_L=P^{T-\alpha}P_Z^{N-(1-\alpha)}W_L$。

二、供给侧问题

在供给侧，参考新空间经济学模型设定，假定工业品和地方品质产品的生产都满足垄断竞争市场设定。同质性的工业品由工业部门生产，每个企业生产多样化产品中的一个，产品在区域间运输会产生冰山交易成本折旧；异质性的地方品质产品由地方品质部门生产，在区域间不可移动，高技能劳动力对地方品质产品不可跨区域消费。本节将分别讨论工业品和地方品质产品的生产问题。

首先，对于工业部门生产工业品的企业而言，每个企业把一单位高技能劳动力作为固定投入（$F=1$），每产出一单位工业品需要 a_m 单位一般劳动力。企业 i 生产工业品的利润为 $\pi(i)$，生产数量为 $x^t(i)$，售价为 $p^t(i)$，W 和 W_L 为企业支付给高技能劳动力和一般劳动力的名义工资。在以上设定下，企业 i 利润最大化问题为

$$\max\pi(i)=p^t(i)x^t(i)-\left[W+W_L a_m x^t(i)\right] \tag{3.12}$$

此时经济系统总支出为 E，令 $Y=E$，根据式（3.7），可知企业面临的产品总需求为 $x^t(i)=\alpha E\dfrac{p^t(i)^{\frac{1}{\theta-1}}}{P^{T\frac{\theta}{\theta-1}}}$，代入式（3.12），则根据一阶条件可以求得

$$\text{F.O.C.}\quad p^t(i)=p^t=\frac{W_L a_m}{\theta} \tag{3.13}$$

式（3.13）说明产品的种类与价格无关。此外，由于DS框架，企业的自由进入退出导致其在均衡条件下达到零利润。厂商根据边际成本加成定价法定价，实现均衡时，各个企业都实现均衡产量和均衡价格（Forslid and Ottaviano，2003；Ottaviano，2001）。因此，由零利润条件 $\pi(i)=0$ 可以得到

$$x^t(i)=x^t=\frac{W}{W_L a_m}\frac{\theta}{1-\theta} \tag{3.14}$$

式（3.14）说明产量与产品的种类同样无关。进一步将 p^t 代入利润函数（3.12）中可知，在工业品企业销售收入中，$(1-\theta)$ 部分分配给高技能劳动力（固定成本），θ 部分分配给一般劳动力（可变成本）。对高技能劳动力有

$$W=p^t x^t(1-\theta) \tag{3.15}$$

其次，讨论地方品质部门关于地方品质的生产问题。参考张骥（2019）的做法，假设工业品的生产需要的固定成本为建设用地，建设用地面积越大，则地方品质产品的企业规模也越大。该假设也导致地方品质部门的企业规模异质性与高技能劳动力的异质性存在相似之处，这种异质性可以简单表示为异质性地方品质企业服从 $[0,1]$ 的均匀分布 $\varepsilon\sim U[0,1]$，其累计分布函数为

$$\varepsilon(l)=l \tag{3.16}$$

假设单位建设用地的租金为 R，对于区域 Z 的地方品质部门企业 i 而言，其生产一单位地方品质产品需要投入 a_n 单位普通劳动力，则其利润最大化问题为

$$\max \pi_Z(i)=p_Z^n(i)x_Z^n(i)-\left(l(i)R+W_L a_n x_Z^n(i)\right) \tag{3.17}$$

根据式（3.10），当 $Y=E$ 时，企业面临的总需求为 $x^t(i)=(1-\alpha)\cdot E_Z\dfrac{p^n(i)^{\frac{1}{\theta-1}}q(i)^{\frac{1}{1-\theta}}}{P_Z^{N\frac{\theta}{\theta-1}}}$，代入式（3.17）后求一阶条件，可以推出

$$\text{F.O.C.}\quad p_Z^n(i)=p_Z^n=\frac{W_L a_n}{\theta} \tag{3.18}$$

式（3.18）说明地方品质产品价格与其种类无关。进一步根据零利润条件可以得到

$$x_Z^n(i)=x_Z^n=\frac{l(i)R}{W_L a_n}\frac{\theta}{1-\theta} \tag{3.19}$$

式（3.19）说明地方品质产品产量与种类相关。在地方品质部门企业销售收入中，有 $(1-\theta)$ 部分分配给建设用地（固定成本），剩余的 θ 部分分配给普通劳动力（可变成本），因此有

$$l(i)R = p_Z^n x_Z^n (1-\theta) \tag{3.20}$$

此处假设代表性消费者对地方品质产品的需求与地方品质产品的企业规模呈现正相关关系。以公共服务供给为例，在一般情况下，建设城市公共服务设置所需要的建设用地面积越大，往往其公共服务供给种类越多和质量越高。为了求解方便，假设消费者对地方品质产品的异质性偏好与地方品质企业的生产规模呈现如下关系。

$$q(i) = \left[\varphi l(i)\right]^{1-\theta} \tag{3.21}$$

式中，φ 为消费者偏好与企业生产规模间的关系。式（3.21）暗含的假设是单位面积上的产出与企业规模无关，即地方品质企业关于建设用地是规模报酬不变的（张骥，2019）。该假设主要是为了简化计算，在一般情况下，式（3.21）等号右边项的指数可以大于或小于$1-\theta$，分别表示单位面积产出与规模正相关及单位面积产出与规模负相关。

最后，对于区域 Z 的政府部门而言，假设政府部门是地方品质企业的所有者，则全部地方品质部门缴纳的租金归政府部门所有。地方政府获得租金后，为保证收支平衡，将这部分收入以转移支付的形式返还给高技能劳动力。该设定的原因有两个：一是本模型假设普通劳动力在地区间没有主观迁移行为，其迁移完全受到需求侧的影响，因而如果转移支付给普通劳动力，会造成劳动力的供给侧流动，与模型设定不符；二是在现实情况下，当地政府为获得更大规模的高技能劳动力迁入，往往将地方建设用地等财政收入以人才住房落户补贴等形式转移支付给各类迁入人才，因此该设定符合现实情况。假设北部地区单位建设用地的地租收入为 R_{N}，高技能劳动力转移支付补贴为 b_{N}，s 为北部地区 N 中高技能劳动力占比，H 为两区域高技能劳动力总数，则有以下关系。

$$\int_{i=0}^{n_{\mathrm{N}}} l(i) R_{\mathrm{N}} \mathrm{d}i = b_{\mathrm{N}} s H \tag{3.22}$$

三、短期均衡

在短期内，可以认为两地区的高技能劳动力分布是给定的，即对于北部区域而言，s 是给定的。由于每个高技能劳动力拥有一个专业化生产工业品的企业，因而 s 同时表示着北部地区的工业生产份额。上述假设与 CP 模型、FE 模型等假设相同（安虎森，2009）。在均衡状态下，企业是自由退出和进入的，因此有 $\pi(i)=0$。当实现均衡时，每个企业都实现均衡产量和均衡价格。由于工业品跨区域运输存在冰山交易成本，因而北部地区生产的工业品在南部出售时和在北部出售时的价格之比为 τ，根据式（3.14）和式（3.15），代入可求得短期均衡时两区域的产品价格为

$$p_{\mathrm{N}}^{t}=\frac{W_L a_m}{\theta},\quad p_{\mathrm{S}}^{t}=\frac{W_L a_m \tau}{\theta} \tag{3.23}$$

进一步，求出两地区工业品的价格指数为

$$P_{\mathrm{N}}^{T}=\left[s+\tau^{\frac{\theta}{\theta-1}}(1-s)\right]^{\frac{\theta-1}{\theta}} H^{\frac{\theta-1}{\theta}}\left(\frac{W_L a_m}{\theta}\right) \tag{3.24}$$

$$P_{\mathrm{S}}^{T}=\left[(1-s)+\tau^{\frac{\theta}{\theta-1}}s\right]^{\frac{\theta-1}{\theta}} H^{\frac{\theta-1}{\theta}}\left(\frac{W_L a_m}{\theta}\right) \tag{3.25}$$

根据（3.7），可以求得均衡状态下每种工业品的需求量为

$$c(i)_{\mathrm{N}}=\frac{\alpha E_{\mathrm{N}}}{\left[s+\tau^{\frac{\theta}{\theta-1}}(1-s)\right]H}\times\frac{\theta}{W_L a_m} \tag{3.26}$$

$$c(i)_{\mathrm{S}}=\frac{\alpha E_{\mathrm{S}}\tau^{\frac{1}{\theta-1}}}{\left[(1-s)+\tau^{\frac{\theta}{\theta-1}}s\right]H}\times\frac{\theta}{W_L a_m} \tag{3.27}$$

令贸易自由度$\phi=\tau^{\frac{\theta}{\theta-1}}$，可以求得可移动产品 i 的总产量为

$$x(i)=c(i)_{\mathrm{N}}+c(i)_{\mathrm{S}}\tau=\left[\frac{E_{\mathrm{N}}}{s+\phi(1-s)}+\frac{\phi E_{\mathrm{S}}}{\phi s+(1-s)}\right]\frac{\alpha\theta}{HW_L a_m} \tag{3.28}$$

对于地方品质部门而言，将零利润条件下求得的式（3.18）代入式（3.9），可以得到两地区地方品质产品的价格指数分别为

$$P_{\mathrm{N}}^{N}=\left[\int_{i=0}^{n_{\mathrm{N}}} q(i)^{\frac{1}{1-\theta}}\mathrm{d}i\right]^{\frac{\theta-1}{\theta}}\left(\frac{W_L a_n}{\theta}\right) \tag{3.29}$$

$$P_{\mathrm{S}}^{N}=\left[\int_{i=0}^{n_{\mathrm{S}}} q(i)^{\frac{1}{1-\theta}}\mathrm{d}i\right]^{\frac{\theta-1}{\theta}}\left(\frac{W_L a_n}{\theta}\right) \tag{3.30}$$

将式（3.29）和式（3.30）的结果代入式（3.10），则可以求得均衡时对地方品质产品的需求量为

$$e(i)_{\mathrm{N}}=\frac{(1-\alpha)E_{\mathrm{N}}q(i)^{\frac{1}{1-\theta}}}{\int_{i=0}^{n_{\mathrm{N}}} q(i)^{\frac{1}{1-\theta}}\mathrm{d}i}\times\frac{\theta}{W_L a_n} \tag{3.31}$$

$$e(i)_{\mathrm{S}}=\frac{(1-\alpha)E_{\mathrm{S}}q(i)^{\frac{1}{1-\theta}}}{\int_{i=0}^{n_{\mathrm{S}}}q(i)^{\frac{1}{1-\theta}}\mathrm{d}i}\times\frac{\theta}{W_{L}a_{n}} \tag{3.32}$$

假设每个地方品质企业的最优定价为 1，此时联立式（3.31）、式（3.21）、式（3.20），以北部地区为例，可以得到如下关系。

$$l(i)R_{\mathrm{N}}=\frac{(1-\theta)(1-\alpha)E_{\mathrm{N}}\varphi l(i)}{\int_{i=0}^{n_{\mathrm{N}}}\varphi l(i)\mathrm{d}i}\Rightarrow\int_{i=0}^{n_{\mathrm{N}}}l(i)\mathrm{d}iR_{\mathrm{N}}=(1-\alpha)(1-\theta)E_{\mathrm{N}} \tag{3.33}$$

式（3.33）的关系同样适用于南部地区。考虑到α及θ都是常数，式（3.33）说明一个地区的建设用地总价格与地区的总收入（劳动者总支出）存在线性关系。为了简化后续分析，本节假设一个地区的单位面积建设用地价格（均衡时）与地区总收入（劳动者总支出）存在以下类似于 Hedonic 模型的线性关系。

$$\ln R=\beta_1+\beta_2\ln E \tag{3.34}$$

式中，建设用地单价由两个部分组成，一部分是不随地区总收入（劳动者总支出）变化的变量，另一部分是随地区总收入（劳动者总支出）变化的变量。不随地区总收入变化的变量β_1可以表示一个地区的自然舒适度，如气温、日照、相对湿度等；随地区总收入变化的变量β_2可以表示一个地区的人造舒适度（man-made amenities），如本地公共服务、交通便利性等。据此，式（3.34）反映的是建设用地价格与地方品质的联系，地区建设用地价格越高，往往地方品质越好。

根据式（3.34），当$\beta_2=1$时，联立式（3.34）与式（3.33），可知地区的建设用地价格和地区总收入（劳动者总支出）呈齐次关系，此时本地品质部门的产品种类与地区总收入无关，即使劳动力流动导致地区总需求发生变化，本地地方品质部门的种类数量保持不变；当$0<\beta_2<1$时，联立式（3.34）与式（3.33），可知建设用地价格增幅低于地区总收入（劳动者总支出）的增幅，此时本地地方品质部门的产品种类与地区总收入（劳动者总支出）呈现正相关关系；当$\beta_2>1$时，联立式（3.34）与式（3.33），地区建设用地价格的增幅高于地区总收入（劳动者总支出）的增幅，因此本地地方品质部门产品种类与地区总收入（劳动者总支出）负相关，此时建设用地价格的增加对高技能劳动力流入产生离散力，因为地价的上升抬升了流入的成本。一般情况下，联立式（3.34）与式（3.33）可得到以下的关系。

$$\int_{i=0}^{n_{\mathrm{N}}}l(i)\mathrm{d}i=\frac{(1-\alpha)(1-\theta)}{e^{\beta_1}}E_{\mathrm{N}}{}^{1-\beta_2} \tag{3.35}$$

式（3.35）显示了本地地方品质种类与地区总收入的关系。当$\beta_2=1$时，地区地方品质部门生产的地方品质种类数是外生决定的；而当$\beta_2\neq1$时，地区地方品质部门生产的地方品质种类数受到地区总收入的影响。

另外，考虑区域普通劳动力数量。来自工业品和地方品质产品消费的地区总收入会分配给高技能劳动力和普通劳动力，且比例固定，当两地区普通劳动力总量为L时，有如式（3.36）所示的关系。

$$\theta(E_{\mathrm{N}}+E_{\mathrm{S}})=LW_L \quad \Rightarrow \quad E=\frac{LW_L}{\theta} \tag{3.36}$$

通过工业品和地方品质两个角度分别求解其总收入，得到地区总收入的表达式。令$s_E=E_{\mathrm{N}}/E$为北部地区支出占总支出比重，对于工业部门企业而言，联立式（3.15）、式（3.24）、式（3.28），可以求得北部地区的高技能劳动力名义收入为

$$W_{\mathrm{N}}=\frac{\alpha E(1-\theta)}{H}\left[\frac{s_E}{s+\phi(1-s)}+\frac{\phi(1-s_E)}{\phi s+(1-s)}\right] \tag{3.37}$$

同理，南部地区高技能劳动力名义收入为

$$W_{\mathrm{S}}=\frac{\alpha E(1-\theta)}{H}\left[\frac{\phi s_E}{s+\phi(1-s)}+\frac{(1-s_E)}{\phi s+(1-s)}\right] \tag{3.38}$$

对于地方品质部门企业而言，根据式（3.33）整理得到以下关于地区建设用地价格和地区总收入的关系。

$$\int_{i=0}^{n_N} l(i)R_{\mathrm{N}}\mathrm{d}i=(1-\alpha)(1-\theta)s_E E \tag{3.39}$$

此外，容易知道地区普通劳动力总收入占地区总收入θ，因此有

$$L_{\mathrm{N}}W_L=\theta E_{\mathrm{N}}=\theta s_E E \tag{3.40}$$

因此，北部地区总收入为工业品和地方品质产品总收入之和：$Y_{\mathrm{N}}=Y_{\mathrm{N}}^T+Y_{\mathrm{N}}^N=E_{\mathrm{N}}$。其中，地方品质部门总收入为$Y_{\mathrm{N}}^N=(1-\alpha)E_{\mathrm{N}}=(1-\alpha)Y_{\mathrm{N}}$，而工业部门总收入占比为$Y_{\mathrm{N}}^T=\alpha E_{\mathrm{N}}=\alpha Y_{\mathrm{N}}=\dfrac{W_{\mathrm{N}}sH}{1-\theta}$。因此，联立式（3.37），可以进一步推导出北部地区高技能劳动力分布占比与北部地区支出占比之间的关系。

$$\alpha s_E\frac{LW_L}{\theta}=s\alpha\frac{WL}{\theta}\left[\frac{s_E}{s+\phi(1-s)}+\frac{\phi(1-s_E)}{\phi s+(1-s)}\right]$$

$$s_E=s\left[\frac{s_E}{s+\phi(1-s)}+\frac{\phi(1-s_E)}{\phi s+(1-s)}\right] \tag{3.41}$$

式（3.41）已求出了区域高技能劳动力分布s和区域支出占比s_E的关系，显然，该关系并没有显示解，借助数值模拟的方法，可以得到短期均衡 EE 曲线。

四、长期均衡

长期均衡状态下允许区域之间发生高技能劳动力的自由流动，当经济系统中不存在高技能劳动力流动时，达到长期均衡状态。高技能劳动力的收入来源于两

个方面，一是自身进入工业部门就业获得的名义工资，二是地方品质部门建设用地租金的转移支付（如人才补贴政策）。因此，对于 Z 地区的高技能劳动力而言，其总收入为

$$Y_Z = W_Z + \frac{\int_{i=0}^{n_Z} l(i) R_Z \mathrm{d}i}{sH} = \frac{(1-\theta)\alpha L W_L}{\theta H}\left[\frac{s_E}{s+\phi(1-s)} + \frac{\phi(1-s_E)}{\phi s + (1-s)}\right] + \frac{(1-\theta)(1-\alpha)s_E L W_L}{\theta s H} \tag{3.42}$$

高技能劳动力的区域迁移依据其间接效用函数。对于区域 Z 的高技能劳动力而言，其间接效用函数如式（3.11）所示，$V_Z = \alpha^{\alpha}\left(1-\alpha\right)^{(1-\alpha)} P^{T^{-\alpha}} P_Z^{N^{-(1-\alpha)}} Y_Z$；对于高技能劳动力而言，其是否发生区域迁移完全受到间接效用函数的影响，因此构建两区域获得的间接效用的比值 Δ 来作为其迁移条件的判断。

$$\Delta = \frac{V_{\mathrm{N}}}{V_{\mathrm{S}}} = \left(\frac{P_{\mathrm{S}}^T}{P_{\mathrm{N}}^T}\right)^{\alpha}\left(\frac{P_{\mathrm{S}}^N}{P_{\mathrm{N}}^N}\right)^{(1-\alpha)}\left(\frac{Y_{\mathrm{N}}}{Y_{\mathrm{S}}}\right) = \left[\frac{(1-s)+\phi s}{\phi(1-s)+s}\right]^{\frac{\theta-1}{\theta}\alpha} \cdot \left[\frac{\int_{i=0}^{n_{\mathrm{S}}} q(i)^{\frac{1}{1-\theta}}\mathrm{d}i}{\int_{i=0}^{n_{\mathrm{N}}} q(i)^{\frac{1}{1-\theta}}\mathrm{d}i}\right]^{\frac{\theta-1}{\theta}(1-\alpha)}\left[\frac{W_{\mathrm{N}} + \frac{\int_{i=0}^{n_{\mathrm{N}}} l(i)R_{\mathrm{N}}\mathrm{d}i}{sH}}{W_{\mathrm{S}} + \frac{\int_{i=0}^{n_{\mathrm{S}}} l(i)R_{\mathrm{S}}\mathrm{d}i}{(1-s)H}}\right] \tag{3.43}$$

由式（3.34）可以看到，Δ 可以表示成三项，前两项分别为南部地区与北部地区工业品和地方品质产品价格指数比值的 α 与 $(1-\alpha)$ 次幂，最后一项为北部地区和南部地区高技能劳动力总收入的比值。本节使用价格指数效应来概括 Δ 的前两项，使用收入效应来概括 Δ 的最后一项。高技能劳动力区域迁移是价格指数效应和收入效应共同影响下的选择。

价格指数效应包含工业品和地方品质产品的价格指数效应。工业品的价格指数效应是本地生产的多样化、多种类的工业品减少了外地运输至本地的工业品，从而导致本地高技能劳动力的生活成本下降，进而吸引更多的外来高技能劳动力；地方品质产品的价格指数效应是本地地方品质产品种类增加从而使得地方品质产品价格指数下降，消费者在本地能够享受到更好的地方品质服务。另外，高技能劳动力的迁入会导致本地工业部门企业数量的增加，从而生产更多种类的工业品，并通过提升地区的总需求，导致本地地方品质产品数量的改善。

收入效应反映高技能劳动力的总收入对其迁移的影响，总收入由两部分组成，第一部分为高技能劳动力在本地工作获得的名义工资，第二部分为本地区建设用地租金收入的转移支付，二者共同组成了高技能劳动力的总收入。高技能劳动力在出发地和目的地之间的总收入水平的比值同样影响其间接效用。

尽管可以概括成为上述两种效应，但从现实意义来看，本节的理论模型实际上同时强调了来自工业部门的地区经济因素和来自地方品质部门的地方品质因素对区域高技能劳动力迁移的作用机理。价格指数效应和收入效应的存在进一步反映出区域高技能劳动力迁移同时受到迁入地与迁出地工业品与地方品质产品数量和种类、名义工资及人才补贴差别的影响。其中，工业品数量和种类、名义工资可以被归纳为地区经济因素效应，而地方品质产品数量和种类、转移支付（人才补贴）则可以归纳为地方品质效应。可以推断，纳入地方品质部门、保留运输成本的新经济地理学模型对现实情况中复杂的高技能劳动力迁移决策和高技能劳动力迁移格局有了更全面的解释。

为了观察长期均衡时高技能劳动力区域分布的变化，进一步将式（3.43）化简，得到

$$\Delta=\left[\frac{(1-s)+\phi s}{\phi(1-s)+s}\right]^{\frac{\theta-1}{\theta}\alpha}\left[\frac{1-s_E}{s_E}\right]^{\frac{(1-\alpha)(\theta-1)(1-\beta_2)}{\theta}} \cdot\frac{\alpha\left[\dfrac{s_E}{\phi(1-s)+s}+\dfrac{\phi(1-s_E)}{(1-s)+\phi s}\right]+(1-\alpha)\dfrac{s_E}{s}}{\alpha\left[\dfrac{\phi s_E}{\phi(1-s)+s}+\dfrac{(1-s_E)}{(1-s)+\phi s}\right]+(1-\alpha)\dfrac{1-s_E}{1-s}} \tag{3.44}$$

式（3.44）说明长期均衡时，无法得到显示解，因此需要进行数值模拟，令 $\ln\Delta=0$ 可以绘制出 nn 曲线。

五、特征分析

求出反映长期均衡的 nn 曲线和反映短期均衡的 EE 曲线后，可以对模型的集聚特征进行模拟分析。EE 曲线上的点均是短期均衡存在时的点，nn 曲线上的点均是长期均衡存在时的点（安虎森，2009）。对式（3.41）中 EE 曲线求全微分得 EE 曲线在对称点处的斜率为

$$\frac{\mathrm{d}s}{\mathrm{d}s_E}=\frac{\phi+1}{2} \tag{3.45}$$

当 $\phi=0$ 时，斜率为 1/2；当 $\phi=1$ 时，斜率为 1。

接下来，对 nn 曲线在对称点处求全微分得

$$\frac{\mathrm{d}s}{\mathrm{d}s_E}=\frac{\dfrac{\alpha(1-\phi)}{1+\phi}-\dfrac{(1-\alpha)(\theta-1)(1-\beta_2)}{\theta}+1-\alpha}{\dfrac{\alpha(\theta-1)(1-\phi)}{\theta(1+\phi)}+\dfrac{\alpha(1-\phi)^2}{(1+\phi)^2}+1-\alpha} \tag{3.46}$$

接下来，求解系统的突破点ϕ^b和维持点ϕ^s。突破点和维持点是空间经济分析中的常用参量，前者代表系统由对称均衡突破为集聚均衡的贸易自由度，后者代表系统的核心边缘结构（集聚均衡）得以维持的贸易自由度。当 nn 曲线和 EE 曲线斜率相等时，可以求得突破点：

$$\phi^b = 1 - \frac{2(1-\alpha)(1-\beta_2)(\theta-1)}{\theta(1-\alpha)+\alpha} \tag{3.47}$$

要保证系统中一定有贸易自由度使得对称均衡保持稳定，就需要保证ϕ^b的存在，此时可以求得系统的“非黑洞条件”；如果该条件不满足，则无论在任何情况下，高技能劳动力总会因为经济机会和地方品质的力量而集聚至一个单一的区域。从式（3.47）中可以看出，$1-\alpha>0$，而$\theta-1<0$，$\theta(1-\alpha)+\alpha>0$，因此需要满足$1-\beta_2<0$，因此有$\beta_2>1$，得出“非黑洞条件”的表达式。

接下来求解维持点ϕ^s，当$s=0$时，由 EE 曲线得$s_E=0$或$s_E=1$；当$s=1$时，代入 nn 曲线，无法得到求解。因此，系统中无维持点，换言之，系统中不存在单一稳定的对称结构。这在一定程度上也显示出高技能劳动力迁移的集聚性特征。

从上述分析可以看出，NESM 理论模型既保持了新空间经济学的地方品质效应，又保持了传统新经济地理学模型中由工业品运输成本导致的经济效应（收入差异、工业品价格指数）。贸易自由度的变化会导致系统从多重均衡向单一集聚均衡转向。总体来说，在工业部门和地方品质部门的双重作用下，高技能劳动力的迁移呈现出更加明显的集聚特征。同时，由于ϕ^b的存在，系统中保留了大多数新经济地理学模型具有的性质，如突发式集聚、区位黏性等①。

一个需要讨论的问题是，工业部门导致的经济效应和地方品质部门导致的地方品质效应及其衍生的地租转移支付（人才补贴）效应两类因素是否可以在迁移方程中进行比较分析？基于上述目的，笔者使用 MATLAB 软件对模型结果展开数值模拟。系统中的可控参量一共包括工业品支出份额α、贸易自由度ϕ、工业品替代弹性θ与衡量地区舒适度的变量β_2。由于在“非黑洞条件”下，β_2需要大于 1，因此可令$\beta_2=3$。

对β_2的模拟也可以借助现实情况得出。根据 2006～2016 年《中国统计年鉴》，搜集得到各省份年末地区生产总值（亿元）用以反映地区的总收入（Y）或总支出（E）。建设用地价格可以近似使用商品房销售价格（单位为元/m^2）与商业营业用房价格（元/m^2）替代。分别对两组指标取对数后，通过线性拟合，发现无论是商

① 由于本章主要关注高技能劳动力的区域迁移，而非贸易自由度改变导致的产业集聚等问题，故本章不对 NESM 理论衍生出的更多有关性质进行讨论。

品房销售价格-地区生产总值关系，还是商业营业用房价格-地区生产总值关系，线性拟合后的系数都大于 1（图 3.4）。据此可以发现，在我国现实情况中，建设用地价格的增速往往大于地区总收入的增速，因此，在数值模拟时，需要重点考虑$\beta_2>1$的情形。

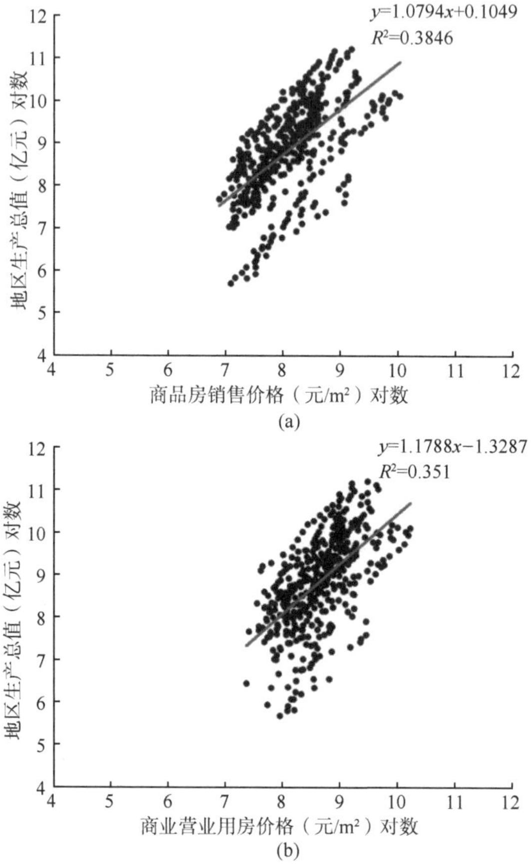

图 3.4　建设用地价格增速与地区生产总值增速模拟

此外，考虑到现实世界中，随着通信技术、运输技术的改善，贸易自由度较大，因此可令$\phi=0.9$。最终，考虑到α和θ的关系，容易模拟出以下三种情况（图 3.5）。

在图 3.5（a）情形下，EE 曲线在图形的右半部分位于 nn 曲线下方，此时北部地区的支出份额高于其高技能劳动力集聚比重，因此会吸引更多来自南部地区的高技能劳动力迁移集聚，最终达到集聚均衡的“核心-边缘”结构；图 3.5（b）反映的情况为工业品支出份额较小，且替代弹性较大的情形，此时，高

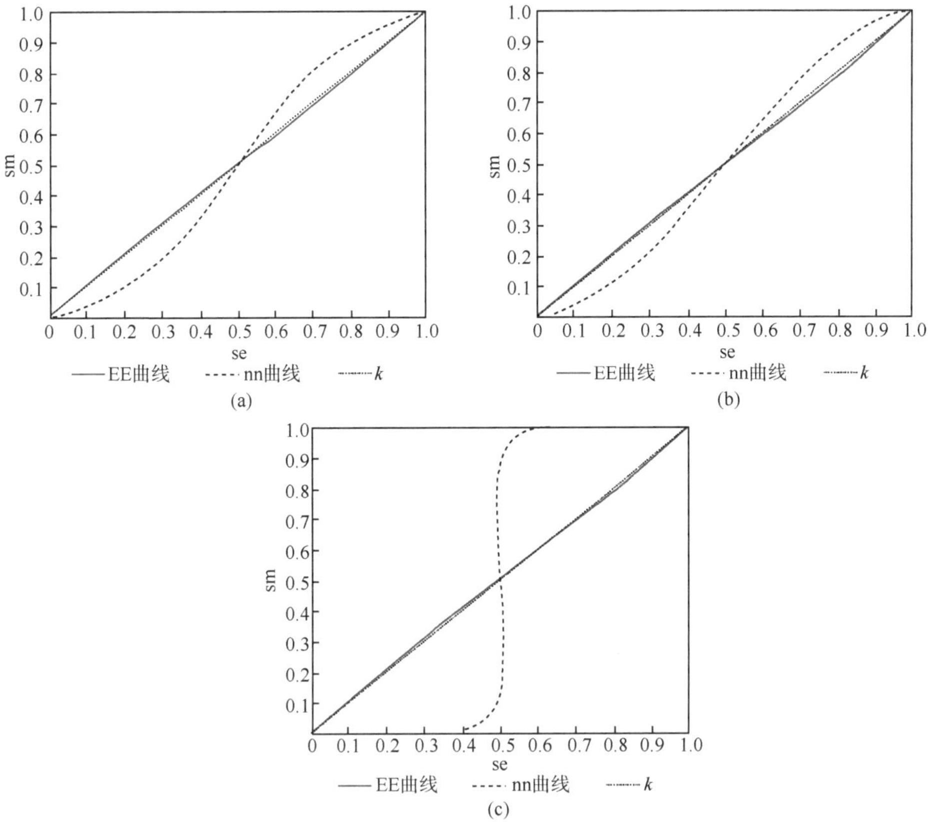

图 3.5　数值模拟得到 EE 曲线和 nn 曲线

sm 表示北部区域支出占比，se 表示北部高技能劳动力占比，se−sm=0，*k* 表示 se=sm 线

技能劳动力将很小一部分费用花在购买工业品上，且多样化偏好较低。在该情况下，EE 曲线的右半部分同样位于 nn 曲线下方，表示北部地区的支出份额高于高技能劳动力集聚比重，因此同样会源源不断地吸引来自南部地区的高技能劳动力集聚，最终达到集聚均衡；图 3.5（c）反映的情况为高技能劳动力花费在工业品消费上的支出份额较小，但是多样化偏好很强的情形，此时可以发现 EE 曲线的右半部分仍然位于 nn 曲线下方，最终会导致南部高技能劳动力迁移到北部地区，产生均衡状况。

在上述三种情况下，β_2 均大于 1，此时由于建设用地价格的增速高于地区总需求的增速，地方品质部门对高技能劳动力集聚的影响显示出分散力。然而，通过三种情况的数值模拟可以知道，即使 $\beta_2>1$，无论工业品支出份额、替代弹性的变化如何，经济系统都会形成集聚均衡的结果。换言之，即使由于地价过快增长，地方品质效应对高技能劳动力集聚产生分散力，工业部门主导的经济因素仍然会导致系统最终呈现出集聚格局。该结果说明，相比地方品质产品导致的地方品质效应，工业品导致的经济效应是引起高技能劳动力迁移集聚的主导因素[①]。

第四节 理 论 假 说

本书从 NESM 理论主要推演出以下几条重要假说，以指导本书后续章节实证研究的开展。

假说 1——高技能劳动力集聚假说。该假说认为高技能劳动力的迁移和再分布呈现出集聚的空间格局。与传统的新经济地理学模型（只考虑本地市场扩大效应和价格指数效应）相比，NESM 理论模型纳入了地方品质效应的考量。本地地方品质产品的种类和数量会引致高技能劳动力迁移，这使得 NESM 理论模型为解释高技能劳动力迁移纳入了三种不同的集聚力。受到上述力量的影响，高技能劳动力将有更大可能在迁移和再分布时产生集聚的空间格局。此外，EE 曲线和 nn 曲线的结果显示，在多数的参数模拟情况下，集聚均衡都是稳定的。随着贸易自由度的提升，世界中的高技能劳动力将集聚在北部地区。现实中，随着交通、通信技术的进一步发展，区域贸易品的运输成本将进一步下降，贸易自由度将进一步提升，从而导致高技能劳动力的“核心-边缘”分布格局。基于以上，高技能劳动力的迁移和再分布将呈现集聚分布特征。

进一步，可以求出模型的突破点 τ_b，当贸易自由度 ϕ 大于突破点 τ_b 时，高技能劳动力的多重均衡开始打破，形成稳定的集聚均衡。因而，NESM 理论中的高技能劳动力迁移拥有与传统经济地理劳动力迁移论相似的结论，即突发式集聚推论：当贸易自由度较小时，高技能劳动力形成对称分布格局；一旦贸易自由度上升突破了阈值，则高技能劳动力逐步转为集聚分布格局，这一过程是突发式的。现实世界中，两区域间的高技能劳动力在某些情况下不发生迁移联系，而当贸易自由度增加时，则会发生大规模的迁移行为，直至形成集聚均衡状态。

假说 2——经济因素驱动假说。该假说认为高技能劳动力迁移受到由工业部门引起的经济因素的影响。NESM 理论中的迁移方程包含两类效应——价格指数效应和收入效应，进一步又可以概括成地区经济效应和地方品质效应，地区经济效应包括由工业部门导致的高技能劳动力名义工资的差异及由地区本地生产的工业品种类数导致的价格指数效应。劳动力名义工资越高，本地生产的工业品种类数量越多，则本地市场扩大效应和价格指数效应的存在会促进更多的高技能劳动

① 该模拟并没有否认地方品质因素的作用，由于两种因素混杂在模型中，不方便直接比较，通过设定一定的情况进行模拟，可以推导出两类因素的作用力差异。

力迁移至本地居住和工作。对应实际情况，以劳动力名义工资和商品价格指数为代表的地区经济因素对高技能劳动力产生显著的作用。

假说 3——地方品质因素驱动假说。该假说认为高技能劳动力迁移受到由地方品质部门引起的地方品质因素的影响。NESM 理论中迁移方程的地方品质效应主要包含由地方品质种类和数量引起的高技能劳动力需求及建设用地租金的转移支付效应。高技能劳动力对地区地方品质产品的数量和种类有着更高的需求，而由于地方品质部门租金在政府部门的影响下的转移支付可以提升高技能劳动力的效用，因而地方品质产品数量越多，高技能劳动力迁移至本地的倾向越高。对应实际情况，NESM 理论揭示出以地区各类地方品质质量和数量及相关人才补贴为代表的地区地方品质因素对高技能劳动力迁移和再分布的影响。

假说 4——经济因素主导假说。该假说认为，与地方品质效应相比，地区经济效应是决定高技能劳动力迁移和再分布的主导力量。在 EE-nn 曲线模拟分析中，贸易自由度ϕ可以反映地区经济效应的大小，而β_2则代表地区总收入与建设用地单价的关系，从而反映地区地方品质效应的影响。通过 EE-nn 曲线模拟，可以对比地区经济效应与地方品质效应对高技能劳动力迁移的影响差异。当$\beta_2>1$时（“非黑洞条件”），建设用地价格的增幅与地区总收入的增幅呈现负相关关系，此时地方品质部门由于建设用地价格的过快上涨会对高技能劳动力产生离散力。然而，模拟结果仍然显示出集聚均衡特征。这表明，尽管地方品质效应的集聚力不复存在，对高技能劳动力产生分散力时，系统仍然是趋于集聚的。以上分析可以推断出，相比地方品质效应而言，地区经济效应对高技能劳动力迁移与再分布产生的影响更为显著。

需要承认，上述理论假说是基于数理推导的理论模型而产生的。数理推导需要施加多种前提假设，这往往会使理论模型与现实产生一定的出入。为了实证 NESM 理论假说的正确性，本书的第五章将通过对中国高技能劳动力迁移的空间格局进行分析验证假说 1，本书的第六章和第七章将从宏观和微观两个角度进行实证计量模型构建，验证假说 2～4。日后的研究可以进一步在空间均衡框架中考量多种现实要素，以丰富和充实 NESM 理论体系。

第五节 实证框架推导

基于 NESM 理论，分别推导两个实证计量框架：用于引力模型的宏观实证框架和用于离散选择模型的微观实证框架。宏观实证框架主要对应本书后面研究中的宏观实证计量模型，而微观实证框架主要对应本书后面研究中的微观实证计量模型。

一、宏观实证框架

为实证理论假说，设计相应的计量模型进行验证。根据 NESM 理论，引起区域间高技能劳动力迁移的力量主要来自区域工业部门导致的经济因素差异、地方品质部门导致的地方品质差异及政府转移支付差异。具体来说，经济因素包括劳动力在两个地区获得的名义工资的比值，以及两地区消费品种类多样性的比值；地方品质因素则包括两地区地方品质的种类及数量的比值；政府转移支付包括两地区由于地方品质部门导致的人才补贴的比值。

$$\varDelta=\frac{V_{\mathrm{N}}}{V_{\mathrm{S}}}=\left[\frac{(1-s)+\phi s}{\phi(1-s)+s}\right]^{\frac{\theta-1}{\theta}\alpha}\left[\frac{\int_{i=0}^{n_{\mathrm{S}}}q(i)^{\frac{1}{1-\theta}}\mathrm{d}i}{\int_{i=0}^{n_{\mathrm{N}}}q(i)^{\frac{1}{1-\theta}}\mathrm{d}i}\right]^{\frac{\theta-1}{\theta}(1-\alpha)}\left[\frac{W_{\mathrm{N}}+\frac{\int_{i=0}^{n_{\mathrm{N}}}l(i)R_{\mathrm{N}}\mathrm{d}i}{sH}}{W_{\mathrm{S}}+\frac{\int_{i=0}^{n_{\mathrm{S}}}l(i)R_{\mathrm{S}}\mathrm{d}i}{(1-s)H}}\right] \tag{3.48}$$

对式（3.48）等号两边取对数，可得

$$\ln\varDelta=\ln V_{\mathrm{N}}-\ln V_{\mathrm{S}}=\alpha(\ln P_{\mathrm{S}}^{T}-\ln P_{\mathrm{N}}^{T})+(1-\alpha)(\ln P_{\mathrm{S}}^{N}-\ln P_{\mathrm{N}}^{N})+(\ln Y_{\mathrm{N}}-\ln Y_{\mathrm{S}}) \tag{3.49}$$

因此，两区域高技能劳动力获得的效用之比的对数可以表现为两区域获得效用的对数之差，进而可以表现为两区域的工业品价格指数对数之差、两区域地方品质产品价格指数对数之差及两区域总收入对数之差的线性组合。进一步，假设两区域 i、j 间高技能劳动力迁移规模 M_{ij} 与高技能劳动力在两地区获得的效用之比 $\varDelta$ 呈现正相关关系，则可以根据式（3.49）写出一个关于两地区高技能劳动力迁移规模 M_{ij} 的估计：

$$\begin{aligned}\ln M_{ij}&=\beta_0+\beta_1\ln W_i+\beta_2\ln W_j+\beta_3\ln G_i+\beta_4\ln G_j+\beta_5\ln L_i\\&\quad+\beta_6\ln L_j+\beta_7\ln S_i+\beta_8\ln S_j+e_{ij}\end{aligned} \tag{3.50}$$

式中，W_i 与 W_j 分别为两区域的劳动力名义工资；G_i 与 G_j 分别为两区域本地生产的消费品种类多样性；L_i 与 L_j 分别为两区域地方品质产品种类及质量；S_i 与 S_j 分别为两区域政府转移支付；e_{ij} 为独立误差项。进一步纳入两地区的人口规模 P_i 和 P_j，以及两地区的迁移距离 D_{ij}，则

$$\begin{aligned}\ln M_{ij}&=\beta_0+\beta_1\ln W_i+\beta_2\ln W_j+\beta_3\ln G_i+\beta_4\ln G_j+\beta_5\ln L_i+\beta_6\ln L_j\\&\quad+\beta_7\ln S_i+\beta_8\ln S_j+\beta_9\ln P_i+\beta_{10}\ln P_j+\beta_{11}\ln D_{ij}+e_{ij}\end{aligned} \tag{3.51}$$

式（3.51）实际上是一个经典的引力模型线性化后的形式。由此，我们根据 NESM 理论的空间均衡状态下的迁移方程推导得到了一个刻画地区高技能劳动力迁移的引力模型。进一步，还需要加入一系列的控制变量，包括社会网络因素、

生活成本因素、经济发展速度因素等，从而得到一个完整的引力估计。

$$\ln M_{ij} = \beta_0 + \beta_1 \ln W_i + \beta_2 \ln W_j + \beta_3 \ln G_i + \beta_4 \ln G_j + \beta_5 \ln L_i + \beta_6 \ln L_j + \beta_7 \ln S_i + \beta_8 \ln S_j + \beta_9 \ln P_i + \beta_{10} \ln P_j + \beta_{11} \ln D_{ij} + \sum_{n=12}^{k} \beta_n \ln C_{in} + \sum_{n=12}^{k} \beta_n \ln C_{jn} + e_{ij} \tag{3.52}$$

式中，C_{in} 为第 n 个迁出地控制变量；C_{jn} 为第 n 个迁入地控制变量；e_{ij} 为独立误差项。

对于式（3.52），常使用 OLS 方法进行估计（Flowerdew and Aitkin，1982）。然而，考虑到被解释变量的计数性质，拟使用泊松模型的形式进行回归。

二、微观实证框架

根据迁移方程有

$$\Delta = \frac{V_{\mathrm{N}}}{V_{\mathrm{S}}} = \left[\frac{(1-s)+\phi s}{\phi(1-s)+s}\right]^{\frac{\theta-1}{\theta}\alpha} \left[\frac{\int_{i=0}^{n_{\mathrm{S}}} q(i)^{\frac{1}{1-\theta}} \mathrm{d}i}{\int_{i=0}^{n_{\mathrm{N}}} q(i)^{\frac{1}{1-\theta}} \mathrm{d}i}\right]^{\frac{\theta-1}{\theta}(1-\alpha)} \left[\frac{W_{\mathrm{N}} + \frac{\int_{i=0}^{n_{\mathrm{N}}} l(i) R_{\mathrm{N}} \mathrm{d}i}{sH}}{W_{\mathrm{S}} + \frac{\int_{i=0}^{n_{\mathrm{S}}} l(i) R_{\mathrm{S}} \mathrm{d}i}{(1-s)H}}\right]$$

两区域间高技能劳动力迁移决策由劳动力个体在两区域间获得的间接效用函数的比值决定，该间接效用函数主要包含了两区域工业品和地方品质的种类与质量、名义工资及由地方品质部门缴纳地租而导致的人才补贴对高技能劳动力的影响，而迁移方程中三个中括号所对应的三种效应可分别归纳为经济效应、地方品质效应和政府转移支付效应。从微观建模的视角，高技能劳动力的迁移决策可以看作一个离散选择过程。假设对在 t 时刻从 j 市迁移至 i 市的高技能劳动力，其在 i 市获得的效用为 U_{it}，在 j 市获得的效用为 U_{jt}。在均衡条件下，在 t 时刻从 j 市迁移至 i 市的高技能劳动力在 i 市获得的间接效用为 V_{it}，在 j 市获得的间接效用为 V_{jt}，则高技能劳动力的迁移决策判断取决于 Δ_t。

$$\Delta_t = \frac{V_{it}}{V_{jt}} \tag{3.53}$$

当 $\Delta_t > 1$ 即 $V_{it} > V_{jt}$ 时，高技能劳动力会进行迁移决策，否则将返回原住地 j。根据迁移方程有

$$V_{it} = U(M_{it}, N_{it}, C_{it}) \tag{3.54}$$

式中，M_{it} 为地区经济因素效用最大化时的取值；N_{it} 为地方品质因素效用最大化时的取值；C_{it} 为其他控制变量效用最大化时的取值。基于此计量框架，当被解释

变量是二元选择问题时，可以选用 Logistic 模型作为基础模型加以实证。

第六节　小　　结

本章借鉴了传统新经济地理学和新空间经济学的框架构建了 NESM 理论模型，用于解释我国区域间的高技能劳动力迁移和集聚分布现象。模型中总共包含了来自工业部门及地方品质部门的两类效应，具体包括具有循环因果累积的三种效应——本地市场扩大效应、价格指数效应以及地方品质效应。上述效应在驱动高技能劳动力迁移的过程中均发挥重要作用。与既有的劳动力迁移模型相比较，NESM 理论是一个严格意义上的空间均衡模型，构建在 Krugman 的新经济地理学空间均衡框架下。在规模报酬递增生产设定下，考虑到地区间工业品运输成本及高技能劳动力对异质性地方品质的需求，推导得到高技能劳动力的迁移方程。因此，相比既有的多数劳动力迁移理论框架或假说，NESM 理论模型的推导和论证演绎逻辑显得更加严谨。此外，既有的劳动力迁移模型主要从个体的收入、迁移成本或地区的生产率、劳动力市场角度来考察高技能劳动力流动行为，而 NESM 理论则主要从消费品运输成本和消费品生产的规模报酬递增及高技能劳动力对地方品质产品的需求入手进行论证，但并不考虑劳动力本身的迁移成本。因此，NESM 理论模型与传统的宏微观劳动力迁移模型对高技能劳动力迁移的解释视角产生了一定差异。然而，NESM 理论与传统劳动力迁移模型也有很大程度的共同之处。例如，二者都将劳动力个体的迁移视作效用最大化的求解过程；与引力模型相似，NESM 理论模型的迁移方程中同时考虑了迁入地和迁出地的影响，本质上是一个劳动力区域迁移的推拉框架。

第四章　中国高技能劳动力迁移数据获取及特征分析

第一节　引　　言

1958 年颁布的《中华人民共和国户口登记条例》标志着中国城乡二元体制的形成（Fan，2005a，2005b）。在此后二十余年里，严格的户籍管理条例限制了劳动力跨区域迁移的步伐（Chan，2009）。自改革开放以来，为了迎合区域经济发展对劳动力的需求，推进区域经济发展和城镇化建设，中国的户籍制度开始放松，居民身份证制度开始实施（Shen，2013）。未持有本地户口的流动劳动力被逐步允许在非户籍地工作和生活，自此，大规模的流动人口和人口区域流动格局开始形成。自 1985 年至 2016 年，中国的省际人口迁移数量从 1100 万激增至 5320 万（李扬等，2015），而中国的常住人口城镇化率也在 2018 年末达到了 59.8%。可见，人口迁移极大程度地推动了中国经济发展和城镇化率的提升（古恒宇等，2019b）。

在清华大学中国经济社会数据研究中心的支持下，笔者获得了 2010 年第六次全国人口普查和 2015 年全国 1%人口抽样调查的 1/1000 微观数据库，结合已有的 2005 年全国 1%人口抽样调查微观数据，本章试图对中国高技能迁移劳动力样本进行基础的描述性特征分析。作为对比，普通迁移劳动力样本也被纳入。本章为本书后续开展的中国高技能劳动力空间演化和驱动机制实证研究奠定了基础。

第二节　户籍制度改革背景下中国劳动力迁移

总体上看，中国的人口迁移格局主要经历了两个主要时段的演变。在第一个时期（1985～2000 年），受到人口红利的推动，中国的人口迁移极大促进了沿海地区以劳动密集型产业为主体的外向型经济的发展，大量的普通劳动力从中国的中西部地区迁移至东部沿海地区就业、工作和生活（Gu and Shen，2021；Liu and Shen，2017）。在第二个时期（2000 年以后），中国的人口红利逐渐消减。同时，劳动力市场开始出现拐点，呈现出从“买方市场”到“卖方市场”的变化（古恒宇和沈体雁，2021；蔡昉，2010）。中国的产业也逐步迎来更新升级，主要发达地区的产业从劳动密集型转为技术密集型（Cai，2010）。创新型和高技术产业的发展导致各地政府对高技能劳动力的关注日益增加。2010 年，中国颁布《国家人才中长期发展规划纲要（2010－2020 年）》，此后，一系列的地区性人才政策开始颁布，中国进入“人才争夺”时代。作为具有更高人力资本的劳动力，高技能劳动力在就业市场上往往更具竞争力，能够得到更高的劳动报酬和更稳定的就业条件（刘晔等，2019）。Gu 等（2020a，2021c）、古恒宇和沈体雁（2021）的研究证实，中国高技能劳动力往往高度集聚在东部沿海地区，覆盖了一线城市和部分新一线城市。

在社会主义市场经济背景下的中国，户籍制度可以看作一个独特的人口管理制度，一定程度上绑定了居民享受当地公共服务的权利（Chan，2009；魏后凯和苏红键，2013）。优质的不可移动、不可贸易的地区公共服务供给进一步加剧了更多高技能劳动力和普通劳动力的空间集聚，以获取“高价值”的本地户籍。此外，户籍制度绑定了一个居民在本地的社会认同和身份认同（刘金凤和魏后凯，2019；魏后凯和苏红键，2013）。笔者总结了自 20 世纪 80 年代起实施的重大户籍政策（表 4.1）。总体来看，一系列关键的户籍制度改革进一步放松了劳动力区域迁移，尤其是高技能劳动力迁移的限制，并进一步作用于中国改革开放 40 年来城镇化率的稳步提升。2014 年，国务院颁布的《国家新型城镇化规划（2014—2020 年）》明确提出要“逐步使符合条件的农业转移人口落户城镇，不仅要放开小城镇落户限制，也要放宽大中城市落户条件”。2010 年，中国提出的针对高技能劳动力的《国家中长期人才发展规划纲要（2010—2020 年）》则明确强调“适应走新型工业化道路、加快产业结构优化升级的需要，加强职业院校和实训基地建设，培养造就一大批具有精湛技艺的高技能人才”。自此，各地区也颁布了相应的人才政策，予以人才各类的住房、落户补贴，从而影响甚至重塑了近年来高技能劳动力迁移和分布的时空格局，中国正式进入“人才战争”时代。

表 4.1　自 20 世纪 80 年代以来重大的户籍制度改革措施

年份	政策名称	重点梗概
1984	《国务院关于农民进入集镇落户问题的通知》	积极支持有经营能力和有技术专长的农民进入集镇经营工商业，并放宽其落户政策，统计为非农业人口
1985	《中华人民共和国居民身份证条例》	公民应当向常住户口所在地的户口登记机关申请领取居民身份证，并按照规定履行申请领取手续
2010	《国家中长期人才发展规划纲要（2010－2020 年）》	确立在经济社会发展中人才优先发展的战略布局，充分发挥人才的基础性、战略性作用
2014	《国家新型城镇化规划（2014—2020 年）》	逐步使符合条件的农业转移人口落户城镇，不仅要放开小城镇落户限制，也要放宽大中城市落户条件

第三节 研究区域与数据获取

本章的研究区域主要为31个中国省级行政区划单位，包括27个省、自治区与4个直辖市。由于数据的缺失，香港、澳门和台湾不包括在基础研究单元之内。由于在21世纪初期西藏的高技能劳动力迁入、迁出和分布规模非常小，为避免数据中过多的零数据，考虑简洁性，我们参考以往文献的做法，在基础特征分析和空间分析时对西藏数据进行删除（Shen，2012，2013，2015）。研究范围覆盖中国三个主要的地理分区：东部地区、中部地区和西部地区（Shen，2012）。

考虑到本章的研究内容主要为2000～2015年高技能劳动力省际迁移规模及各省高技能劳动力在该时段的空间分布规律，研究数据主要来源为2000年第五次全国人口普查、2010年第六次全国人口普查、2005年全国1%人口抽样调查和2015年全国1%人口抽样调查微观数据集，其中，2010年第六次全国人口普查和2015年全国1%人口抽样调查的微观数据集来源于清华大学中国经济社会数据研究中心。参考Liu和Shen（2017）及Gu和Shen（2021）的研究，高技能劳动力被定义为最高学历为大专或以上，年龄在24～64岁的人口，而一般技能（普通）劳动力被定义为学历为大专以下，年龄在24～64岁的人口（古恒宇和沈体雁，2021；Liu and Shen，2017）。进一步地，本章将学生、家庭主妇、离退休人员、丧失工作能力的人员等相关样本删除（古恒宇和沈体雁，2021；Liu and Shen，2017）。根据上述四个数据集，可以分别计算得到2000年、2005年、2010年、2015年末（11月1日）的高技能劳动力和普通劳动力存量数据。

研究中对迁移人员的定义为在普查时点（2000年、2005年、2010年、2015年末）和普查时点5年前（1995年、2000年、2005年、2010年末）常住地发生改变的中国公民。由于数据限制，暂时无法得到省内人口迁移数据，因此本章主要的研究对象是省际高技能劳动力的迁移。作为对比，普通劳动力迁移规模也将在本章中进行分析。删除省内迁移数据后，总共得到30个省级行政区划单位之间870条迁移流。结合当期各省级行政区划单位的抽查比率，可计算得到高技能和普通迁移劳动力数量，最终对数据进行四舍五入处理，得到劳动力规模数据集。在最终的数据集中，2000～2005年共有约166万高技能迁移劳动力和约1780万普通迁移劳动力，2005～2010年共有约381万高技能迁移劳动力和约2831万普通迁移劳动力，2010～2015年共有约344万高技能迁移劳动力和1784万普通迁移劳动力。

第四节　中国高技能劳动力迁移的特征分析

基于已构建的2000～2015年中国跨省高技能劳动力数据，对其各方面特征进行描述性统计分析。首先，对高技能劳动力占总劳动力规模中的占比变化展开描述；其次，对高技能迁移劳动力占总迁移劳动力中的占比展开描述；最后，为了更好的对比，同时描述统计高技能劳动力之外的普通迁移劳动力的特征，包括人口学特征（年龄、性别、婚姻、受教育程度等）、迁移特征（迁移时间、原因等）和住房特征（住房来源）。

一、分布占比及迁移流动性趋势

1. 高技能劳动力占比日益增加，集聚分布在东部地区

本节试图对中国高技能劳动力迁移和分布的特征展开描述性分析（表4.2）。

首先，根据本书对高技能劳动力的定义，分别统计2000年、2005年、2010年、2015年末中国高技能劳动力占总人口的比重。作为对比，普通劳动力的相关特征也在本节中进行分析。总体来看，2000～2015年，全国高技能劳动力占比从2.59%增长至6.85%。对比不同地区的高技能劳动力占比可以发现，地区间高技能劳动力存量的差距在15年间进一步拉大。东部地区集中了大规模的高技能劳动力，其存量一直高于全国平均水平，且与全国平均水平的差距逐渐拉大；中部地区、西部地区的高技能劳动力存量则一直低于全国平均水平，中部地区高技能劳动力占比从2.37%增长至5.69%，而西部地区高技能劳动力占比从2.10%增长至5.65%。

表4.2　高技能劳动力和普通劳动力分布占比变化

地区	高技能劳动力				普通劳动力			
	2000年	2005年	2010年	2015年	2000年	2005年	2010年	2015年
东部地区	3.49%	5.01%	7.45%	9.75%	45.63%	45.36%	42.55%	40.78%
中部地区	2.37%	3.21%	4.38%	5.69%	47.35%	47.10%	45.15%	43.77%
西部地区	2.10%	3.12%	4.86%	5.65%	47.97%	46.57%	47.48%	42.77%
全国	2.59%	3.67%	5.39%	6.85%	47.07%	46.48%	45.03%	42.64%

其次，尽管普通劳动力占比远高于高技能劳动力占比，但总体而言，该占比在15年间呈现持续下降的态势。全国普通劳动力占比从47.07%下降至42.64%。其中，东部地区普通劳动力占比低于全国平均水平，而中西部地区普通劳动力

占比高于全国平均值；东部地区和中部地区的普通劳动力占比均呈现下降趋势，而西部地区普通劳动力在2005～2010年出现上升趋势，但整体仍然呈现下降的趋势。

2. 高技能劳动力迁移流动性先升后降

考察高技能劳动力省际迁移占总省际迁移比例的变化，如表4.3所示。作为对比，普通劳动力省际迁移占总省际迁移比例的相关趋势也被考量。在30个省级行政区划单位之间的省际高技能劳动力迁移规模占比在2000～2005年、2005～2010年、2010～2015年分别为4.31%、6.93%、6.42%，而普通劳动力迁移规模占比在这三个时段分别为46.26%、51.47%、33.48%。因此，从规模上来看，尽管高技能劳动力与普通劳动力在2000～2015年迁移数量持续上升，但从占比来看，二者呈现出相似的先升后降的规律。不同之处在于，高技能劳动力迁移占比在15年间的总体趋势仍然是上升的，而普通劳动力占比则出现明显的下降趋势。

表4.3 高技能劳动力迁移和普通劳动力迁移占比变化

劳动力类型	2000～2005年	2005～2010年	2010～2015年
高技能劳动力	4.31%	6.93%	6.42%
普通劳动力	46.26%	51.47%	33.48%

高技能劳动力省际迁移占总省际迁移比重一定程度上可以反映高技能劳动力迁移的流动性。总体来看，尽管2000～2015年高技能劳动力迁移的流动性呈现上升趋势，但该趋势在2005～2010年达到最高值，而在2010～2015年出现下降。这种先升后降的高技能劳动力流动性趋势与新型城镇化建设强调的就近、就地城镇化，从而导致省内迁移强度增加、省际迁移强度减弱有关。

二、人口学特征描述性统计

基于表4.4的结果，可以看出高技能跨省迁移劳动力的平均年龄普遍低于普通跨省迁移劳动力，15年间从30.609岁增长至32.470岁，而普通跨省迁移劳动力平均年龄则从33.858岁增长至37.830岁。由此可以看出，尽管高技能劳动力年龄相对年轻，但无论是高技能跨省迁移劳动力还是普通跨省迁移劳动力，其年龄都呈现进一步增加的趋势。

表 4.4　高技能跨省迁移劳动力和普通跨省迁移劳动力人口学特征对比

人口学特征	高技能跨省迁移劳动力			普通跨省迁移劳动力		
	2000～2005 年	2005～2010 年	2010～2015 年	2000～2005 年	2005～2010 年	2010～2015 年
平均年龄/岁	30.609	30.361	32.470	33.858	35.574	37.830
性别比/（女=100）	176.906	163.585	117.311	140.204	151.320	149.345
平均受教育年限/年	15.717	15.806	15.692	8.525	8.838	9.341
婚姻：未婚	44.782%	42.472%	24.800%	14.220%	14.843%	10.978%
户口类别：家庭户	66.680%	54.911%	90.112%	69.330%	71.132%	84.885%

性别比方面，表 4.4 结果显示，尽管对于两类迁移人口而言，男性比例都远高于女性比例，但高技能跨省迁移劳动力群体的男女比例较普通跨省迁移劳动力群体而言呈现逐渐均衡的趋势，而普通跨省迁移劳动力的男女比例则呈现逐渐不均衡的趋势。具体来说，2000～2015 年，中国高技能跨省迁移劳动力的性别比从 176.906 下降为 117.311，而中国普通跨省迁移劳动力的男女比例从 140.204 上升为 149.345。

教育程度方面，随着 21 世纪中国义务教育的普及和基础教育水平的提升，普通跨省迁移劳动力的平均受教育年限呈现提升态势，其平均受教育年限从 8.525 年提升至 9.341 年。相比之下，高技能跨省迁移劳动力的平均受教育年限在 15 年间变化不明显。

婚姻状况方面，统计未婚人口占总人口的比重，发现高技能跨省迁移劳动力在 2000～2015 年的未婚比重均远高于普通跨省迁移劳动力的未婚比重。此外，两类劳动力在 2005～2015 年的未婚比重都呈现下降趋势，尤其是高技能跨省迁移劳动力，未婚比重从 42.472%下降至 24.800%。这在一定程度上反映出在日益增长的生活成本及观念的变化下，高技能跨省迁移人口呈现出进一步的“未婚”趋势。

户口类别方面，统计家庭户人口占比，发现高技能跨省迁移劳动力家庭户占比均呈现明显的“先下降，后上升”的格局。对比之下可以发现，高技能跨省迁移劳动力家庭户口占比在 2000～2010 年均低于普通跨省迁移劳动力，但在 2010～2015 年，其家庭户口占比超过普通跨省迁移劳动力，达到 90.112%。

三、迁移特征和住房特征描述性统计

1. 高技能劳动力迁移时间以半年至四年为主，迁移的主要原因是务工经商

了解高技能跨省迁移劳动力的迁移情况十分重要。表 4.5 统计了高技能跨省

迁移劳动力、普通跨省迁移劳动力的流动时间。户籍迁移劳动力仍然占相对少的比重，但其中高技能跨省迁移劳动力户籍迁移的占比高于普通跨省迁移劳动力户籍迁移的占比。具体来说，2000～2015 年，高技能跨省迁移劳动力中没有离开户口登记地（即将原住省份的户口迁入现住省份）占比从 11.748%降至 9.911%，后提升至 16.475%，而普通跨省迁移劳动力的相应部分则从 6.931%降至 3.480%，后提升至 9.399%。高技能劳动力在劳动力市场上拥有相对更高的议价能力，因而取得本地户口的概率相对较大（古恒宇和沈体雁，2021），而受教育程度相对较低的普通劳动力获得户口的难度更大。

表 4.5　高技能跨省迁移劳动力和普通跨省迁移劳动力离开户口登记地时间对比

时间	高技能跨省迁移劳动力			普通跨省迁移劳动力		
	2000～2005 年	2005～2010 年	2010～2015 年	2000～2005 年	2005～2010 年	2010～2015 年
没有离开户口登记地	11.748%	9.911%	16.475%	6.931%	3.480%	9.399%
半年以下	1.216%	0.999%	0.616%	1.266%	2.569%	1.283%
半年（含）至一年	19.312%	19.120%	8.919%	23.715%	25.545%	11.963%
一年（含）至两年	21.661%	19.984%	16.584%	24.178%	23.117%	18.145%
两年（含）至三年	18.178%	17.283%	15.174%	19.381%	16.730%	15.925%
三年（含）至四年	12.696%	14.745%	12.234%	12.560%	13.802%	12.086%
四年（含）至五年	9.419%	7.102%	9.701%	7.991%	6.908%	9.510%
五年（含）至六年	2.020%	3.052%	10.972%	1.368%	2.033%	9.616%
六年及以上	3.751%	7.804%	9.325%	2.610%	5.816%	12.072%

从迁移时间来看，绝大多数的高技能劳动力和普通劳动力迁移时间在半年至四年不等，短时迁移（半年以下）群体和长时迁移（四年以上）群体的部分相对较少。对比而言，迁移时间为一年至两年的高技能劳动力和普通劳动力群体占比最大，这反映出中国劳动力迁移、停留的时间偏好。

接下来，统计离开户口登记地部分的高技能跨省迁移劳动力的迁移原因。如表 4.6 所示，务工经商是高技能劳动力和普通劳动力迁移的主要原因。相比之下，高技能劳动力迁移的原因趋于多样化，其中务工经商占比呈逐年下降趋势；普通劳动力迁移的原因则呈现单一化，在 15 年间始终以务工经商作为主要迁移动机。相比较而言，因学习培训、随迁家属、婚姻嫁娶和寄挂户口而迁移的高技能劳动力比普通劳动力更多，而 2010～2015 年因拆迁搬家而迁移的普通劳动力比高技能劳动力更多。

表 4.6 高技能跨省迁移劳动力和普通跨省迁移劳动力离开户口登记地原因对比

原因	高技能跨省迁移劳动力			普通跨省迁移劳动力		
	2000～2005 年	2005～2010 年	2010～2015 年	2000～2005 年	2005～2010 年	2010～2015 年
务工经商	68.916%	68.585%	55.038%	91.171%	92.689%	67.914%
学习培训	2.616%	2.218%	3.237%	0.050%	0.084%	0.307%
随迁家属	1.752%	2.008%	6.113%	1.713%	1.446%	5.501%
拆迁搬家	2.195%	3.417%	2.395%	0.343%	0.648%	3.432%
寄挂户口	1.284%	0.330%	0.439%	0.119%	0.038%	0.277%
婚姻嫁娶	4.040%	3.088%	9.915%	2.212%	1.872%	4.805%
其他	19.197%	20.354%	22.863%	4.393%	3.222%	17.763%

2. 绝大多数高技能跨省迁移劳动力住房用途为生活用房

分析高技能跨省迁移劳动力的住房用途。如表 4.7 所示，尽管超过九成的两类劳动力群体住房用途主要为生活用房，但相比较而言，高技能跨省迁移劳动力拥有生活用房的占比高于普通跨省迁移劳动力拥有生活用房的占比，且在 15 年间该比重呈现先升后降的特征。尽管两类劳动力群体中无住房的占比相对较小，但相比高技能劳动力而言，普通劳动力使用兼作生产经营住房（如集体工棚等）的占比明显偏高，这与两类劳动力工作和就业偏好有关。

表 4.7 高技能跨省迁移劳动力和普通跨省迁移劳动力住房用途对比

用途	高技能跨省迁移劳动力			普通跨省迁移劳动力		
	2000～2005 年	2005～2010 年	2010～2015 年	2000～2005 年	2005～2010 年	2010～2015 年
生活用房	96.343%	97.167%	97.132%	91.833%	91.948%	93.526%
兼作生产经营用房	3.554%	2.536%	2.732%	7.347%	6.506%	15.916%
无住房	0.103%	0.29%7	0.179%	0.821%	1.546%	0.638%

第五节　小　　结

本章基于全国人口普查和人口抽样调查微观数据，介绍了对中国 21 世纪前 15 年高技能劳动力及高技能迁移劳动力的定义和数据收集过程，并对中国 2000～2015 年高技能迁移劳动力展开描述性分析。首先，本章发现高技能劳动力占全国劳动力总量比重日益增加，且主要分布在中国的东部地区；其次，本章总结得出高技能劳动力跨省迁移的流动性在 2000～2015 年呈现先上升后下降的趋势；最后，本章通过描述性特征分析，发现相比普通迁移劳动力，高技能迁移劳动力年龄较小、性别结构更均衡、受教育年限更长、未婚和家庭户口比例更高，其迁移时间以半年至四年为主，迁移的主要原因是务工经商，且其主要的住房用途为生活用房。本章的描述性统计分析为下文进一步展开的实证和政策分析提供了基础描述特征。

第五章　中国高技能劳动力迁移的时空演化

第一节　引　　言

已有大量学者对中国内部劳动力迁移格局和驱动机制展开研究（蔡昉和王德文，2003；古恒宇等，2019b；Fan，2005a，2005b；Gu et al.，2019；Liu and Gu，2020；Shen，2012，2013，2015）。然而，由于中国人口迁移数据获取难度较大，现存的绝大多数研究仅仅将中国迁移劳动力视作一个同质化的整体，而少有文献从异质性的角度对特定类别的劳动力迁移行为展开剖析。在仅有的关于异质性迁移者的分析中，均揭示出中国高技能劳动力与普通劳动力相比，在区域迁移的空间格局和驱动机制方面体现出较大差异性（Shen and Liu，2016；Liu and Shen，2017）。这些文献仅仅关注 2005 年及以前的中国内部高技能劳动力迁移分析，且主要运用截面分析展开研究。以往基于较早数据的截面分析得到的结论往往不稳健且与现实国家的社会经济情况相距甚远，远远滞后于现实需求。而且，以往文献主要关注中国不同区域间劳动力迁移的规模及数量，而对更具有意义的“迁移率”的探究极其有限。更大规模的区域之间自然而然地会观测到更大规模的劳动力迁移（Zipf，1946），仅仅对数量的关注显然是不够的，而基于迁移率的分析则显得更加有意义。

本章试图对 21 世纪以来前 15 年（2000～2015 年）中国省际高技能劳动力迁移网络的时空演化特征进行分析，并验证第三章的高技能劳动力集聚论假说（假说 1）。事实上，无论是通过对迁入率、迁出率和净迁移率的分析，还是通过对网络格局可视化及相关的统计分析，本章的分析都证明了第三章高技能劳动力空间集聚特征假说的存在性及正确性。此外，通过精细化的空间分析，本章试图探究更多有关中国高技能劳动力迁移时空演化的相关结论和发现，从而丰富中国人才迁移的实证研究，并为相关政策制定提供参考。用于和普通劳动力迁移数据进行对比，也用于佐证高技能劳动力迁移集聚特征的分析论述，相较于以往研究，本章主要的边际贡献是：①使用三期全国人口普查、人口抽样调查微观数据，将以往对高技能劳动力迁移空间格局的截面分析拓展至 2000～2015 年；②从迁移率而非迁移量的视角窥探中国内部高技能劳动力迁移的时空演化特征；③对中国高技能劳动力迁移和普通劳动力迁移的时空演化特征展开对比分析。

第二节　高技能劳动力的时空演化趋势

传统研究中的主要研究对象是区域间的人口迁移数量，该数量显然会受到迁出地和迁入地人口规模的影响。当其他条件保持一致时，两个更大的地区间往往会产生更大规模的人口迁移（Anselin，1982；Anderson，2011）。考虑到区域人口规模对区域迁出、迁入规模的影响，本节计算了各省高技能劳动力的迁入率、迁出率和各省高技能劳动力占总人口的比重。

一、高技能劳动力时空演化趋势分析

表 5.1 显示了 2000～2015 年中国高技能劳动力迁移格局的变化。结果显示，总体上看，大部分东部沿海地区在 15 年间都拥有较高的迁入率和较低的迁出率。北京和上海作为高技能劳动力占比排名前两位的地区，同样在高技能劳动力迁入率的排名上位居前两位。同时，北京和上海的高技能劳动力迁出率也一直低于全国平均水平。15 年间，大量的高技能劳动力涌入北京和上海，进一步拉大了这两个地区的高技能劳动力占比与全国平均高技能劳动力占比的差距。广东的高技能劳动力占比并没有达到北京和上海的高度，但广东在 15 年间仍然见证了大规模的高技能劳动力涌入（拥有较高的迁入率），尽管在 2010～2015 年该趋势有所减缓。天津的高技能劳动力迁入率在 2005～2015 年出现了大幅度的上涨，这也推动了天津的高技能劳动力占比的持续增长。海南、辽宁、山东和河北是东部地区的特例，这些地区相对来说对外来人才的吸引力较弱，且部分地区正在经历日益严峻的人才流失困境（如河北）；2010～2015 年，除了辽宁外，海南、山东和河北的高技能劳动力占比均低于全国平均水平，然而，辽宁的高技能劳动力迁入率却位于东部地区倒数第一。

表 5.1　2000～2015 年中国各地区高技能劳动力迁出率、迁入率及占总人口比重

地区	2000～2005 年（CV=0.617）			2005～2010 年（CV=0.586）			2010～2015 年（CV=0.554）		
	迁出率	迁入率	占比	迁出率	迁入率	占比	迁出率	迁入率	占比
全国	3.523%	3.523%	3.670%	5.300%	5.300%	5.390%	3.634%	3.634%	6.850%
东部地区									
北京	3.088%	10.645%	14.890%	3.061%	12.938%	21.190%	3.378%	8.915%	23.220%
上海	2.149%	13.567%	10.160%	2.711%	15.170%	15.070%	2.514%	10.497%	19.090%
广东	1.902%	10.824%	4.040%	2.826%	12.580%	5.490%	2.448%	6.790%	7.090%

续表

地区	2000～2005 年（CV=0.617）			2005～2010 年（CV=0.586）			2010～2015 年（CV=0.554）		
	迁出率	迁入率	占比	迁出率	迁入率	占比	迁出率	迁入率	占比
东部地区									
浙江	2.522%	6.966%	3.350%	3.334%	9.948%	6.630%	2.872%	4.014%	7.710%
天津	3.782%	3.573%	8.180%	4.686%	7.557%	9.550%	2.275%	7.115%	13.670%
江苏	3.636%	3.635%	4.290%	4.266%	6.408%	6.020%	2.799%	3.684%	9.510%
福建	2.876%	3.335%	3.310%	4.630%	5.385%	4.790%	2.537%	4.964%	7.780%
海南	3.938%	4.606%	3.450%	4.707%	5.746%	4.440%	3.931%	6.639%	5.270%
辽宁	3.057%	1.527%	5.500%	3.959%	2.524%	7.770%	2.782%	1.300%	8.820%
山东	2.322%	2.404%	3.130%	4.747%	2.096%	4.770%	2.800%	1.313%	6.830%
河北	3.134%	1.558%	3.030%	6.428%	2.582%	4.220%	4.896%	1.651%	5.290%
中部地区									
江西	5.920%	1.992%	2.820%	12.424%	2.452%	3.680%	8.060%	1.832%	4.760%
山西	2.565%	0.608%	3.870%	4.211%	2.132%	5.150%	3.095%	1.439%	6.080%
湖北	7.482%	0.974%	3.380%	11.867%	1.813%	4.860%	6.108%	2.396%	6.530%
安徽	5.196%	1.267%	2.580%	10.807%	3.192%	3.530%	6.970%	1.580%	5.060%
吉林	5.796%	0.450%	4.250%	8.459%	2.004%	5.570%	4.550%	1.153%	6.840%
湖南	6.144%	1.075%	3.050%	10.595%	2.037%	4.080%	4.562%	2.086%	6.090%
黑龙江	4.548%	0.636%	4.530%	9.080%	0.656%	5.300%	6.615%	0.298%	6.140%
河南	3.371%	0.599%	2.930%	5.666%	0.909%	3.900%	5.436%	0.876%	4.210%
西部地区									
内蒙古	1.950%	1.271%	5.320%	3.732%	4.081%	6.430%	2.176%	3.643%	8.390%
广西	2.919%	2.144%	2.890%	3.715%	3.098%	4.190%	2.914%	1.931%	4.710%
重庆	4.262%	2.800%	3.180%	6.009%	4.824%	4.900%	3.605%	4.141%	6.310%
四川	3.719%	2.307%	2.450%	4.435%	2.718%	4.450%	3.334%	2.666%	4.720%
贵州	1.944%	2.316%	2.250%	3.057%	2.551%	3.790%	2.435%	3.555%	4.110%
云南	1.891%	1.360%	1.970%	2.365%	3.464%	3.760%	1.446%	2.415%	5.190%
陕西	4.984%	1.035%	3.660%	7.034%	2.764%	6.030%	4.309%	2.227%	6.520%
甘肃	3.717%	1.032%	2.980%	5.988%	2.197%	4.780%	5.111%	1.771%	5.890%
青海	1.706%	2.337%	5.430%	3.250%	5.802%	5.720%	4.459%	4.059%	5.060%
宁夏	3.207%	1.739%	5.350%	2.610%	3.701%	6.440%	3.682%	3.216%	6.730%
新疆	1.788%	0.823%	6.150%	2.380%	2.567%	7.710%	1.621%	4.227%	8.880%

注：CV 表示 coefficient of variation（变异系数），用于测度各地区劳动力空间分布的不平衡程度

中西部地区的高技能劳动力在 15 年间出现了明显的外流趋势。大部分中西部地区拥有低于全国平均水平的高技能劳动力迁入率及高于全国平均水平的高技能劳动力迁出率。2000～2015 年，更多的中西部地区均保持较低水平的高技能劳动力占比。新疆和内蒙古是仅有的两个拥有较大高技能劳动力占比的地区，2000～2005 年，两个地区的高技能劳动力迁入率都低于迁出率，呈现出高技能劳动力净流出的格局，但 2005 年后，两个地区的高技能劳动力的迁入率都高于迁出率，形成了净流入格局。高技能劳动力的迁入在一定程度上导致了其高技能劳动力分布占比的稳步提升，这主要与中央的西部大开发战略及中央对西藏、新疆地区人才对口支援政策有关。此外，结果显示青海在 2000～2010 年经历了高技能劳动力占比的提升，然而，青海的高技能劳动力占比在 2010～2015 年又下降至低于全国平均水平，这与该地拥有较高的高技能劳动力迁出率及较低的高技能劳动力迁入率有关。这说明，仍有多数中西部地区并未完全缓解人才流出的困境，这也成为制约其进一步发展的桎梏。

高技能劳动力净迁移率为迁入率和迁出率的差值（表 5.2）。净迁移率的分析结果佐证了前文的发现，即东部发达地区及东南沿海地区具有较高的高技能劳动力迁入率，主要包括北京、上海、广东、浙江、江苏、天津、海南、福建等地。随着时间的推移，可以看到东部地区持续吸引大量的人才迁入，而新疆、青海等地在国家政策的影响下，2010～2015 年也吸引了一定规模的高技能劳动力迁入。中部地区一直是高技能劳动力迁入的“洼地”。

表 5.2 2000～2015 年中国各地区高技能劳动力净迁移率及迁移效率

地区	2000～2005 年		2005～2010 年		2010～2015 年	
	净迁移率	迁移效率	净迁移率	迁移效率	净迁移率	迁移效率
东部地区						
北京	7.557%	0.550%	9.878%	0.617%	5.537%	0.450%
上海	11.418%	0.727%	12.460%	0.697%	7.983%	0.614%
广东	8.922%	0.701%	9.754%	0.633%	4.343%	0.470%
浙江	4.444%	0.468%	6.614%	0.498%	1.141%	0.166%
天津	–0.209%	–0.028%	2.872%	0.235%	4.840%	0.516%
江苏	–0.001%	0	2.142%	0.201%	0.885%	0.137%
福建	0.460%	0.074%	0.754%	0.075%	2.427%	0.324%
海南	0.668%	0.078%	1.039%	0.099%	2.708%	0.256%
辽宁	–1.530%	–0.334%	–1.435%	–0.221%	–1.482%	–0.363%

续表

地区	2000～2005 年		2005～2010 年		2010～2015 年	
	净迁移率	迁移效率	净迁移率	迁移效率	净迁移率	迁移效率
东部地区						
山东	0.082%	0.017%	–2.651%	–0.387%	–1.487%	–0.361%
河北	–1.576%	–0.336%	–3.846%	–0.427%	–3.245%	–0.496%
中部地区						
江西	–3.929%	–0.497%	–9.972%	–0.670%	–6.228%	–0.630%
山西	–1.956%	–0.617%	–2.079%	–0.328%	–1.656%	–0.365%
湖北	–6.509%	–0.770%	–10.054%	–0.735%	–3.712%	–0.437%
安徽	–3.930%	–0.608%	–7.615%	–0.544%	–5.390%	–0.630%
吉林	–5.346%	–0.856%	–6.456%	–0.617%	–3.397%	–0.596%
湖南	–5.069%	–0.702%	–8.558%	–0.677%	–2.477%	–0.373%
黑龙江	–3.912%	–0.755%	–8.425%	–0.865%	–6.317%	–0.914%
河南	–2.773%	–0.698%	–4.756%	–0.723%	–4.560%	–0.722%
西部地区						
内蒙古	–0.679%	–0.211%	0.349%	0.045%	1.467%	0.252%
广西	–0.774%	–0.153%	–0.617%	–0.091%	–0.983%	–0.203%
重庆	–1.462%	–0.207%	–1.185%	–0.109%	0.536%	0.069%
四川	–1.412%	–0.234%	–1.716%	–0.240%	–0.668%	–0.111%
贵州	0.372%	0.087%	–0.506%	–0.090%	1.119%	0.187%
云南	–0.530%	–0.163%	1.099%	0.189%	0.969%	0.251%
陕西	–3.949%	–0.656%	–4.270%	–0.436%	–2.082%	–0.318%
甘肃	–2.684%	–0.565%	–3.792%	–0.463%	–3.340%	–0.485%
青海	0.631%	0.156%	2.552%	0.282%	–0.400%	–0.047%
宁夏	–1.468%	–0.297%	1.091%	0.173%	–0.466%	–0.068%
新疆	–0.966%	–0.370%	0.187%	0.038%	2.606%	0.446%

通过计算得到高技能劳动力分布的 CV，可以发现，高技能劳动力的空间分布模式呈现非常集聚的趋势，但这种趋势在 2000～2015 年逐渐打破，出现了均衡化的分布倾向。这在一定程度上与中国实行西部大开发、中部崛起等政策后，部分东部发达地区高技能劳动力回流至中西部地区有关。然而，根据上述分析结果，多数东部地区仍然具有较高的高技能劳动力吸引力，而中西部地区（尤其是中部地区）似乎无法有效缓解外流高技能劳动力的局面。因此，这种高技能劳动

力迁移和分布的集聚趋势仍然显得微不足道，重塑人才迁移的空间分布格局仍任重道远。

进一步计算各地区高技能劳动力的网络迁移效率（表 5.2）。迁移效率表征为各省高技能劳动力净迁移规模与总迁移规模的比值。迁移效率的取值范围为[–1,1]，正迁移效率表征净迁入地区，负迁移效率表征净迁出地区。迁移效率越接近 1 或–1 则表征该地区高技能劳动力迁入、迁出越不平衡，而越接近 0 则表征该省人才迁入、迁出趋于平衡。结果显示出与前文类似的现象，即大部分东部地区，尤其是北京、上海、广东、浙江等地，在 2000～2015 年拥有正迁移效率，而全体中部地区则拥有负迁移效率，这表明东部沿海地区在 15 年间吸引了大量高技能劳动力迁入，而中部地区则一直面临人才流失的困境。广西、四川、陕西、甘肃等西部地区与中部欠发达地区类似，一直呈现高技能劳动力外流局面。但内蒙古、重庆、云南、新疆等西部地区在 15 年间经历了高技能劳动力迁移效率由负转正的过程，这表明在西部大开发等举措影响下，部分西部地区吸引了一定规模的高技能劳动力迁入。

二、普通劳动力时空演化趋势分析

为了对比高技能劳动力的分析结果，笔者进而对中国各地区的普通劳动力迁入率、迁出率、占总人口比重进行了与前文相同的分析（表 5.3）。2000～2010 年，北京和上海两地同样具有最高的普通劳动力迁入率及相对较低的普通劳动力迁出率，然而，北京和上海两地的普通劳动力迁入率在 2010～2015 年呈现明显的下降趋势，同时，两地的普通劳动力迁出率在该时段出现上升。此外，在 2010～2015 年，北京和上海的普通劳动力占比出现了较大幅度的下降。上述规律与北京、上海两地在 2010～2015 年实行疏散城市功能的政策有关，一系列的控制城市过快增长的举措显著影响了普通劳动力的迁入和分布占比。广东和浙江两地同样对普通劳动力有着很强的吸引力，两地在 2000～2010 年拥有很高的迁入率和很低的迁出率，同样，两地的普通劳动力迁入率在 2010～2015 年出现了下降，但两地的普通劳动力占比仍然居高不下，在 15 年间保持了较高的水平。天津、江苏和福建同样拥有较高的迁入率，其中，江苏的普通劳动力占比在 15 年间出现了下降。由于较高的普通劳动力迁入率，天津在 2010～2015 年的普通劳动力占比出现了反弹。剩余的东部地区相对来说对外来普通劳动力的吸引力较弱，而它们的普通劳动力占比则一直维持在全国平均水平。

表 5.3 2000～2015 年中国各地区普通劳动力迁出率、迁入率及占总人口比重

地区	2000～2005 年（CV=0.082）			2005～2010 年（CV=0.110）			2010～2015 年（CV=0.096）		
	迁出率	迁入率	占比	迁出率	迁入率	占比	迁出率	迁入率	占比
全国	2.987%	2.987%	46.480%	4.716%	4.716%	45.030%	3.043%	3.043%	42.640%
东部地区									
北京	2.988%	16.210%	34.600%	2.004%	23.768%	32.370%	4.478%	15.862%	27.270%
上海	3.539%	20.723%	42.410%	2.588%	27.325%	37.310%	3.756%	17.267%	32.730%
广东	3.117%	10.701%	41.520%	2.336%	18.588%	41.100%	2.955%	8.093%	41.630%
浙江	2.681%	12.413%	48.860%	2.731%	17.961%	48.560%	3.055%	10.092%	44.970%
天津	0.850%	9.308%	40.680%	1.358%	14.839%	32.270%	1.288%	20.021%	35.960%
江苏	1.867%	4.769%	51.180%	2.921%	7.401%	44.290%	2.136%	4.285%	42.610%
福建	2.548%	6.707%	43.480%	3.780%	9.292%	42.580%	2.803%	5.915%	40.800%
海南	1.760%	2.099%	42.350%	2.703%	3.959%	40.290%	1.758%	2.173%	42.130%
辽宁	0.774%	1.574%	47.820%	1.123%	2.500%	46.190%	1.011%	0.769%	42.560%
山东	0.860%	1.004%	52.100%	2.016%	1.114%	46.390%	1.428%	0.671%	46.630%
河北	1.241%	0.755%	46.880%	2.405%	1.281%	46.310%	2.165%	0.881%	44.190%
中部地区									
江西	5.481%	1.602%	43.800%	9.653%	1.633%	45.980%	4.677%	1.102%	42.030%
山西	0.982%	0.759%	40.980%	1.629%	1.778%	40.960%	1.925%	0.519%	39.780%
湖北	3.883%	0.929%	48.690%	7.521%	1.498%	44.560%	3.830%	1.584%	42.870%
安徽	7.568%	1.576%	46.600%	12.405%	1.786%	41.100%	5.788%	1.433%	44.330%
吉林	1.729%	0.832%	44.610%	2.693%	0.740%	45.760%	1.573%	0.640%%	46.500%
湖南	4.519%	1.058%	46.190%	8.787%	1.240%	44.990%	4.579%	1.548%	42.540%
黑龙江	2.742%	0.414%	45.220%	3.915%	0.533%	41.840%	2.416%	0.360%	44.850%
河南	3.177%	0.321%	47.510%	5.974%	0.411%	48.390%	4.193%	0.429%	42.680%
西部地区									
内蒙古	1.411%	1.825%	45.800%	1.954%	4.237%	42.950%	1.386%	3.208%	43.320%
广西	3.193%	1.056%	46.210%	7.171%	1.352%	47.370%	4.163%	1.693%	43.310%
重庆	5.684%	1.629%	49.140%	10.259%	2.624%	38.820%	4.129%	2.681%	40.910%
四川	5.489%	1.161%	48.490%	7.132%	1.132%	55.330%	3.707%	1.687%	43.820%
贵州	4.935%	2.058%	44.760%	9.000%	2.359%	43.960%	5.597%	3.669%	39.530%
云南	1.295%	0.959%	48.920%	2.325%	1.797%	49.020%	2.196%	1.462%	47.180%
陕西	1.606%	0.653%	46.320%	3.127%	1.492%	47.130%	2.208%	0.954%	41.140%
甘肃	1.754%	0.493%	46.340%	3.118%	0.831%	47.750%	2.476%	0.759%	43.130%
青海	1.343%	1.573%	42.720%	1.272%	4.785%	43.680%	1.160%	2.481%	40.780%

续表

地区	2000～2005 年（CV=0.082）			2005～2010 年（CV=0.110）			2010～2015 年（CV=0.096）		
	迁出率	迁入率	占比	迁出率	迁入率	占比	迁出率	迁入率	占比
西部地区									
宁夏	0.945%	1.306%	42.440%	2.146%	4.015%	40.310%	2.064%	2.487%	40.180%
新疆	1.090%	3.923%	39.150%	0.755%	4.452%	42.460%	0.745%	3.394%	38.650%

中部大部分地区在 2000～2015 年普通劳动力的迁出率均高于国家平均水平，而迁入率均低于国家平均水平。尽管中部地区的普通劳动力占比均位于国家平均水平，但除吉林外，其余中部地区的普通劳动力占比在 15 年间总体均出现了下降，这意味着中部地区出现了大规模的劳动力外流。西部地区普通劳动力迁移格局与中部地区相似，多数地区在这 15 年间的普通劳动力迁出率较高而迁入率较低。总体来说，具有较高普通劳动力占比的省份也同时具有相对较高的普通劳动力迁出率，如四川和重庆。不幸的是，重庆的普通劳动力占比在 2015 年末也跌至低于全国平均水平，显示这两个劳动力输出大省的劳动力红利在逐步消失。与东部地区和中部地区相似，尽管西部地区的普通劳动力迁移规模在 15 年间逐步增加，但普通劳动力的空间分布格局并未发生根本性的变化。

与高技能劳动力相比，普通劳动力的净迁移率空间分布呈现出东部沿海地区及西部部分地区高、中部和东北部地区低的空间分布格局。劳动力密集型驱动经济发展地区（包括新疆、内蒙古、浙江、福建、广东、北京、上海、江苏、天津、海南等）是普通劳动力迁移的首选地（表 5.4）。中部地区普通劳动力吸引力相对较弱，尽管这部分地区是普通劳动力的主要户籍地和输出地。

表 5.4　2000～2015 年中国各地区普通劳动力净迁移率及迁移效率

地区	2000～2005 年		2005～2010 年		2010～2015 年	
	净迁移率	迁移效率	净迁移率	迁移效率	净迁移率	迁移效率
东部地区						
北京	13.222%	0.907%	21.764%	0.844%	11.384%	0.560%
上海	17.184%	0.859%	24.738%	0.827%	13.511%	0.643%
广东	7.584%	0.936%	16.251%	0.777%	5.138%	0.465%
浙江	9.732%	0.466%	15.231%	0.736%	7.037%	0.535%
天津	8.458%	0.778%	13.481%	0.832%	18.733%	0.879%
江苏	2.902%	0.211%	4.480%	0.434%	2.149%	0.335%
福建	4.158%	0.423%	5.511%	0.422%	3.112%	0.357%

续表

地区	2000～2005 年		2005～2010 年		2010～2015 年	
	净迁移率	迁移效率	净迁移率	迁移效率	净迁移率	迁移效率
东部地区						
海南	0.339%	0.461%	1.256%	0.189%	0.415%	0.106%
辽宁	0.800%	0.489%	1.377%	0.380%	–0.242%	–0.136%
山东	0.144%	0.160%	–0.902%	–0.288%	–0.757%	–0.361%
河北	–0.486%	–0.055%	–1.124%	–0.305%	–1.284%	–0.422%
中部地区						
江西	–3.879%	–0.856%	–8.020%	–0.711%	–3.575%	–0.619%
山西	–0.223%	0.383%	0.148%	0.044%	–1.406%	–0.575%
湖北	–2.954%	–0.641%	–6.023%	–0.668%	–2.246%	–0.415%
安徽	–5.993%	–0.820%	–10.619%	–0.748%	–4.355%	–0.603%
吉林	–0.897%	–0.409%	–1.952%	–0.569%	–0.933%	–0.422%
湖南	–3.461%	–0.841%	–7.547%	–0.753%	–3.031%	–0.495%
黑龙江	–2.328%	–0.527%	–3.382%	–0.760%	–2.056%	–0.740%
河南	–2.855%	–0.709%	–5.563%	–0.871%	–3.764%	–0.815%
西部地区						
内蒙古	0.414%	–0.113%	2.283%	0.369%	1.822%	0.397%
广西	–2.136%	–0.677%	–5.819%	–0.683%	–2.470%	–0.422%
重庆	–4.055%	–0.501%	–7.634%	–0.593%	–1.448%	–0.213%
四川	–4.328%	–0.845%	–6.000%	–0.726%	–2.020%	–0.374%
贵州	–2.877%	–0.590%	–6.641%	–0.585%	–1.928%	–0.208%
云南	–0.336%	0.403%	–0.528%	–0.128%	–0.734%	–0.201%
陕西	–0.953%	–0.303%	–1.635%	–0.354%	–1.254%	–0.397%
甘肃	–1.261%	–0.541%	–2.287%	–0.579%	–1.717%	–0.531%
青海	0.230%	–0.086%	3.513%	0.580%	1.321%	0.363%
宁夏	0.362%	0.544%	1.869%	0.303%	0.423%	0.093%
新疆	2.833%	0.832%	3.697%	0.710%	2.649%	0.640%

普通劳动力空间分布的 CV 较低，说明普通劳动力的空间分布格局更加均衡和分散。2000～2015 年，普通劳动力空间分布的 CV 呈现出先升后降的特点，但总体来说变化不大，在 15 年间仅变化了 0.014。总体来说，普通劳动力相对均衡的空间分布特征是东部地区和中西部地区之间相对平衡的普通劳动力迁移格局导致的，尤其是北京、上海、浙江等地区，在 2010 年后，其普通劳动力迁出趋势明显。

三、高技能劳动力与普通劳动力时空演化趋势对比

总体来说，我国的东部沿海地区是高技能劳动力和普通劳动力在2000～2015年的主要迁移目的地，特别是北京、上海和广东。然而，大部分的中西部地区在15年间经历了大规模的人才和劳动力外流。此外，笔者也发现高技能劳动力和普通劳动力迁移中的一些显著差别，而这种差别与两类劳动力分布的空间格局变化和差别产生了密切的联系。2000～2015年，东部沿海地区一直具有较高的高技能劳动力迁入率和较低的迁出率，这在一定程度导致了这部分地区高技能劳动力分布的集聚程度的增加，尽管对于北京、上海等地区而言，其高技能劳动力占比已经增加到了一个非常极端的高度。与此同时，尽管对于大部分的中西部地区而言，其人才规模非常小，但笔者仍发现这些地区经历着非常严重的人才流失格局。

大规模的高技能劳动力从中西部地区源源不断地涌入东部沿海地区，使得这种空间集中趋势在15年间维持不变。结合第三章的理论模型部分，该结论在一定程度上印证了在名义收入、地方品质种类、工业品种类和人才补贴等多因素的驱使下中国高技能劳动力可能形成的集聚空间分布格局[①]。2000～2015年，高技能劳动力集聚格局也出现了一定的分散化趋势，这在一定程度上与中西部地区地方品质和就业机会的增加有关，导致分散趋势的具体驱动因素将在实证计量模型部分加以分析。

相比高技能劳动力，普通劳动力空间分布的格局更加均衡和分散。尽管东部沿海地区也是中国普通劳动力迁移的首选目的地，但与高技能劳动力不同的是，东部沿海地区的普通劳动力迁出率同样很高，尤其是2010～2015年。例如，北京和上海两地在2010～2015年显示出普通劳动力迁入率的“跳水式”下降，这在一定程度上导致两地普通劳动力人口占比的下降。与东部地区相比，大部分中西部地区一直面临着劳动力外流的问题，尽管如此，多数地区的普通劳动力储量仍然充足。重庆和四川是两个例外，作为劳动力输出大省，这两个地区的普通劳动力占比相对较低，预示着未来劳动力输出的枯竭。总体来看，普通劳动力的空间分布呈现出分散的特征，其集中程度远远低于高技能劳动力空间分布。普通劳动力在东部发达地区和中西部欠发达地区之间的循环流动导致了这种分布格局的出现。此外，普通劳动力空间分布的均衡格局虽然在15年间出现波动，但并未从根本上打破这种格局。

① 这一发现在下文的实证计量分析中得以印证。

第三节　高技能劳动力迁移的网络特征

一、高技能劳动力总体迁移网络特征

基于迁移流的迁移数据集使得对高技能劳动力迁移网络更细致的刻画分析成为可能。本节将对高技能劳动力迁移网络进行构建，并分析中国高技能迁移网络的时空演化特征。同样，作为对比，普通劳动力网络也纳入本节的分析中。笔者基于 ArcGIS 软件，将 30 个省级行政区划单位之间 870 条迁移流绘制在地图上，结果清晰地显示出本书前文的分析的趋势，即在迁移网络中规模排序靠前（高值）的高技能劳动力及普通劳动力迁移流主要从中西部地区向东部发达地区转移，且由于规模效应，大规模的迁移活动往往发生在人口规模较大的省市之间。同时，为了考虑迁出省份劳动力规模对迁出流中劳动力规模的影响，计算迁出地—目的地间的迁移比率作为两地之间的迁移流。计算方式是将迁出地—迁入地（origin-destination，OD）间高技能劳动力迁移规模除以迁出地高技能劳动力存量。

$$\mathrm{MR}_{s,ij}=\frac{M_{s,ij}}{P_{s,i}} \tag{5.1}$$

式中，$\mathrm{MR}_{s,ij}$ 为迁出地 i 和迁入地 j 之间的高技能劳动力迁移比率；$M_{s,ij}$ 为迁出地 i 与迁入地 j 之间的高技能劳动力迁移规模；$P_{s,i}$ 为迁出地 i 的高技能劳动力存量。

二、高技能劳动力与普通劳动力迁移网络对比分析

本章分别提取了排序在前 3%及排序在前 10%的高技能劳动力迁移流（前 3%迁移流描述如表 5.5 所示，前 10%迁移流由于篇幅有限，未予以呈现）。结果显示，排序前 3%的高值迁移流空间格局呈现出明显的空间集聚特征：大量的高技能劳动力迁移流从内陆的地区指向少数的东部沿海地区，特别是北京、上海和广东，这在一定程度上印证了前文的分析结果。此外，在某些相邻地区之间也出现了高值高技能劳动力迁移流，如四川和重庆、宁夏和陕西及宁夏和内蒙古。这在一定程度上说明了地理距离对高技能劳动力迁移的塑造作用。相比而言，排序在前 10%的高技能劳动力迁移流则包含了更多两两地区之间的循环迁移，这显示了两区域人口迁移行为的对称性。此外，在前 10%的网络中，少数东部发达地区也开始出现往外分散迁移的趋势。

表 5.5 2000～2015 年中国各地区高技能劳动力和普通劳动力迁移率排序（前 3%）

排名	高技能劳动力			普通劳动力		
	2000～2005 年	2005～2010 年	2010～2015 年	2000～2005 年	2005～2010 年	2010～2015 年
1	湖南—广东	湖南—广东	江西—广东	湖南—广东	广西—广东	广西—广东
2	湖北—广东	湖北—广东	河北—北京	广西—广东	湖南—广东	湖南—广东
3	江西—广东	江西—广东	湖南—广东	安徽—江苏	贵州—浙江	贵州—浙江
4	海南—广东	河北—北京	安徽—上海	安徽—浙江	安徽—江苏	安徽—江苏
5	广西—广东	安徽—江苏	湖北—广东	贵州—浙江	重庆—广东	江西—广东
6	河北—北京	安徽—上海	广西—广东	重庆—广东	湖北—广东	湖北—广东
7	天津—北京	海南—广东	宁夏—陕西	安徽—上海	安徽—浙江	安徽—浙江
8	江苏—上海	广西—广东	安徽—江苏	江西—浙江	江西—广东	江西—浙江
9	吉林—北京	江西—浙江	黑龙江—北京	四川—广东	江西—浙江	安徽—上海
10	陕西—广东	江苏—上海	海南—广东	江西—广东	安徽—上海	贵州—广东
11	安徽—上海	天津—北京	重庆—四川	湖北—广东	四川—广东	宁夏—内蒙古
12	浙江—上海	湖北—浙江	甘肃—新疆	贵州—广东	贵州—广东	北京—河北
13	重庆—广东	吉林—北京	江西—上海	重庆—浙江	重庆—浙江	上海—江苏
14	四川—广东	湖北—上海	湖北—上海	上海—安徽	江西—福建	重庆—广东
15	黑龙江—北京	安徽—浙江	江苏—上海	江西—福州	河南—广东	海南—广东
16	江西—上海	黑龙江—北京	河南—上海	四川—浙江	海南—广东	四川—广东
17	贵州—广东	江西—上海	江西—浙江	海南—广东	重庆—福建	贵州—福建
18	安徽—广东	吉林—辽宁	江西—福建	上海—江苏	湖北—浙江	甘肃—新疆
19	安徽—江苏	山西—北京	吉林—北京	湖北—浙江	江苏—上海	江西—福建
20	湖北—上海	安徽—北京	青海—陕西	江苏—上海	四川—浙江	河北—天津
21	重庆—四川	福州—广东	河南—北京	重庆—福州	湖南—浙江	云南—浙江
22	吉林—广东	黑龙江—沈阳	黑龙江—江苏	上海—浙江	河南—浙江	河北—北京
23	河南—广东	安徽—广东	天津—北京	黑龙江—沈阳	河北—北京	河南—浙江
24	安徽—浙江	陕西—广东	安徽—浙江	河南—广东	黑龙江—辽宁	湖南—浙江
25	内蒙古—北京	河南—上海	河北—天津	宁夏—内蒙古	贵州—福建	上海—安徽

从迁移率网络的角度分析，2000～2015 年，高技能劳动力迁移的集聚格局持

续，北京、上海、广东等地吸引了周边地区大规模的高技能劳动力迁入。然而，随着时间推进，2010 年后，出现了更多地理邻近区域之间的高值高技能劳动力迁移流，部分高技能劳动力开始从发达地区往中西部地区疏散，且随着户籍制度改革的深入和新型城镇化建设的推进，就近、就地城镇化成为新型市民化模式，更多高技能劳动力进而倾向于短距离迁移至户籍地省份周围地区。

作为对比，笔者观察了普通劳动力排序在前 3%（表 5.5）与 10%的迁移流。显然，高技能劳动力迁移和普通劳动力迁移格局呈现出显著的区别。总体来说，2000～2015 年，高技能劳动力迁移呈现出一个相对稳定的空间集聚格局，少数的东部沿海地区吸引了大量内陆地区的高值高技能迁移流。然而，与高技能劳动力不同，普通劳动力呈现出南北分异的格局：在中国北部地区，仅有极少数高值普通劳动力迁移流；在中国南部地区，却形成了致密的普通劳动力迁移网络。除了上海和广东外，福建同样吸引了大量的来自中西部地区如江西、重庆、贵州的普通劳动力迁移。这种趋势在前 3%的格局地图中非常明显，在 10%的格局地图中也同样有所揭示。此外，作为中国北部地区最主要的人口迁入地，北京在 15 年间并没有吸引大量的普通劳动力迁移流。该发现与前文基于迁入率的发现有所冲突，这在一定程度上是由于本章第二节迁入率与本节的迁移率算法上有所区别：迁入率使用迁入地区人口规模作为分母，而迁移率使用迁出地区人口规模作为分母。总体来说，研究结果显示出高技能劳动力相比于普通劳动力而言在全国层面的更加明显的空间集聚特征，而普通劳动力迁移则形成了明显的南北分异格局，南部地区的迁移强度比北部地区更高。

三、高技能劳动力迁移距离分析

此外，将百度地图各省省会之间最短出行距离[①]作为两省之前的迁移距离，并计算高技能劳动力和普通劳动力三个时期的平均迁移距离，结果如图 5.1 所示。结果显示，在三个时期，高技能劳动力迁移距离都远大于普通劳动力的迁移距离，这在一定程度上与两类劳动力在就业市场上的人力资本及就业竞争力差异有关；此外，自 2000 年至 2015 年两类劳动力的迁移距离都呈现下降的趋势。我国贯彻落实区域均衡发展和高质量发展政策，推进实施就近与就地城镇化及公共服务均等化等政策，这在一定程度上导致了劳动力选择距离更近、与家乡文化更为相近的目的地。

① 统计时点为 2018 年 9 月 1 日。

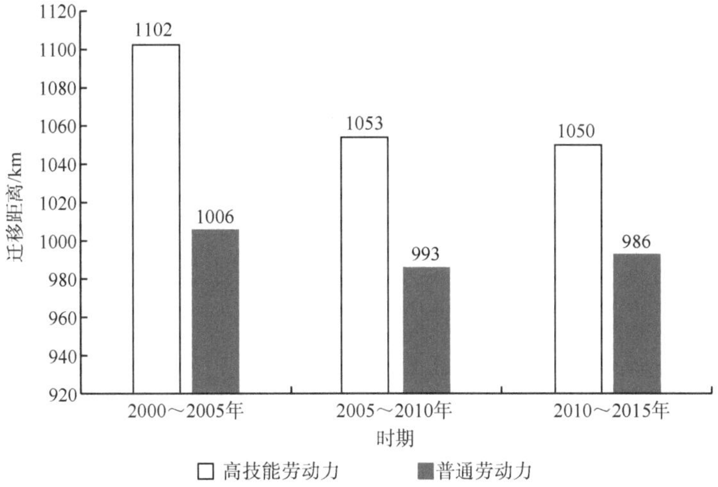

图 5.1　高技能劳动力和普通劳动力的平均迁移距离变动

四、高技能劳动力迁移网络的分散特征

上述结果在一定程度上显示了部分发达地区（如北京、上海、广东）在全国范围内对高技能劳动力的吸引作用。为了进一步分析这种空间集聚特征，本节计算了未指向北京、上海、广东的高技能劳动力和普通劳动力在前 3%与 10%迁移流中的比重变化，结果如表 5.6 所示。结果显示，在 15 年间，高技能劳动力迁移的空间集聚程度显然比普通劳动力迁移的空间集聚程度更高。例如，2010～2015 年，在前 3%和 10%迁移流网络中有 38.46%和 54.02%的高技能劳动力未指向北京、上海、广东，而相应的普通劳动力迁移流占比达到 57.69%和 70.11%。该趋势虽然数字有所变化，但在其余的阶段显示出同样的特征。同样，笔者通过计算从北京、上海、广东迁出的高技能劳动力和普通劳动力迁移流占比，以进一步观测高技能劳动力迁移的空间分散程度。结果显示，除了 2005～2010 年，高技能劳动力从北京、上海、广东外迁的高值迁移流占比无论是在前 3%还是在前 10%网络中都低于普通劳动力。该发现显示，高技能劳动力迁移高度集聚到极少数发达地区，同时拥有相对更低的空间分散特征。

表 5.6　未指向北京、上海、广东的高技能劳动力和普通劳动力占比

劳动力网络	2000～2005 年		2005～2010 年		2010～2015 年	
高技能劳动力（3%网络）	11.54%	（0）	23.08%	（0）	38.46%	（0）
高技能劳动力（10%网络）	29.89%	（2.30%）	42.53%	（3.45%）	54.02%	（6.90%）
普通劳动力（3%网络）	57.69%	（11.54%）	50.00%	（0）	57.69%	（11.54%）

续表

劳动力网络	2000～2005 年		2005～2010 年		2010～2015 年	
普通劳动力（10%网络）	67.82%	（17.24%）	64.37%	（5.75%）	70.11%	（17.24%）

注：括号中数据表示出发地为北京、上海、广东的迁出流占比

进一步考察高技能劳动力的空间集聚程度的变化。总体来看，表 5.6 反映出的结果显示高技能劳动力空间集聚程度正在逐步减弱，空间分散化特征逐步明显，2000～2005 年，前 3%和前 10%的网络中有 11.54%和 29.89%的高技能劳动力迁移流未指向北京、上海和广东，这一数字到 2010～2015 年分别上涨至 38.46%与 54.02%。该结果显示，随着时间的推移，有更大占比的高技能劳动力迁移流指向除了少数发达地区外的其余地区。相对而言，这一趋势在普通劳动力中表现得不够明显，总体来说，普通劳动力的空间集聚程度在 15 年间变化不大。这一结果也呼应了前文的发现，显示出以下趋势：随着欠发达地区的发展，人口迁移高度集聚的格局已经出现了一定的分散化趋势，而这一趋势主要表现在高技能劳动力的集聚程度下降。从另一个角度来看，我国制定的各项地区均衡发展政策，以及各地区制定的人才政策，都与高技能劳动力空间集聚程度的下降有关。

五、高技能劳动力迁移网络的方向性和路径依赖

运用弦图（chord diagram）的可视化方法对高技能劳动力迁移网络进行可视化分析。作为对前述基于迁移率网络分析的补充，本节的研究对象是区域间的迁移规模（数量）。同时，本节也对普通劳动力网络拓扑特征进行制图分析。弦图往往被用于对劳动力迁移网络进行可视化展现（Abel and Sander，2014；Liu and Gu，2020）。弦图的实现主要来自 Gu 等（2014）开发的 R 语言软件包。弦图可视化的结果印证了前文对迁移率的分析结果（图 5.2）。从网络可视化结果中可见，中国 2000～2015 年省际高技能劳动力迁移和普通劳动力迁移模式呈现出明显的一致性特征。对于两类劳动力迁移而言，其弦图的结果都揭示出一种高度不平衡的空间集聚特征：少数迁移流承载着相当大的高技能劳动力和普通劳动力迁移规模，且主要由我国中西部地区的内陆地区（如四川、江西、湖南）迁移至东部沿海地区（如北京、上海、广东）。结果显示，对于我国内陆地区而言，它们既面临着劳动力流失的问题，又遭受着“智力流失”的困境。此外，由图可见，不同高技能劳动力迁移流和普通劳动力迁移流之间的差距逐步缩小，这说明了我国两类劳动力迁移的不均衡程度出现了逐步下降。

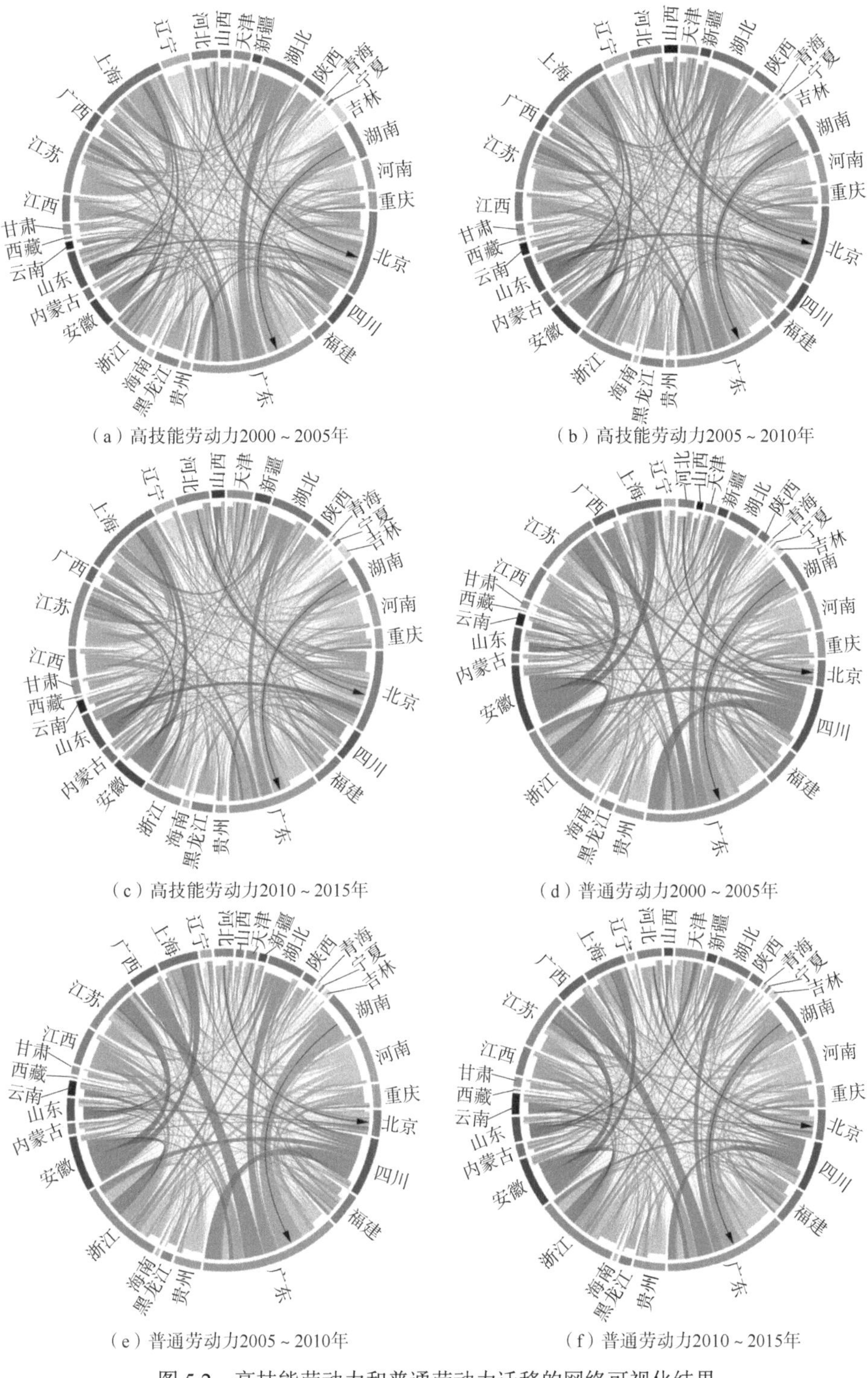

（a）高技能劳动力2000～2005年

（b）高技能劳动力2005～2010年

（c）高技能劳动力2010～2015年

（d）普通劳动力2000～2005年

（e）普通劳动力2005～2010年

（f）普通劳动力2010～2015年

图 5.2　高技能劳动力和普通劳动力迁移的网络可视化结果

弦图的结果同样显示出高技能劳动力和普通劳动力迁移网络在 15 年间呈现出明显的方向性特征。例如，对于普通劳动力而言，自 2000～2015 年，有相当比例的来自广西和湖南的普通劳动力迁移至广东。对于高技能劳动力而言，尽管其迁移的方向性特征直观上不如普通劳动力明显，但仍表征出一定的方向性特征。例如，对于安徽迁出的高技能劳动力而言，绝大多数迁移至上海、江苏和浙江。这种方向性特征体现出我国人口迁移的路径依赖特性。对于后一时期的迁移者而言，在目的地地区迁移时期迁移者数量的增加意味着迁移后就业和生存风险的下降及更强的社会网络（Greenwood，1988）。

六、网络溢出效应分析

网络自相关性一直被认为广泛存在于劳动力迁移网络中（古恒宇等，2019b），然而既有文献中鲜有对中国高技能劳动力迁移网络中网络自相关性的关注。因此，本节将着重关注 2000～2015 年中国省际高技能劳动力迁移网络中的网络自相关特性。全局莫兰指数是最广泛运用的、用于探测网络自相关的统计量，其公式如下。

$$I = \frac{\boldsymbol{X}'\boldsymbol{C}^s\boldsymbol{X}}{\boldsymbol{X}'\boldsymbol{X}} \tag{5.2}$$

式中，I 为莫兰指数；$\boldsymbol{X}$ 为观测量（高技能劳动力迁移流）的列向量。$\boldsymbol{C}^s$ 为行标准化后的二值型网络权重矩阵，该矩阵在本案例中是一个 870×870 的方阵，由未标准化的二值型网络权重矩阵 $\boldsymbol{C}^u$ 得到。$\boldsymbol{C}^u$ 为 870×870 的二值型空间权重矩阵，根据克罗内克积的运算得到：

$$\boldsymbol{C}^u = \boldsymbol{W}\otimes\boldsymbol{I} + \boldsymbol{I}\otimes\boldsymbol{W} \tag{5.3}$$

式中，$\boldsymbol{W}$ 为 30×30 的二值型空间权重矩阵；$\boldsymbol{I}$ 为 30×30 的单位矩阵。该克罗内克积的运算参考同样被运用于 Lesage 和 Pace（2008）、Chun（2008）、Chun 和 Griffith（2011）及 Fischer 和 Griffith（2008）等学者的文献中。

网络自相关计算结果如表 5.7 所示。结果显示，高技能劳动力在 2000～2015 年的网络自相关性持续显著为正。根据本节对网络自相关在网络权重矩阵中的定义，可以理解为：指向同一目的地但迁出地相邻或来自同一出发地但目的地相邻的高技能劳动力迁移流之间具有正相关关系①。造成高技能劳动力网络依赖特性的原因有很多，包括地区间的人才政策响应、人才跨区域社会网络的构建、区域间的技术和知识外溢、邻近区域间相似的文化关系、邻近区域间共享中间投入品和公共服务等。此外，2000～2015 年，高技能劳动力网络的网络自相关性出现先升

① 对高技能迁移网络中网络自相关性的更深入分析和计量解释可见本书的第七章。

后降的趋势，但变化幅度不大，体现出一种持续集聚但轻微分散的特性。

表 5.7　高技能劳动力、普通劳动力迁移网络的网络自相关性

时段	类型	莫兰指数	标准分数	p
2000～2005 年	高技能劳动力	0.392***	23.626	0
2005～2010 年	高技能劳动力	0.408***	24.630	0
2010～2015 年	高技能劳动力	0.381***	22.658	0
2000～2005 年	普通劳动力	0.393***	23.613	0
2005～2010 年	普通劳动力	0.374***	22.922	0
2010～2015 年	普通劳动力	0.357***	21.668	0

***表示 $p<0.01$

便于对比，本节进一步对普通劳动力迁移网络的网络自相关性进行测算。对比两类劳动力的网络自相关性，发现普通劳动力与高技能劳动力类似，在2000～2015 年呈现出显著的网络依赖和网络集聚特征。2000～2005 年，高技能劳动力和普通劳动力的网络自相关程度类似，但 2005 年以后高技能劳动力的网络自相关程度高于普通劳动力的网络自相关程度，这说明高技能劳动力迁移网络中的集聚特征更强。该结论印证了本章前几节的结论，同时也支持了本书第三章关于高技能劳动力迁移空间集聚的理论假说。

七、网络组团结构分析

从复杂系统视角认识区域经济要素的空间流动往往能够提供有借鉴意义的新发现（薛领和杨开忠，2002）。“小世界”特性（small world property）是复杂网络的重要特性。根据复杂网络理论，一个具有“小世界”特性的网络应当具有相对较高的聚类系数及相对较低的平均路径长度。节点的聚类系数是描述复杂网络节点聚类程度的指标，其核心思想是判断每个节点的邻点之间是否也具备构建成为邻点的可能性。聚类系数表征了节点形成小集团结构的程度（蒋小荣和汪胜兰，2017）。本节中，在有向加权网络的语境下，对于人口迁移网络整体而言，设节点省份数量为 N，则其平均聚类系数 C 可以表征为每个节点省份聚类系数 c_i 的平均值，用于测度迁移网络总体的平均互联水平，其计算如式（5.4）所示：

$$C=\frac{1}{N}\sum_i c_i=\sum_i\left[\frac{1}{S(i)(d_i-1)}\sum_{j\neq k}\frac{w_{ij}+w_{ik}}{2}a_{ij}a_{jk}a_{ik}\right] \tag{5.4}$$

式中，$S(i)$ 为节点 i 的加权总度；d_i 为节点 i 的非加权度；a_{ij}, a_{jk}, a_{ik} 分别为节点 ij, jk, ik 之间的关联度，如果节点之间存在联系则赋值为 1，否则为 0。

网络的平均路径长度为所有节点对之间路径长度的平均值（蒋小荣和汪胜兰，

2017）。网络中任意节点对 i 和 j 之间的路径长度 D_{ij} 被定义为从节点 i 到节点 j 的最短路径长度。本节中，平均路径长度可以反映高技能劳动力或普通劳动力迁移网络的易达程度和关联程度，其公式为

$$\bar{D} = \frac{2}{N(N-1)} \sum_{i \geqslant j} D_{ij} \tag{5.5}$$

式中，N 为网络节点总数；$\bar{D}$ 为平均路径长度。若平均路径长度越小，则各个地区间人口迁移关联更为便捷。

此外，网络密度也可被用作衡量网络联系紧密程度的指标。对于节点数量为 N 的网络而言，假设其真实存在的边数为 M，则任意两个节点可能存在的最大理论边数量为 $[N(N-1)]/2$，此时网络密度可以表达为

$$\text{Dens} = \frac{2M}{N(N-1)} \tag{5.6}$$

为检验中国省际高技能劳动力迁移网络是否具备“小世界”特性，本节生成了与实际网络具有相同节点数量（31 个）的随机网络（边的生成概率为 10%）。结果显示，该随机网络的平均聚类系数为 0.026，平均路径长度为 2.110。相比随机网络，高技能劳动力迁移网络和普通劳动力迁移网络的平均聚类系数均更小而平均路径长度更大，这说明了两类迁移网络中的“小世界”特性。此外，根据表 5.8 中的计算结果，可发现两类劳动力迁移网络都呈现出集聚的特征，即迁移网络中的一小部分地区跟其余地区之前产生了极大强度的迁移联系。对比两类劳动力迁移网络可以发现，对于普通劳动力而言，其迁移网络的平均聚类系数和网络密度在 2000 年至 2015 年呈现下降趋势，而其平均路径长度则呈现相反的持续上升趋势，这说明普通劳动力迁移网络的“小世界”特性呈现减弱的趋势。然而，高技能劳动力迁移网络的网络密度在 15 年间呈现持续的上升趋势，其平均聚类系数则呈现先升后降，但总体升高的趋势。然而，其平均路径长度持续下降。以上发现说明高技能劳动力迁移网络的“小世界”特性在持续增强。

表 5.8 高技能劳动力迁移和普通劳动力迁移的聚类系数、平均路径长度与网络密度

劳动力类型	迁移时段	平均聚类系数	平均路径长度	网络密度
高技能劳动力	2000～2005 年	0.637	1.449	0.568
	2005～2010 年	0.696	1.386	0.614
	2010～2015 年	0.683	1.375	0.629
普通劳动力	2000～2005 年	0.871	1.159	0.841
	2005～2010 年	0.821	1.214	0.786
	2010～2015 年	0.790	1.232	0.786

此外，结果显示，每一迁移时段高技能劳动力迁移网络的平均聚类系数和密度都低于同期普通劳动力迁移网络，而其平均路径长度则更大，这在一定程度上是由于高技能劳动力迁移的目的地只有少数发达的地区（如北京、上海、广东），而相对来说有更多的地区对普通劳动力供给产生需求联系，因而相对高技能劳动力而言，普通劳动力迁移网络的联系程度更为紧密。

使用模块度方法对中国 2000～2015 年省际高技能劳动力迁移的网络结构展开探测。社团发现（模块度）为 Newman 提出的对网络集群划分的方法（Greenwood，1988），其核心思想是将连接较为紧密的节点划分为一个集群，这样模块度值就会增大，因此划分集群的过程就是最大化模块度值的求解过程。本节中，模块度被用于计算高技能劳动力和普通劳动力迁移网络的结构，其公式如下：

$$Q=\frac{1}{2m}\sum_{i,j}\left(w_{ij}-\frac{d_i d_j}{2m}\right)\delta(g_i,g_j) \tag{5.7}$$

式中，Q 为模块度；w_{ij} 为地区 i 和 j 之间人口迁移规模；d_i 和 d_j 分别为地区 i 和 j 的非加权度值；g_i 和 g_j 分别为节点 i 和 j 被分入的社团；m 为网络中的总权重（迁移总量）。Fast-Unfolding 算法被运用于模块度的计算中（古恒宇和沈体雁，2021）。

结果如表 5.9 所示，图中被识别为同一社团的省份被标记以同一颜色，表中数值为总迁移规模，即劳动力迁入量和迁出量之和。结果显示，无论是高技能劳动力迁移还是普通劳动力迁移，它们的社团发现结果都显示出以北京、上海、广东为三个核心节点的网络结构。换言之，三个地区在中国高技能劳动力和普通劳动力迁移网络中都占据较高的地位。尽管两类劳动力的迁移网络结构在 15 年间呈现出一定的变化趋势，但具体而言，“北京社团”主要包含北京市及其周围邻近的省级行政区划单位，包括天津、河北及东北三省等；“上海社团”主要包含上海及长江三角洲其余两省（江苏、浙江）以及部分中部省份；“广东社团”则包含广东及部分西南地区，如四川、重庆和广西。

表 5.9　高技能劳动力和普通劳动力社团发现结果

地区	2000～2005 年		2005～2010 年		2010～2015 年	
	高技能劳动力	普通劳动力	高技能劳动力	普通劳动力	高技能劳动力	普通劳动力
北京	314 176	1 020 532	665 004	1 636 024	618 385	1 201 768
天津	62 696	430 550	151 312	676 381	198 256	1 183 503
河北	97 434	640 438	273 280	1 226 491	258 040	1 003 786
辽宁	106 288	473 395	220 235	732 054	158 170	332 698

续表

地区	2000～2005 年		2005～2010 年		2010～2015 年	
	高技能劳动力	普通劳动力	高技能劳动力	普通劳动力	高技能劳动力	普通劳动力
黑龙江	89 699	544 725	197 844	713 169	162 311	476 221
内蒙古	40 849	353 346	124 139	656 845	122 957	501 088
山东	136 595	897 335	312 397	1 390 729	277 317	966 820
山西	41 109	239 044	116 681	498 417	101 245	357 243
吉林	72 098	309 908	160 009	431 325	107 805	284 429
河南	109 097	1 556 965	241 262	2 905 653	253 093	1 878 673
上海	283 575	1 827 823	620 114	2 568 801	599 170	1 660 236
江苏	233 150	2 536 525	505 217	3 596 299	492 489	2 185 684
安徽	102 084	2 605 456	294 330	3 470 424	266 918	1 973 927
浙江	155 299	3 608 401	479 329	5 468 590	294 419	3 279 583
福建	72 584	1 421 082	177 149	2 053 702	224 610	1 368 271
江西	95 942	1 336 424	244 100	2 312 755	215 780	1 113 335
湖北	162 896	1 336 567	380 651	2 300 709	325 839	1 361 412
湖南	138 993	1 628 193	338 912	2 963 752	275 651	1 776 053
云南	28 545	490 240	100 610	928 783	95 549	822 380
贵州	35 776	1 166 403	73 915	1 735 255	87 335	1 300 096
广东	472 050	5 269 661	882 410	8 970 816	710 391	4 989 828
海南	24 410	135 181	40 265	232 772	50 894	151 243
广西	68 116	914 098	131 504	1 858 164	110 051	1 222 304
重庆	62 843	1 004 538	153 047	1 442 485	147 676	842 166
四川	120 899	2 645 970	255 740	3 677 669	233 192	1 948 076
陕西	81 941	388 815	220 706	812 739	162 030	494 535
西藏	8004	29 897	21 269	84 297	8552	49 404
甘肃	36 723	269 881	100 038	482 180	105 950	364 463
青海	11 903	67 615	29 152	148 878	25 467	87 747
宁夏	15 764	56 875	25 623	156 481	31 081	122 484
新疆	32 208	393 787	83 238	482 333	123 177	379 414

注：▒代表“北京社团”，▒代表“广东社团”，▒代表“上海社团”，■代表“浙江社团”；“浙江社团”仅在 2005～2010 年普通劳动力迁移网络中表现，其余时期都不呈现。表中数值为各地区高技能劳动力及普通劳动力的加权总度

社团探测结果揭示出地理距离摩擦效应的存在。更长的地理距离往往意味着更高的社会融入成本及交通成本，从而导致区域间迁移人数的下降。具体而言，两类劳动力在不同时间截面上形成的社团结构主要由邻近地区组成。换言之，多数地区都与距离较近的地区形成了更紧密的劳动力迁移联系。尽管近年来有文献说明了地理距离对区域人口迁移作用已在逐渐衰减，但本节研究结果仍然显示出地理距离的重要意义。与此同时，结果也显示出在距离上海、北京、广东三核心区域距离相近的地区，其高技能劳动力和普通劳动力的社团结构出现了比较频繁的变化。例如，2005～2010 年，湖南的高技能劳动力迁移与“上海社团”地区联系更加紧密，而 2010～2015 年，湖南的高技能劳动迁移被分配进入“广东社团”。

接下来，进一步探究时间维度上高技能劳动力迁移的变化特征。结果显示，尽管出现了细微的变化，但高技能劳动力迁移的网络结构在 2000～2015 年总体趋于稳定，相对而言，普通劳动力迁移的网络结构则出现了较大的变化。对于普通劳动力而言，2000～2005 年，“北京社团”覆盖面积很大，而随着“广东社团”覆盖地区的增加，压缩了“上海社团”的范围，导致其范围缩小，仅覆盖上海、安徽、江苏三个省级行政区划单位。同时，浙江在该阶段迎来了劳动密集型产业的快速发展，也增加了其对普通技能劳动力的需求。为了拓宽劳动力市场，承接已经成形的劳动密集型产业的劳动力转移，浙江与南部地区（如广东）建立了更为密切的上下游经济贸易联系，同属长江三角洲的浙江被分配进入“广东社团”。至 2010 年，以浙江为核心的“浙江社团”形成，覆盖范围包括劳动力输入大省浙江及中部和西南地区的劳动力供给省份，包括湖南、湖北、江西、贵州、云南、福建。与此同时，“广东社团”的范围大大缩小。此外，“上海社团”与新疆、青海和宁夏建立了更为密切的联系。最后，2010～2015 年，“浙江社团”与“广东社团”合二为一，与“北京社团”和“上海社团”重新形成了与 2000～2005 年类似的“两大一小”网络结构模式。

八、城市高技能劳动力空间分布及演化分析

城市是人才政策制定的首要单元，也是高技能劳动力进行迁移决策的重要空间单元。尽管在城市尺度上无法获得高技能劳动力的迁移数据，但可以根据全国人口普查和全国 1%人口抽样调查数据对高技能劳动力集聚的时空演化规律进行探索分析。由于数据获取限制，本节使用大专以上人口总量作为城市高技能劳动力的代理变量（古恒宇和沈体雁，2021）。使用的指标如下。

（1）高技能劳动力集聚度（CI）。根据 Yang 等（2014），使用高技能劳动力集

聚度来表征各城市高技能劳动力的集聚程度。CI 可以被表达为 1%国土面积上集中的高技能劳动力规模，公式如式（5.8）所示：

$$\mathrm{CI}_i = \frac{P_i / P_n \times 100\%}{A_i / A_n \times 100\%} = \frac{P_i / P_n}{A_i / A_n} \tag{5.8}$$

式中，CI_i 为城市 i 的高技能劳动力集聚度；P_i 为城市 i 的高技能劳动力规模；A_i 为城市 i 的土地面积；A_n 为全国土地面积；P_n 为全国高技能劳动力总量。

（2）高技能劳动力分布的莫兰指数（I）。此处使用莫兰指数来测度各城市高技能劳动力集聚密度的空间自相关性，公式如式（5.9）所示：

$$I = (\boldsymbol{X'WX}) / (\boldsymbol{X'X}) \tag{5.9}$$

式中，I 为各城市高技能劳动力分布密度的莫兰指数；$\boldsymbol{X}$ 为高技能劳动力分布密度的列向量；$\boldsymbol{X'}$ 为 $\boldsymbol{X}$ 的转置；$\boldsymbol{W}$ 为城市标准化空间权重矩阵，使用 queen 邻接权构建。莫兰指数的范围为–1 至 1，正的莫兰指数代表正向空间自相关，负值代表负向空间自相关。

（3）高技能劳动力分布的变异系数。CV 可以被用于测度中国城市高技能劳动力集聚的不平衡程度，其公式如式（5.10）所示：

$$\mathrm{CV} = \frac{1}{\bar{P}} \sqrt{\frac{\sum_{i=1}^{n} \left(P_i - \bar{P}\right)^2}{n-1}} \tag{5.10}$$

式中，$\bar{P}$ 为各城市高技能劳动力分布规模的均值；n 为城市数量。

将城市按照 CI 分成三大类：高技能劳动力分散分布区（$\mathrm{CI} \leqslant 0.5$）、均匀分布区（$0.5 < \mathrm{CI} < 2$）和集聚分布区（$\mathrm{CI} \geqslant 2$）。如表 5.10 所示，可以看到中国少数国土面积上集聚了大量的高技能劳动力：集聚分布区中高技能劳动力密度由 2000 年的 32.38 人/km^2 上升至 2015 年的 99.97 人/km^2。2000～2015 年，超过 10%的国土面积上集聚了约 70%的高技能劳动力。此外，大量的高技能劳动力集聚在省会城市、城市群及一些东部沿海城市，包括一些一线城市如北京、上海、广州、深圳和一些中部新兴发达城市如郑州、太原、武汉。此外，粤港澳大湾区中部分城市如东莞、珠海和中山也具有较高的高技能劳动力分布密度。

表 5.10　2000~2015 年高技能劳动力空间分布特征

年份	类别	高技能劳动力占比	土地占比	高技能劳动力密度/（人/km^2）		莫兰指数	CV
2000	集聚分布区	66.96%	11.60%	32.38	5.61	0.030**	1.576
	均匀分布区	28.03%	26.36%	5.97			
	分散分布区	5.01%	62.03%	0.45			

续表

年份	类别	高技能劳动力占比	土地占比	高技能劳动力密度/（人/km²）		莫兰指数	CV
2005	集聚分布区	66.59%	12.09%	46.03	8.36	0.041**	1.580
	均匀分布区	27.16%	25.94%	8.75			
	分散分布区	6.25%	61.97%	0.84			
2010	集聚分布区	70.65%	12.30%	85.09	14.82	0.046**	1.634
	均匀分布区	23.40%	23.64%	14.67			
	分散分布区	5.28%	64.06%	1.22			
2015	集聚分布区	65.16%	11.67%	99.97	17.90	0.073***	1.472
	均匀分布区	28.84%	27.94%	18.48			
	分散分布区	6.00%	60.39%	1.78			

***表示 $p<0.01$；**表示 $p<0.05$

均匀分布区主要布局在中国的中东部地区，其高技能劳动力占比在 2000～2015 年呈现波动变化。然而，均匀分布区内的高技能劳动力密度仍然随时间而逐步上升。相对而言，分散分布区则主要分布在西部和西北部地区，占据了我国绝大多数的国土面积（超过 60%），但只集聚了约 6%的高技能劳动力数量。

将“胡焕庸线”绘制在地图上，发现中国的高技能劳动力主要分布在“胡焕庸线”东南侧。平均来说，94.7%的中国高技能人口分布在“胡焕庸线”东南侧，占据 44.1%的国土面积。相对而言，在“胡焕庸线”西北侧区域，55.9%的国土面积上仅仅集聚了 5.2%的高技能劳动力。该发现与“胡焕庸线”对中国总人口分布的划分结论一致。

此外，高技能劳动力在城市空间集聚格局中呈现出显著的空间自相关特性。莫兰指数从 2000 年的 0.030 提升至 2015 年的 0.073，这说明城市高技能劳动力分布密度与周围城市高技能劳动力分布密度存在正向空间相关性，且这种关系随着时间的推移愈发明显。此外，高技能劳动力分布格局也呈现出明显的非平衡特征：CV 从 2000 年的 1.576 提升至 2010 年的 1.634，但在 2015 年下降至 1.472。这说明，尽管高技能劳动力的空间集中程度在近年来有所分散，但总体来说仍然呈现出明显的空间不均衡分布特点。2000～2010 年，愈发明显的空间分布不平衡特征在一定程度上与高校扩招的地区差异有关。在《面向 21 世纪教育振兴行动计划》的影响下，部分一线城市、省会城市和规模较大、高校较多的城市成为受益者，培养了大量高学历、高技能劳动力。2010 年后，在新型城镇化建设的背景下，过渡集聚在大城市的人才开始回流，这在一定程度上导致了其空间集聚特征减弱。

从全国尺度上，关注四大地理分区[①]中高技能劳动力集聚差异及演变趋势（图5.3）。主要发现：2000～2015 年，东部地区集聚了最多的高技能劳动力，其密度最高，从 2000 年的 20 人/km^2 增加到 2015 年超过 70 人/km^2。西部地区则具有最低的高技能劳动力密度，2000～2015 年，其高技能劳动力密度总是低于 10 人/km^2。尽管 1999 年国家实行了西部大开发政策，但 21 世纪以来，仍有大规模来自中西部和东北地区的高技能劳动力集聚到东部地区，为东部地区带来了源源不断的“脑力”资源，促进了地区经济和创新的腾飞。中部地区和东北地区的高技能劳动力密度变化趋势与全国总体特征相似，仅略高于全国平均水平。东部地区与中西部地区高技能劳动力集聚程度的差距随着时间的推移正逐步拉大。

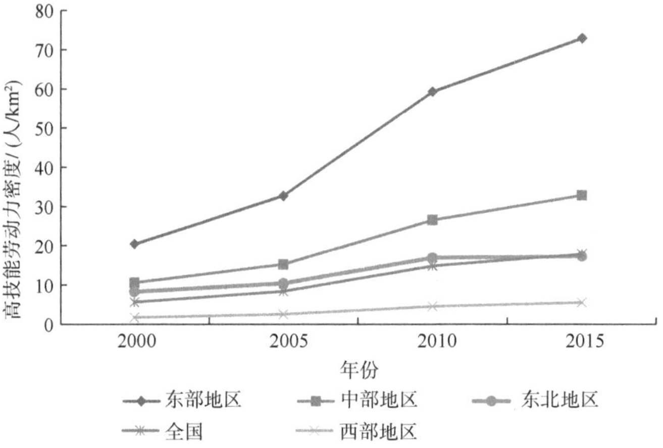

图 5.3　四大地理分区高技能劳动力密度变化趋势

第四节　小　　结

绝大多数的既有文献都将中国的劳动力迁移看成一个同质化的群体进行比较，少数的关注中国高技能劳动力迁移的文献也仅仅使用 2005 年以前的截面数据展开分析（Liu and Shen，2017）。本章通过关注 2000～2015 年共三期的中国省际高技能迁移的空间格局和时空演化特征，对既有文献进行了补充。同时，普通劳动力被引入本章的分析，用于比对高技能劳动力的时空演化特征。本章的分析主要得出以下几个关键结论。

第一，本章分析显示出高技能劳动力迁移具有非常明显的空间集聚特征：多

① 此处关注四大地理分区而非前文三大分区的原因在于此处的分析单元为城市尺度，因而东北三省具有足够多的城市样本作为支撑；而研究尺度变为省级时，东北地区则显得样本太少。

数的中西部地区的大比例的高技能劳动力在2000～2015年迁移至以北京、上海、广东为代表的少数东部沿海地区。东部沿海地区可以得到源源不断的人才流入，而中西部内陆地区则经历日益严峻的人才流失困境。这种高技能劳动力迁移的空间不均衡性直接导致了15年间高技能劳动力分布的不均衡性：少数东部沿海地区分布了多数的高技能劳动力，而多数内陆地区则只有较少的高技能劳动力分布。本结论为第三章关于高技能劳动力空间集聚分布的理论模型假说（假说1）提供了充分的证据。

第二，2000～2015年，中国省际高技能劳动力迁移网络及其空间分布的集聚程度正在逐步下降，并出现一定的分散化趋势。尽管如此，高技能劳动力的迁移网络和空间分布的空间集聚程度依然很高。尽管少数东部发达地区已经拥有相当高占比的高技能劳动力，但大量高技能劳动力依然持续涌入这些地区。此外，21世纪以来，中国高技能劳动力省际迁移的流动性呈现“总体增长、先升后降”的特征。

第三，高技能劳动力与普通劳动力在空间格局方面呈现出显著的差异性：高技能劳动力迁移网络具有更高的空间集聚特征和网络自相关性，而普通劳动力迁移网络则具有更小的空间差异性；高技能劳动力源源不断地从内陆中西部地区涌入东部发达地区，而普通劳动力则持续在东部地区和中西部地区之间循环迁移，因此，高技能劳动力的空间分布呈现出极大的不平衡性，而普通劳动力在各省之间的空间分布更加平衡；随着时间的推移，高技能劳动力迁移高值网络呈现出从高度集中到北京、上海、广东等发达地区，到出现一定数量在中西部地区、地理邻近区域之间的迁移流的特征，而普通劳动力迁移高值网络相对稳定，但呈现出明显的南北分异特性，南部地区普通劳动力迁移网络更加致密、迁移强度更大，而北部地区普通劳动力迁移联系则相对南部地区而言较弱；高技能劳动力比普通劳动力的平均迁移距离更长，但两类劳动力的迁移距离随时间的推移都在不断缩短。

第四，高技能劳动力和普通劳动力迁移网络都呈现出显著的“小世界”特性，极少数地区拥有与绝大多数地区相连接的劳动力迁移联系，而多数地区的连通程度则较弱。相对而言，普通劳动力迁移网络的迁移强度和关联程度均高于高技能劳动力迁移网络的迁移强度和关联程度。两类劳动力迁移网络均呈现出以北京、上海、广东为三个主要核心节点的网络结构。高技能劳动力网络结构在2000～2015年呈现相对稳定的特征，而普通劳动力网络结构则呈现出变化的趋势。此外，地理摩擦作用仍然在两类劳动力迁移格局中扮演持续重要的角色。

第五，在城市单元中，中国高技能劳动力仍然呈现出集聚的空间分布格局，在“胡焕庸线”东南侧，94.7%的中国高技能人口集聚分布在44.1%的国土面积上。2000～2015年，中国高技能劳动力分布密度持续提升，其空间自相关逐步增加，但其CV下降，说明15年间中国城市高技能劳动力分布出现了一定分散化趋势。分区域对比，中国东部地区集聚了最多的人才，其次是中部地区、东北地区和西部地区，且东部地区与其他地区高技能劳动力分布密度之间的差异在逐步增大。

本章的分析印证了既有文献的分析结论，无论是在城市尺度还是在省份尺度上，人才分布和迁移具有空间集聚性与空间不均衡性（Liu and Shen，2014a，2017；Gu et al.，2020a，2021b）。当然，本章运用更长时段的数据着重对高技能劳动力迁移率而非迁移规模进行的分析得到了有别于既有文献的一些发现。例如，在空间格局分析中揭示出部分相邻的中西部地区之间也拥有很强的高技能劳动力迁移联系；再如，普通劳动力迁移显示出明显的南北分异特性。尽管本章的分析为2000～2015 年高技能劳动力的时空演化特征提供了精细化、全景化的描述，但影响高技能劳动力时空演化和空间分布背后的机理并未在本章中进行分析。本书后续章节将主要围绕高技能劳动力迁移和分布的演化机理展开分析论证。

第六章　高技能劳动力迁移动因的宏观实证

第一节　引　　言

本章将通过经典的引力模型，从宏观的角度对中国省际高技能劳动力迁移的驱动机理展开实证。截至 2020 年，有关中国区域间劳动力驱动机理的研究数量众多，一部分研究基于经典的劳动力迁移理论，构建引力模型解释如迁出地和迁入地的经济、就业、社会制度环境等因素对两地间（省际）劳动力迁移规模的影响（古恒宇等，2019a，2019b；李扬等，2015；臧玉珠等，2016；蒲英霞等，2016；刘晏伶和冯健，2014；Liu and Shen，2014a，2014b，2017；Shen and Liu，2016；Shen，2013，2015，2016）。引力模型具有良好的性质，同时纳入迁出地因素、迁入地因素和迁移距离对劳动力迁移的影响，符合推拉理论、Sjjastad 框架和新经济地理学框架等对劳动力迁移过程的论证（古恒宇等，2019b）。另一部分研究使用传统的计量模型对迁入地劳动力迁入规模的机制展开研究，（周子浩等，2019；劳昕和沈体雁，2015；邓羽等，2014；刘涛等，2015），这部分研究往往能够细化到城市甚至分县尺度，但这部分的模型忽略了迁出地和迁入地空间距离对劳动力迁移的影响。使用引力模型时，被解释变量为两地间的 OD 劳动力迁移流，然而对于高技能劳动力而言，受到数据限制，目前仅有少量文章对 2000～2005 年中国省际高技能劳动力迁移的截面数据进行分析（Liu and Shen，2014a，2014b，2017）。显然，这远远滞后于学界和政策制定者的现实需求。如何吸引人才、留住人才、将人才转化为地区经济增长的动力，已经成为当前中国各地区地方政府有关部门的重要考量议题。基于此背景，本章将使用与第四章相同的 2005 年、2015 年全国 1%人口抽样调查和 2010 年第六次全国人口普查的微观数据，以期对 2000～2015 年中国高技能劳动力的驱动机理展开分析。

本章的研究目的是验证第三章基于 NESM 理论得到的假说 2（经济驱动假说）、假说 3（地方品质因素驱动假说）和假说 4（经济因素主导假说）的正确性。为了应对零值高技能劳动力迁移流的存在、引力模型中的多边阻力（网络自相关）和内生性的问题，本章选用了 Silva 和 Tenreyro（2006）提出的泊松伪最大似然（Poisson pseudo-maximum-likelihood，PPML）法，构建了一系列 PPML 引力模型来解释中国省际高技能劳动力迁移的驱动因素。相比传统的对数线性引力模型，PPML 引力模型能够更好地应对数据中的零值问题，即使存在过度离散和异方差，也能保证估计量的有效性和一致性，由此降低模型的内生性问题（孙林和倪卡卡，2013）。PPML 引力模型已经在国际贸易和人口迁移研究中大量运用（Bauer et al.，2019；Santeramo and Morelli，2016；Wajdi et al.，2017），但在国内文献中主要运用于贸易研究（王霞和文洋，2019；张媛和徐小聪，2013；董银果和吴秀云，2017；吴群锋和杨汝岱，2019；牟逸飞，2016），而运用在国内高技能劳动力迁移研究中的案例尚未出现。基于此，本章试图构建一个纳入省份固定效应和时间固定效应的面板 PPML 引力模型，对 2000～2015 年中国省际高技能劳动力迁移的影响机制展开研究，以期弥补既有文献的不足之处。

通过引力模型的实证，本章发现由区域名义工资与经济复杂度为代表的经济因素和由区域自然舒适度、公共服务品质、城市景观为代表的地方品质因素及政府转移支付（人才补贴）共同影响省际高技能劳动力迁移。对比之下，经济因素对高技能劳动力迁移的影响力大于地方品质因素对高技能劳动力迁移的影响力，但经济因素产生的作用力随着时间而下降，而地方品质因素则扮演越来越重要的角色。由此，本章从宏观建模的视角实证了 NESM 理论的假说 2、假说 3、假说 4。此外，本章发现一系列控制变量（如社会网络）和引力模型变量（如人口规模、距离）同样对高技能劳动力迁移产生影响。

第二节　基于 PPML 的模型框架构建

一、传统引力模型三大欠缺

基于宏观实证框架，本篇选用泊松模型作为回归的基准方法。使用泊松模型而不是 OLS 模型的原因主要如下：第一，OLS 模型需要对被解释变量和解释变量取对数，由此造成一定的估计偏差，而泊松模型的估计量是实际数据本身的近似，无须对被解释变量取对数，减少了估计误差；第二，在 OLS 模型中存在正态分布假设，而泊松模型则没有这样的假设限制；第三，OLS 模型对零迁移流的处理能力较弱，由于不能对零值取对数，因而 OLS 引力模型无法考虑零值迁移流的影响机制，而泊松分布天然地包含零值迁移流的估计（Wajdi et al.，2017）。然而，泊松引力模型同样存在一系列的问题：一是泊松引力模型在纳入数量相对较少的解释变量时，具有相对较低的偏差统计量（用于衡量模型性能）。因而 Flowerdew 和 Aitkin（1982）建议加入更多的解释变量来解决这一问题。二是泊松引力模型存在过度离散的问题，这是因为泊松引力模型假设数据的方差等于均值，但在实际情况中，数据的方差往往大于均值，这导致模型的标准误被低估。尽管 Hilbe（2004）通过纳入一个稳健标准误来解决这一问题，但 Silva 和 Tenreyro（2011b）发现这一方法会导致收敛问题，从而导致估计量有偏误。

二、PPML 引力模型宏观实证框架的适用性

考虑到上述问题，本章使用 Silva 和 Tenreyro（2006）提出的 PPML 引力模型。PPML 引力模型具有以下的优势：第一，PPML 引力模型在数据存在过度离散问题时能够提供一致估计；第二，PPML 引力模型在针对面板数据时可纳入一系列固定效应控制变量（虚拟变量），同样可以得到一致估计，这使得模型对内生性问题的处理能力大大增强；第三，PPML 引力模型可以有效针对数据中的异方差问题[①]；第四，泊松模型的性质导致 PPML 引力模型无须对被解释变量取对数，当解释变量取对数时，系数可以被解释为弹性，非常符合经济学论文的需求；第五，纳入适合的固定效应，PPML 引力模型可以针对性地解决贸易问题中的多边阻力问题，即迁移问题中的网络自相关问题（Gu et al.，2022）。PPML 引力模型已经被国外学者大量应用于国际贸易和人口迁移等问题的研究中，然而在国内，该模型仍主要运用于区域贸易问题的研究，目前较少被运用在劳动力迁移研究的案例中。这在一定程度上是由于目前国内的劳动力迁移研究绝大多数运用截面引力模型，缺乏对面板引力模型的探索。基于以上，本章首次将 PPML 引力模型运用于区域高技能劳动力迁移机制的研究中，以期实证本书的理论发现。在面板数据情景下，PPML 引力可以写成

$$\begin{aligned}\ln M_{ijt} = \exp(&\beta_0 + \beta_1 \ln P_{it} + \beta_2 \ln P_{jt} + \beta_3 \ln D_{ijt} + \beta_4 \ln W_{it} + \beta_5 \ln W_{jt} \\ &+ \beta_6 \ln G_{it} + \beta_7 \ln G_{jt} + \beta_8 \ln L_{it} + \beta_9 \ln L_{jt} + \beta_{10} \ln S_{it} + \beta_{11} \ln S_{jt} \\ &+ \textstyle\sum_{n=12}^{k} \beta_n \ln C_{int} + \sum_{n=12}^{k} \beta_n \ln C_{jnt} + \mathrm{Time}_t + \mathrm{Origin}_i + e_{ij})\end{aligned} \tag{6.1}$$

式中，角标 t 为时期；Time_t 为时间固定效应；Origin_i 为迁出地个体固定效应。不纳入区域迁移流个体固定效应的原因是，本章关注 D_{ijt} 等不随时间而变的变量的解释，因而不希望这些变量被迁移流个体固定效应吸收。同样的原因导致无法同时纳入迁出地和迁入地的固定效应。本章最终选择纳入迁出地而不是迁入地固定效应的原因是，从同一地区迁出的高技能劳动力往往比指向同一地区的劳动力具有更大的相似性，具体体现在相似的社会文化环境等方面。式（6.1）同时纳入了时间和个体固定效应，这可以有效缓解内生性的问题，控制同一时间和同一迁出

① 这种异方差的主要来源是迁移数据中高值的数据量较少，而低值的数据量较多（Linders et al., 2008）。

地的因素的影响。总之，使用 PPML 引力模型，可以有效构建一个两区域框架，实证本书的理论发现。图 6.1 概括了本章的宏观实证框架。

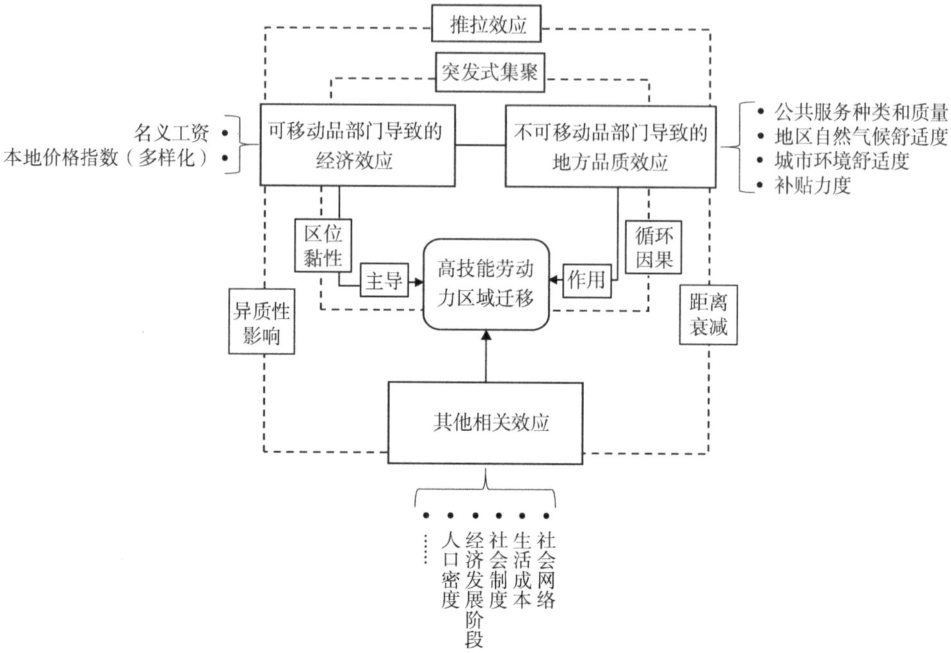

图 6.1　宏观实证框架

第三节　数据和变量选取

本篇所使用的数据及对高技能劳动力的定义与第四章相同，在此不做赘述。研究区域总共包含了全国 31 个省级行政区划单位之间共 930 条高技能劳动力迁移流，省内迁移不被考虑。PPML 引力模型总共纳入了 22 个解释变量，其中，除了地区常住人口、地区迁移距离、经济复杂度和迁移指数变量外，其余全部来源于《中国统计年鉴》。地区常住人口来源于 2000 年第五次全国人口普查、2005 年全国 1%人口抽样调查和 2010 年第六次全国人口普查数据。地区空间距离系通过 GIS 软件计算得到。地区经济复杂度使用 2000 年、2005 年和 2010 年的中国海关进出口数据库计算而得。解释变量的年份为 2000 年、2005 年和 2010 年，分别为 2000～2005 年、2005～2010 年和 2010～2015 年三个迁移时段的期初，以此缓解因反向因果而导致的内生性问题（Shen，2015）。

具体而言，迁出地的常住人口规模（O_POP）、迁入地的常住人口规模（D_POP）、迁入地及迁出地之间的迁移距离（DIST）为三个引力模型变量；经济机会变量包括迁出地及迁入地的城镇在岗职工年平均工资（O_WAGE、D_WAGE）和迁出地及迁入地的经济复杂度（O_TECH、D_TECH）共两对。年平均工资未进行价格指数换算，故可以衡量地区劳动力名义工资水平，而经济复杂度则可以衡量本地生产产品的多样化程度，从而衡量工业品价格指数。经济复杂度的计算参考李志斌等（2019）的做法，具体计算公式如式（6.2）所示：

$$\mathrm{TECH}_{c,N}=\frac{1}{\mathrm{TECH}_{c,o}}\sum_{p}M_{cp}S_{p,N-1}\text{，}\mathrm{TECH}_{c,o}=\sum_{p}M_{cp} \tag{6.2}$$

式中，$\mathrm{TECH}_{c,N}$ 为城市 c 的经济复杂度，$N\geqslant 11$；$S_{p,N-1}$ 为产品 p 的技术复杂度；$\mathrm{TECH}_{c,o}$ 为城市出口产品的多样化程度；M_{cp} 为出口产品 p 的城市之中具有优势度的城市个数，如果城市 c 产品 p 的区位商大于 1，则 M_{cp} 为 1，否则为 0。通过 Hidalgo 等（2007）的迭代映射法可以计算得到各城市的经济复杂度。由于出口产品绝大多数为本地生产的可贸易品，因而该指标可以反映本地生产消费品的多样化程度。由于本章的实证单元为省份，则各省经济复杂度可以通过计算省内各城市当期经济复杂度的平均值来代替①。$\mathrm{TECH}_{c,N}$ 的值越大，则代表该省本地生产消费品的多样性程度越高。

地方品质因素所涉及的维度较多，本章使用四组变量来代表地区地方品质的种类与质量，分别为迁出地及迁入地 1 月与 7 月平均温差（O_WEATHER、D_WEATHER）、迁出地及迁入地每万名小学生拥有教师数（O_TEACHER、D_TEACHER）、迁出地及迁入地每万人拥有执业医师数（O_DOCTOR、D_DOCTOR）、迁出地及迁入地每万人拥有城市公园数（O_GREEN、D_GREEN）。上述变量分别可以反映地区的自然舒适度、教育、医疗及城市景观舒适度。

此外，为了研究地方品质部门导致的政府转移支付因素的影响，参考王若宇等（2019）的做法，使用人均财政收入（O_SUBSIDY、D_SUBSIDY）来表征迁入地及迁出地人才补贴的强度，这种人才补贴主要来自地方品质部门的地租收入。按照 NESM 理论模型的推论，地区温差越小、每万名小学生拥有教师数越多、每万人拥有执业医师数越多、每万人拥有城市公园数越多、人均财政收入越高，则地区将会有更多的高技能劳动力迁入；反之，则地区会有更多的高技能劳动力流出。迁入地和迁出地此消彼长的相互作用力，会导致高技能劳动力渐趋分布至少数地区，产生集聚分布格局。

此外，需要纳入一些控制变量。考虑到高技能劳动力本地社会网络的影响，本篇控制上一期高技能劳动力从迁入地到迁出地的迁移规模占迁出地的总迁出规

---

① 之所以不对全省尺度计算经济复杂度是因为高技能劳动力个体无法在某个具体地点购买得到省内所有的产品，因而产生了省内运输成本，与本书的研究相悖。

模，即社会网络（MSTOCK）。首先，社会网络更强的地区，会降低迁入的高技能劳动力社会融入和就业的成本，因而 MSTOCK 预期将产生正向影响；其次，需要控制高技能劳动力在迁入地或迁出地的生活成本，参考 Liu 和 Shen（2017）与劳昕和沈体雁（2016）的做法，主要使用全年生活性消费支出占可支配收入的比重来表征生活成本（O_COST、D_COST）；最后，不同经济发展速度的地区，其高技能劳动力受到影响机制也可能各异，因而需要控制地区生产总值增长率（O_GDPGROWTH、D_GDPGROWTH）的影响。表 6.1 和表 6.2 分别对上述变量的含义、简称、预期效应及描述性统计展开刻画。

表 6.1 变量含义、简称、描述和预期效应

名称	简称	描述	预期效应
被解释变量			
高技能劳动力迁移	SM	2000～2005 年、2005～2010 年、2010～2015 年从迁出地前往迁入地的高技能劳动力规模（人）	
普通劳动力迁移	LSM	2000～2005 年、2005～2010 年、2010～2015 年从迁出地前往迁入地的普通劳动力规模（人）	
引力模型变量			
人口规模	O_POP/D_POP	2000 年、2005 年、2010 年迁出地与迁入地常住人口规模（人）	+/+
迁移距离	DIST	迁出地与迁入地常住迁移距离（km）	–
工业部门经济因素			
名义工资	O_WAGE/D_WAGE	2000 年、2005 年、2010 年迁出地与迁入地城镇在岗职工年平均工资（万元）	–/+
经济复杂度	O_TECH/D_TECH	2000 年、2005 年、2010 年迁出地与迁入地城市出口产品复杂度	–/+
地方品质部门地方品质因素			
自然舒适度	O_WEATHER/D_WEATHER	2000 年、2005 年、2010 年迁出地与迁入地 1 月与 7 月平均温差（℃）	+/–
教育	O_TEACHER/D_TEACHER	2000 年、2005 年、2010 年迁出地与迁入地每万名小学生拥有教师数（人）	–/+
医疗	O_DOCTOR/D_DOCTOR	2000 年、2005 年、2010 年迁出地与迁入地每万人拥有执业医师数（人）	–/+
城市景观舒适度	O_GREEN/D_GREEN	2000 年、2005 年、2010 年迁出地与迁入地每万人拥有城市公园数（个）	–/+

续表

名称	简称	描述	预期效应
地方品质部门导致的政府转移支付因素			
人才补贴	O_SUBSIDY/D_SUBSIDY	2000 年、2005 年、2010 年迁出地与迁入地人均财政收入（万元）	–/+
控制变量			
社会网络	MSTOCK	1995～2000 年、2000～2005 年、2005～2010 年从迁出地前往迁入地的高技能劳动力规模与迁出地迁出高技能劳动力总数比	+
生活成本	O_COST/D_COST	2000 年、2005 年、2010 年迁出地与迁入地居民全年生活性消费支出占可支配收入的比重	+/–
经济增长	O_GDPGROWTH/D_GDPGROWTH	1995～2000 年、2000～2005 年、2005～2010 年迁出地与迁入地平均地区生产总值增长率	–/+

表 6.2　变量描述性统计

简称	观测量	平均值	标准差	最小值	最大值
SM	2 790	3 185.847	8 485.197	0	152 715.000
O_POP/D_POP*	2 790	17.252	0.876	14.777	18.463
DIST*	2 790	7.050	0.612	4.694	8.151
O_WAGE/D_WAGE*	2 790	9.778	0.607	8.831	11.099
O_TECH/D_TECH*	2 790	0.054	0.833	–1.705	2.006
O_WEATHER/D_WEATHER	2 790	25.438	7.448	10.360	41.580
O_TEACHER/D_TEACHER*	2 790	6.293	0.219	5.856	6.877
O_DOCTOR/D_DOCTOR*	2 790	15.639	5.060	8.969	34.407
O_GREEN/D_GREEN*	2 790	–3.136	0.671	–4.468	–1.358
O_SUBSIDY/D_SUBSIDY*	2 790	15.025	1.299	10.894	17.626
MSTOCK	2 790	3.333	7.243	0	100.000
O_COST/D_COST	2 790	75.831%	5.824%	62.576%	91.368%
O_GDPGROWTH/D_GDPGROWTH	2 790	14.247%	4.497%	2.380%	24.165%

*表示该变量进行自然对数变化，描述性统计系其对数变化后的结果

第四节 结 果 分 析

一、模型对比

基于上述的解释变量和被解释变量，本节构建了四个 PPML 引力模型（表 6.3）。模型 1 不纳入任何固定效应，相当于一个混合面板回归，无法控制不随时间而变和不随个体而变的因素；模型 2 纳入迁出省份的固定效应，控制了相同迁出省份特征对迁移流的影响；模型 3 纳入时间固定效应，控制了不随时间而变的因素（如全国人才政策的颁布）的影响；模型 4 同时纳入时间固定效应和省份固定效应，该框架类似于 Greenwood（1997）及 Greenwood 和 Hunt（2003）的美国国内洲际人口迁移研究框架。模型的实现使用 STATA 软件中的 ppmlhdfe 命令完成，该命令相比传统的 PPML 命令具有更高的稳健性（Correia et al.，2020）。同时，ppmlhdfe 命令较 STATA 中传统的泊松模型命令 Poisson 也有显著提升，Silva 和 Tenreyro（2011b）指出，传统的 STATA 泊松回归命令可能会产生一些数值问题，同时对估计量的存在性较为敏感。此外，为了解决组内自相关性，所有模型使用迁移流组内聚类稳健标准误。通过对比可以发现，在同时纳入两种固定效应后，模型的对数伪似然值最高，而伪 R^2 也达到最高。同时，模型的赤池信息量准则（Akaike information criterion，AIC）和贝叶斯信息准则（Bayesian information criterion，BIC）达到最低，这表明同时纳入两类固定效应的 PPML 引力模型与高技能劳动力迁移数据的拟合程度较好，数据解释力较强。因此，在后文中均使用考虑到双向固定效应的 PPML 引力模型。

表 6.3　是否纳入双向固定效应的 PPML 引力模型回归结果

变量	模型 1	模型 2	模型 3	模型 4
	PPML	PPML	PPML	PPML
	高技能劳动力	高技能劳动力	高技能劳动力	高技能劳动力
O_POP	1.227***	1.419***	1.138***	1.169**
	（0.118）	（0.471）	（0.116）	（0.530）
D_POP	0.227	0.258***	0.256*	0.262***
	（0.149）	（0.096）	（0.141）	（0.096）
DIST	–0.723***	–0.745***	–0.715***	–0.746***
	（0.055）	（0.057）	（0.053）	（0.057）
O_WAGE	–0.534***	–0.937***	–0.073	0.128
	（0.190）	（0.199）	（0.314）	（0.367）

续表

变量	模型 1	模型 2	模型 3	模型 4
	PPML	PPML	PPML	PPML
	高技能劳动力	高技能劳动力	高技能劳动力	高技能劳动力
D_WAGE	0.933***	1.111***	1.370***	1.341***
	(0.229)	(0.190)	(0.232)	(0.198)
O_TECH	0.427***	0.064	0.324***	−0.023
	(0.047)	(0.072)	(0.065)	(0.072)
D_TECH	0.194***	0.169***	0.127**	0.126***
	(0.047)	(0.046)	(0.052)	(0.047)
O_WEATHER	0.019***	0.039	0.027***	0.070**
	(0.006)	(0.030)	(0.007)	(0.030)
D_WEATHER	−0.043***	−0.041***	−0.036***	−0.038***
	(0.006)	(0.006)	(0.007)	(0.006)
O_TEACHER	0.161	−0.134	0.190	−0.247
	(0.216)	(0.236)	(0.244)	(0.227)
D_TEACHER	0.280	0.351**	0.358**	0.397***
	(0.180)	(0.155)	(0.179)	(0.149)
O_DOCTOR	0.081***	0.090***	0.056***	0.055***
	(0.012)	(0.018)	(0.016)	(0.019)
D_DOCTOR	0.034***	0.032***	0.016	0.021***
	(0.009)	(0.008)	(0.010)	(0.008)
O_GREEN	−0.119	−0.150*	−0.131	−0.066
	(0.077)	(0.083)	(0.080)	(0.079)
D_GREEN	0.091*	0.053	0.097*	0.064
	(0.055)	(0.043)	(0.052)	(0.042)
O_SUBSIDY	−0.354***	−0.368***	−0.274***	−0.069
	(0.107)	(0.113)	(0.101)	(0.111)
D_SUBSIDY	0.377***	0.334***	0.358***	0.336***
	(0.127)	(0.078)	(0.117)	(0.076)
MSTOCK	0.023***	0.028***	0.022***	0.027***
	(0.003)	(0.002)	(0.003)	(0.002)
O_COST	0.047***	0.008	0.043***	0
	(0.006)	(0.008)	(0.006)	(0.007)
D_COST	0.030***	0.026***	0.028***	0.025***
	(0.006)	(0.005)	(0.006)	(0.005)

续表

变量	模型 1	模型 2	模型 3	模型 4
	PPML	PPML	PPML	PPML
	高技能劳动力	高技能劳动力	高技能劳动力	高技能劳动力
O_GDPGROWTH	0.011	0.034***	–0.013	–0.010
	（0.011）	（0.009）	（0.013）	（0.011）
D_GDPGROWTH	0.049***	0.042***	0.023**	0.026**
	（0.009）	（0.009）	（0.011）	（0.010）
常数项	–28.036***	–25.227***	–36.042***	–36.286***
	（4.120）	（8.850）	（5.657）	（11.704）
省份固定效应	no	yes	no	yes
时间固定效应	no	no	yes	yes
对数伪似然值	–2 675 453.965	–2 272 312.162	–2 619 462.050	–2 237 219.926
伪 R^2	0.777 9	0.811 3	0.782 5	0.814 3
AIC	5 350 954	4 544 670	5 238 970	4 474 486
BIC	5 351 090	4 544 807	5 239 107	4 474 622
观测量	2 790	2 790	2 790	2 790

注：括号中标注聚类到各组的稳健标准误

*、**、***分别表示 $p<0.10$、$p<0.05$、$p<0.01$

二、引力因素对高技能劳动力迁移的影响

由前文分析可知，模型 4 纳入双向固定效应后的 PPML 引力模型是本章的基准模型。为了更好地对比各种力量的差异，以及考虑到模型的稳健性，对各类自变量进行逐步回归。如表 6.4 所示，首先，所有模型中都纳入三个引力模型变量（迁入地及迁出地的人口规模、空间距离）。其次，模型 5 仅纳入名义工资变量组；模型 6 纳入名义工资变量组和本地消费品种类变量组；模型 7 进一步纳入地方品质种类及质量变量组；模型 8 不纳入经济因素，但是纳入地方品质种类及质量变量组及人才补贴变量组；模型 9 纳入所有经济因素和地方品质因素，但不纳入控制变量；最后一列的模型 4 为纳入所有变量后的基准模型。

表 6.4　纳入不同变量组的 PPML 引力模型回归结果

变量	模型 5	模型 6	模型 7	模型 8	模型 9	模型 4
	PPML	PPML	PPML	PPML	PPML	PPML
	高技能劳动力	高技能劳动力	高技能劳动力	高技能劳动力	高技能劳动力	高技能劳动力
O_POP	0.907**	0.974*	1.678***	1.643***	1.732***	1.169**
	(0.440)	(0.510)	(0.482)	(0.466)	(0.457)	(0.530)
D_POP	0.885***	0.766***	0.761***	–0.347***	0.412***	0.262***
	(0.084)	(0.068)	(0.059)	(0.095)	(0.126)	(0.096)
DIST	–0.899***	–0.904***	–0.996***	–0.992***	–0.992***	–0.746***
	(0.064)	(0.065)	(0.065)	(0.066)	(0.066)	(0.057)
O_WAGE	–0.188	–0.197	0.232		0.323	0.128
	(0.341)	(0.363)	(0.332)		(0.339)	(0.367)
D_WAGE	3.904***	3.376***	2.536***		1.971***	1.341***
	(0.154)	(0.184)	(0.169)		(0.198)	(0.198)
O_TECH		–0.030	0.019		0.012	–0.023
		(0.070)	(0.061)		(0.059)	(0.072)
D_TECH		0.192***	0.145***		0.087**	0.126***
		(0.067)	(0.040)		(0.044)	(0.047)
O_WEATHER			0.053*	0.016	0.049*	0.070**
			(0.028)	(0.032)	(0.027)	(0.030)
D_WEATHER			–0.064***	–0.068***	–0.063***	–0.038***
			(0.008)	(0.007)	(0.008)	(0.006)
O_TEACHER			–0.050	–0.077	–0.012	–0.247
			(0.203)	(0.220)	(0.200)	(0.227)
D_TEACHER			0.440***	–0.625***	0.141	0.397***
			(0.166)	(0.167)	(0.172)	(0.149)
O_DOCTOR			0.071***	0.077***	0.075***	0.055***
			(0.019)	(0.018)	(0.018)	(0.019)
D_DOCTOR			0.038***	0.051***	0.033***	0.021***
			(0.008)	(0.011)	(0.010)	(0.008)
O_GREEN			–0.039	–0.084	–0.048	–0.066
			(0.080)	(0.084)	(0.078)	(0.079)
D_GREEN			0.189***	0.231***	0.182***	0.064
			(0.059)	(0.059)	(0.059)	(0.042)
O_SUBSIDY				–0.089	–0.170*	–0.069
				(0.116)	(0.097)	(0.111)

续表

变量	模型 5	模型 6	模型 7	模型 8	模型 9	模型 4
	PPML	PPML	PPML	PPML	PPML	PPML
	高技能劳动力	高技能劳动力	高技能劳动力	高技能劳动力	高技能劳动力	高技能劳动力
D_SUBSIDY				1.088***	0.340***	0.336***
				(0.067)	(0.097)	(0.076)
MSTOCK						0.027***
						(0.002)
O_COST						0
						(0.007)
D_COST						0.025***
						(0.005)
O_GDPGROWTH						–0.010
						(0.011)
D_GDPGROWTH						0.026**
						(0.010)
常数项	–54.316***	–48.077***	–59.256***	–19.631**	–50.345***	–36.286***
	(9.300)	(10.614)	(10.947)	(9.307)	(10.887)	(11.704)
省份固定效应	yes	yes	yes	yes	yes	yes
时间固定效应	yes	yes	yes	yes	yes	yes
对数伪似然值	–3 062 879.046	–3 027 563.091	–2 712 134.376	–2 837 176.032	–2 685 668.18	–2 237 219.926
伪 R^2	0.7460	0.7490	0.7750	0.7640	0.7770	0.8143
观测量	2790	2790	2790	2790	2790	2790

注：括号中标注聚类到各组的稳健标准误

*、**、***分别表示 $p<0.10$、$p<0.05$、$p<0.01$

结果显示，在所有的模型中，三个引力模型变量都对区域间高技能劳动力迁移产生影响，该影响非常稳健。根据基准模型结果（模型 4）可以发现，区域常住人口规模每增加 1%会引致迁出高技能劳动力增加 1.169%，会导致迁入的高技能劳动力增加 0.262%。人口规模对迁入高技能劳动力规模影响相对较小，这是因为人口规模的增加不仅意味着更加多的就业机会和规模经济，同时还意味着更加激烈的就业市场竞争。此外，迁移距离对高技能劳动力迁移的影响为负，且在不同模型中均显著。基准模型结果显示，迁移距离每增加 1%会引致高技能劳动力迁移规模下降约 0.746%。该结果说明距离仍然是影响中国高技能劳动力迁移的一个重要因素。距离效应的存在会导致高技能劳动力迁移和区域商品运输都要支付成本，这也为本书着重构建的 NESM 理论的相关假设提供了依据。

三、经济和地方品质因素对高技能劳动力迁移的影响

接下来实证工业部门导致的经济因素和地方品质部门导致的地方品质因素对两区域高技能劳动力迁移规模的影响效应（表 6.4）。模型 5 纳入名义工资变量组后发现，迁出地在岗职工平均工资虽然符号为负，但并不显著，而迁入地平均工资对高技能劳动力迁入产生显著为正的影响，该影响在不同的模型中均存在且稳健。模型 6 进一步纳入了省份的经济复杂度，可以发现，省份出口产品的多样性对高技能劳动力迁入产生显著的正向作用，但对其迁出的作用并不显著，且这种关系在不同模型中保持一致，说明其同样具有稳健性。以上实证结果说明了迁入地的名义工资和本地生产消费品多样性均对高技能劳动力迁入产生显著为正的影响，这为 NESM 理论假说 2 提供了充分的证据，即由工业部门生产和消费具有运输成本的商品所引致的劳动力区域名义收入差异及由生产消费品种类差异引致的价格指数差异对高技能劳动力迁入的影响。

为了实证地方品质因素对高技能劳动力迁移的影响，构建了模型 7、模型 8 和模型 9。其中，模型 8 仅纳入了自然舒适度、教育、医疗、城市景观舒适度和人才补贴力度共五组地方品质因素。结果显示，地区 1 月与 7 月温差对高技能劳动力迁入规模产生负向影响，这说明了自然舒适度对高技能劳动力迁移的驱动力。此外，每万人拥有执业医师数、每万人拥有城市公园数及人均财政收入都对高技能劳动力迁入产生影响，这在一定程度上实证了医疗健康服务、城市景观和人才补贴的作用。然而，与预期不符的是，地区每万名小学生拥有教师数对高技能劳动力迁入产生负向作用。模型 8 同时纳入了所有经济因素和除人才补贴外的地方品质因素，可以发现，在考虑到经济因素的影响后，教育变量的影响重新符合预期，而迁出地的自然舒适度也对高技能劳动力迁出产生拉力。然而，迁出地每万人拥有执业医师数同样对高技能劳动力产生正向作用，这种作用与预期不符，具体原因未知。

除了地方品质因素外，由地方品质部门导致的转移支付因素也需要得到验证。模型 9 进一步纳入了人才补贴因素，可以发现，迁出地的人才补贴对高技能劳动力迁出产生负向作用，但其他因素的影响效果大部分与模型 7 类似。在最后一列的基准模型中，纳入控制变量后的地方品质因素中，除迁出地人才补贴和城市景观舒适度因素影响不显著外，其余因素的影响作用与模型 9 类似。上述结果可以发现，尽管地方品质对高技能劳动力迁移影响的稳健性不如经济因素，但自然舒适度、基础公共服务（教育、医疗）及人才补贴都被发现与高技能劳动力迁移具有密切联系。相比之下，城市景观舒适度因素对高技能劳动力迁移的影响则不明确。该结果实证了 NESM 理论假说 3，即由地方品质种类和质量，以及由地方品

质部门地租而产生的转移支付都对高技能劳动力迁移产生显著作用。

基准模型的结果显示，在经济因素方面，地区在岗职工平均工资每增加 1%，会引起高技能劳动力迁入量增加约 1.341%；地区经济复杂度每增加 1%，会引起高技能劳动力迁入量增加约 0.126%。在地方品质因素方面，地区 1 月与 7 月平均温差每增加 1℃，会导致高技能劳动力迁入量下降约 0.038%，迁出量上升约 0.070%；地区每万名小学生拥有教师数提升 1%会引起高技能劳动力迁入量上升约 0.397%；地区每万人拥有执业医师数增加 1%会引起高技能劳动力迁入量提升 0.021%；地区人均财政收入每增加 1%会引起高技能劳动力迁入量增加 0.336%。该结果再次实证了 NESM 理论的假说 2 和假说 3，经济因素和地方品质因素共同决定了高技能劳动力的区域迁移。

进一步对比经济因素和地方品质因素的差异，可以发现，名义工资对高技能劳动力迁入的影响在所有变量中最大，相比经济因素，地方品质因素中除人才补贴外的因素对高技能劳动力区域迁移的作用力相对较小。另外，通过对比不同模型结果，也可以发现经济因素的影响非常稳健，而地方品质因素的影响效应稳健性不如经济因素。例如，在不控制经济因素时，教育因素的影响不符合预期。上述结果共同实证了 NESM 理论的假说 4，即由工业部门引起的经济因素差异对高技能劳动力的影响大于由地方品质部门引起的地方品质差异对高技能劳动力的影响。至此，NESM 理论的假说 2～4 均已通过 PPML 引力模型实证完毕。

四、迁入地“拉力”与迁出地“推力”对比分析

除了实证 NESM 理论假说外，上述模型结果也显示出一些值得探讨的结论。首先，无论对经济因素还是地方品质因素，其迁入地对高技能劳动力的影响多为显著，而迁出地对高技能劳动力的影响大多为不显著。这在一定程度上与模型中控制迁出省份的固定效应有关：由于来自同一地区的高技能劳动力受到一系列如文化相似性等不可观测因素的影响，经济因素和地方品质等因素对其迁出的推动作用不明确。其次，通过模型 1（未控制任何固定效应）和模型 3（未控制省份固定效应）的结果，也可以发现迁出地变量的显著个数仍然少于迁入地，而且其系数绝对值也大部分小于迁入地。上述结果反映出高技能劳动力迁移受到迁入地经济因素和地方品质因素的影响大于迁出地。该结论为地方政府制定政策的针对人群提供了借鉴：通过政策制定改善区域经济条件和公共服务水平以吸引外来人才迁入往往比减缓本地人才迁出趋势更有效力。

五、社会网络因素对高技能劳动力迁移的影响

控制变量也呈现出以下发现：首先，MSTOCK 与高技能劳动力迁移产生显著正向影响，来自同一迁出地且迁移至某迁入地的高技能劳动力占迁出地迁出高技能劳动力的比重每增加 1%会引起高技能劳动力迁移数量增加 0.027%。该发现说明了中国高技能劳动力迁移受到地方社会网络的影响，社会网络能够减少劳动力的融入成本，提升其居留意愿（古恒宇等，2020b）。其次，与预期不符的是，生活成本的提升会促进高技能劳动力迁入。这在一定程度上与我国部分发达地区高物价、高房价的现状有关，尽管生活成本日益攀升，但其带来的就业资源和公共服务等优势仍然引起大量人才的迁入。最后，地区经济发展有利于提升高技能劳动力的迁入，地区生产总值增长率每增加 1%会导致高技能劳动力迁入流增加约 0.026%。该结果表明，地方政府要保持经济平稳快速增长以吸引更多外来人才的落户。

六、影响因素随时间变化特征

地区经济因素和地方品质因素对高技能劳动力迁移的作用机制在不同时间节点上有何不同？为了解决这个问题，生成三个时间节点的虚拟变量，并将三个虚拟变量分别与迁入地、迁出地的地区经济因素和地方品质因素的代理变量构成交互项（表 6.5）。回归策略如下：首先，模型 10 加入引力变量、控制变量及地区经济因素与时间虚拟变量的交互项；其次，模型 11 加入引力变量、控制变量及地方品质因素与时间虚拟变量的交互项；最后，模型 12 加入引力变量、控制变量及经济因素和地方品质因素与时间虚拟变量的交互项。

表 6.5　纳入时间交互项后的 PPML 引力模型回归结果

变量	模型 10	模型 11	模型 12
	PPML	PPML	PPML
	高技能劳动力	高技能劳动力	高技能劳动力
O_POP	0.586	1.152*	1.416*
	(0.746)	(0.617)	(0.828)
D_POP	0.515***	–0.261***	0.323***
	(0.044)	(0.078)	(0.104)
DIST	–0.703***	–0.729***	–0.744***
	(0.052)	(0.055)	(0.055)
O_WAGE×2005	0.235		0.601
	(0.427)		(0.494)

续表

变量	模型 10	模型 11	模型 12
	PPML	PPML	PPML
	高技能劳动力	高技能劳动力	高技能劳动力
O_WAGE×2010	–0.208		–0.288
	（0.376）		（0.460）
O_WAGE×2015	–0.109		0.657
	（0.436）		（0.549）
D_WAGE×2005	3.258***		1.872***
	（0.174）		（0.312）
D_WAGE×2010	2.587***		1.598***
	（0.143）		（0.334）
D_WAGE×2015	1.562***		1.315***
	（0.231）		（0.300）
O_TECH×2005	–0.111		0.091
	（0.090）		（0.123）
O_TECH×2010	–0.036		–0.047
	（0.078）		（0.095）
O_TECH×2015	0.009		–0.068
	（0.101）		（0.126）
D_TECH×2005	0.009		0.103
	（0.062）		（0.115）
D_TECH×2010	0.147***		0.184**
	（0.048）		（0.078）
D_TECH×2015	0.339***		0.140
	（0.074）		（0.091）
O_WEATHER×2005		0.023	0.082*
		（0.041）	（0.048）
O_WEATHER×2010		0.021	0.066
		（0.046）	（0.050）
O_WEATHER×2015		0.023	0.079
		（0.046）	（0.051）
D_WEATHER×2005		–0.038***	–0.018**
		（0.007）	（0.009）
D_WEATHER×2010		–0.031***	–0.022***
		（0.007）	（0.008）

续表

变量	模型 10	模型 11	模型 12
	PPML	PPML	PPML
	高技能劳动力	高技能劳动力	高技能劳动力
D_WEATHER×2015		−0.055***	−0.049***
		(0.009)	(0.009)
O_TEACHER×2005		−0.788**	−0.881***
		(0.309)	(0.313)
O_TEACHER×2010		−0.132	−0.164
		(0.292)	(0.307)
O_TEACHER×2015		−0.516	−0.247
		(0.362)	(0.359)
D_TEACHER×2005		−0.110	0.236
		(0.340)	(0.337)
D_TEACHER×2010		−0.299	0.102
		(0.254)	(0.285)
D_TEACHER×2015		0.626**	1.147***
		(0.301)	(0.312)
O_DOCTOR×2005		0.051***	0.070***
		(0.020)	(0.022)
O_DOCTOR×2010		0.034	0.076**
		(0.023)	(0.031)
O_DOCTOR×2015		0.031	0.042
		(0.025)	(0.027)
D_DOCTOR×2005		0.032***	0.024*
		(0.011)	(0.013)
D_DOCTOR×2010		0.024*	0.022
		(0.013)	(0.019)
D_DOCTOR×2015		0.031***	0.012
		(0.011)	(0.012)
O_GREEN×2005		0.016	−0.128
		(0.127)	(0.172)
O_GREEN×2010		−0.178	−0.048
		(0.113)	(0.126)
O_GREEN×2015		−0.077	−0.069
		(0.105)	(0.105)

续表

变量	模型 10	模型 11	模型 12
	PPML	PPML	PPML
	高技能劳动力	高技能劳动力	高技能劳动力
D_GREEN×2005		0.289***	−0.020
		（0.088）	（0.111）
D_GREEN×2010		0.205***	−0.022
		（0.060）	（0.074）
D_GREEN×2015		0.038	0.080
		（0.068）	（0.064）
O_SUBSIDY×2005		0.024	−0.189
		（0.131）	（0.164）
O_SUBSIDY×2010		0.168	0.048
		（0.128）	（0.135）
O_SUBSIDY×2015		0.104	−0.029
		（0.129）	（0.130）
D_SUBSIDY×2005		1.007***	0.397***
		（0.074）	（0.096）
D_SUBSIDY×2010		0.792***	0.264***
		（0.063）	（0.088）
D_SUBSIDY×2015		0.831***	0.237**
		（0.077）	（0.099）
MSTOCK	0.031***	0.030***	0.028***
	（0.002）	（0.002）	（0.002）
O_COST	0.003	0（0.008）	0.004
	（0.007）		（0.008）
D_COST	0.022***	0.022***	0.023***
	（0.005）	（0.005）	（0.006）
O_GDPGROWTH	−0.010	−0.014	−0.011
	（0.011）	（0.012）	（0.012）
D_GDPGROWTH	−0.001	0.003	0.010
	（0.013）	（0.013）	（0.014）
常数项	−30.223**	−17.830	−45.253***
	（13.369）	（11.510）	（16.376）
省份固定效应	yes	yes	yes
时间固定效应	yes	yes	yes

续表

变量	模型 10	模型 11	模型 12
	PPML	PPML	PPML
	高技能劳动力	高技能劳动力	高技能劳动力
对数伪似然值	–2 317 464.015	–2 269 861.6	–2 186 539.862
伪 R^2	0.807 6	0.811 5	0.818 5
观测量	2 790	2 790	2 790

注：括号中标注聚类到各组的稳健标准误

*、**、***分别表示 $p<0.10$、$p<0.05$、$p<0.01$

模型 10 的结果显示，尽管迁出地的在岗职工年平均工资和经济复杂度都与高技能劳动力迁出无关，但二者都会促进高技能劳动力的迁入。在岗职工年平均工资对高技能劳动力迁入的影响在 2000～2005 年、2005～2010 年、2010～2015 年三个时段呈现弱化的态势，而经济复杂度的影响则呈现强化的态势。模型 11 的结果显示，迁入地自然舒适度对高技能劳动力迁入的影响在时间上呈现先弱后强，总体强化态势，教育则呈现逐渐强化的影响，而医疗的影响几乎不随时间变化，城市景观舒适度的影响呈现逐步弱化的态势。此外，人才补贴的影响也呈现出先弱后强的特征。

模型 10 与模型 11 并未控制所有变量，而模型 12 纳入了所有变量，我们发现：总体上看，收入因素（包括经济因素与人才补贴）对高技能劳动力迁移的影响随时间呈现出逐步弱化的态势，而除医疗因素外，其余地方品质因素的影响随时间呈现出逐步强化的态势。经济因素中，名义工资增加 1%对高技能劳动力迁入的影响弹性从 2000～2005 年的 1.872%下降至 2010～2015 年的 1.315%；迁入地经济复杂度的影响曾在 2005～2010 年显著，但 2010～2015 年则变为不显著。地方品质部门导致的政府转移支付同样以货币的形式提升高技能劳动力的收入效应，而该变量的弹性也呈现出逐年下降的趋势。相对而言，地方品质方面，迁入地 1 月与 7 月平均温差减少 1℃对高技能劳动力迁入的促进作用从 2000～2005 年的 0.018%增加到 2010～2015 年的 0.049%；教育对高技能劳动力迁入的影响在 2000～2010 年不显著，但在 2010～2015 年变为显著。医疗是地方品质因素的特例，结果显示，2000～2005 年每万人拥有执业医师数对高技能劳动力迁入产生正向促进作用，但此后医疗因素的影响不显著。与总模型类似，城市景观舒适度对高技能劳动力迁移的影响也可以忽略不计。

七、高技能劳动力与普通劳动力影响因素对比分析

对不同劳动力迁移机制的异同进行异质性分析会提供更多具有参考意义的结论，PPML 引力模型同样可以为异质性劳动力迁移机制差异提供证据。为此，构建了模型 13，将被解释变量替换为中国 31 个省级行政区划单位区域间的普通劳动力（学历为大专以下）迁移数量。将模型 4 的结果与模型 13 的结果进行对比，即可分析异质性劳动力迁移机制的差异。如表 6.6 所示，与预期相符的是，普通劳动力迁移受到迁出地人口规模、迁移距离、迁入地名义工资、迁入地经济复杂度、迁入地城市景观舒适度的影响；与高技能劳动力迁移不同，普通劳动力迁移并不受迁入地人口规模、迁入地及迁出地自然舒适度、迁入地人才补贴的影响[①]。此外，教育和医疗公共服务对普通劳动力迁入的影响为负，并不符合预期。从影响程度角度上看，普通劳动力受迁出地人口、空间距离、迁入地名义工资的影响比高技能劳动力更大。在控制变量方面，普通劳动力与高技能劳动力受社会网络因素的影响相当。

表 6.6　高技能劳动力和普通劳动力迁移机制对比

变量	模型 4	模型 13
	PPML	PPML
	高技能劳动力	普通劳动力
O_POP	1.169**	1.546***
	(0.530)	(0.469)
D_POP	0.262***	0.238
	(0.096)	(0.196)
DIST	–0.746***	–0.920***
	(0.057)	(0.076)
O_WAGE	0.128	–0.557
	(0.367)	(0.379)
D_WAGE	1.341***	1.444***
	(0.198)	(0.333)
O_TECH	–0.023	0.005
	(0.072)	(0.072)
D_TECH	0.126***	0.174**
	(0.047)	(0.079)

① 政府转移支付（补贴）仅对高技能劳动力迁移产生影响，这再次为理论模型的设置以及变量选取提供了依据。

续表

变量	模型 4	模型 13
	PPML	PPML
	高技能劳动力	普通劳动力
O_WEATHER	0.070**	0.012
	(0.030)	(0.031)
D_WEATHER	−0.038***	0.004
	(0.006)	(0.011)
O_TEACHER	−0.247	0.021
	(0.227)	(0.241)
D_TEACHER	0.397***	−0.504*
	(0.149)	(0.303)
O_DOCTOR	0.055***	0.001
	(0.019)	(0.022)
D_DOCTOR	0.021***	−0.034***
	(0.008)	(0.011)
O_GREEN	−0.066	−0.110
	(0.079)	(0.094)
D_GREEN	0.064	0.604***
	(0.042)	(0.078)
O_SUBSIDY	−0.069	−0.096
	(0.111)	(0.094)
D_SUBSIDY	0.336***	0.132
	(0.076)	(0.153)
MSTOCK	0.027***	0.026***
	(0.002)	(0.003)
O_COST	0.000	−0.022***
	(0.007)	(0.009)
D_COST	0.025***	−0.015
	(0.005)	(0.010)
O_GDPGROWTH	−0.010	−0.006
	(0.011)	(0.011)
D_GDPGROWTH	0.026**	0.013
	(0.010)	(0.013)
常数项	−36.286***	−17.517
	(11.704)	(12.877)

续表

变量	模型 4	模型 13
	PPML	PPML
	高技能劳动力	普通劳动力
省份固定效应	yes	yes
时间固定效应	yes	yes
对数伪似然值	–2 237 219.926	–20 449 729.43
伪 R^2	0.814 3	0.812 7
观测量	2 790	2 790

注：括号中标注聚类到各组的稳健标准误

*、**、***分别表示 $p<0.10$、$p<0.05$、$p<0.01$

造成上述差异机制的原因主要如下：首先，普通劳动力的人力资本更低，在就业市场上的竞争力也更弱，因此迁入地的市场规模增加所造成的劳动力市场竞争和发展机遇共同影响普通劳动力迁入，两种效应抵消造成对迁入地人口规模的影响变为不显著。另外，普通劳动力也更容易受到地区生活成本增加的排斥，因此同时依赖社会网络构建所带来的利好。普通劳动力克服地理距离带来的差异性和成本的能力相对较弱，因而受到地理距离的影响也更大。其次，普通劳动力的迁移目的主要是就业以获得更高的劳动报酬，因而地区工业部门引起的经济因素（名义工资、经济复杂度）对普通劳动力迁入的影响比对高技能劳动力迁入的影响更大。名义工资的变化和地区经济复杂度会对普通劳动力产生更大的影响。再次，我国的城市公共服务多与地区的户籍获得所绑定，这导致更难获得本地户口的普通劳动力受到地区医疗、教育等基础公共服务的影响与预期不符。本章的模型发现，地区医疗、教育公共服务质量和种类的提升甚至会将普通劳动力推离本地。一个可能的解释是公共服务的提升增加了地区户籍含金量，从而提高了地区的住房价格，引起普通劳动力迁入的减少。最后，相比高技能劳动力，普通劳动力迁移不受地区自然舒适度的影响。

通过对比异质性劳动力迁移机制的差异，可以发现，高技能劳动力受经济因素和地方品质因素的共同驱动，而普通劳动力主要受经济因素的驱动，受地方品质因素的驱动较弱。另外，除了迁入地人口规模外，高技能劳动力受引力模型因素的影响较普通劳动力而言较小。以上结果的政策启示是：提升公共服务水平和城市生活品质会对高技能劳动力迁入的影响产生更大的效果，而如果要提升广大的普通劳动力数量，则应主要从经济因素的角度制定政策，如提升就业市场保障、控制物价水平、提升普通劳动力平均工资等。

第五节　基于 ESF Hurdle 引力模型的拓展实证分析

一、ESF Hurdle 引力模型构建的背景

引力模型凭借良好的数据拟合和简洁的模型设定被大量运用于劳动力迁移机制的分析中，然而，引力模型对劳动力迁移流相互独立的假设显然在大多数的现实情况下不成立。由于外部性、干预机会、目的地竞争等因素的影响而出现的地理临近迁移流之间的空间溢出被发现是普遍存在的（古恒宇等，2019b；蒲英霞等，2016），迁移流之间相互独立的假设被打破，得到的估计结果也因内生性的存在导致一系列的偏误。另外，相比传统引力模型，尽管 PPML 引力模型很好地解释了零值迁移流的问题，但在我国实际的数据可获得情况下，1/1000 微观数据的抽样误差往往会导致数据的零膨胀，使得传统的泊松、负二项等针对计数数据的引力模型也无法得到准确的预测。此外，造成零膨胀的另一个原因是在实际迁移过程中，劳动力在进行“是否进行迁移”及“迁移至何处”的决策过程具有差异，导致数据是否非零与非零迁移规模的决定因素可能出现差异。更为精准的建模分析将带来更为严谨的结论，从而为政策制定者和学者提供有效的参考。

1. 高技能劳动力迁移实证计量模型中的零膨胀问题

零膨胀问题是（高技能）劳动力迁移数据中时常呈现的现象。造成零膨胀数据的最为主要的原因是数据抽样比。例如，使用普查及抽样调查微观数据得到的 2005～2010 年高技能劳动力迁移数量中存在大量的零值，而如果观察官方公开的由 1/10 抽样数据得到的省际人口迁移规模，则不会有零值存在。在抽样比较小的情况下，部分省份之间较小的高技能劳动力迁移流并未被抽样，因此体现为零值。随着越来越多的研究开始使用来源于各类人口普查和抽样调查微观数据集，从而使研究特定群体劳动力迁移问题（如老年迁移、青年迁移、女性迁移）成为可能，这种由抽样导致的劳动力迁移零膨胀的问题将变为一个急需解决的问题。目前，我国由于对人口迁移的定义存在特殊性，使得需要获得严谨的迁移数据，必须要通过 10 年一次的人口普查和抽样调查数据，从而导致了零膨胀问题解决的必要性。

造成劳动力迁移数据中零膨胀的另一个重要原因是人口个体在迁移决策时的两阶段特性。例如，根据 Fotheringham（1983）提出的目的地竞争模型，人口在迁移决策时首先会选择一组目的地，然后再进行唯一的目的地选择。这本质上就是一个两阶段决策特性。上述特性在空间汇总数据上的体现是，零值迁移流和非零迁移流受到的影响因素往往是不同的，因为个体进行是否迁移决策时的迁移函

数可能不同。另外，本书的 NESM 理论模型具有与传统新经济地理学模型相似的性质，即存在一个贸易自由度的突破点 ϕ_b，当 $\phi \leqslant \phi\_b$ 时，地区间的商品运输成本很大，导致呈现出稳定或不稳定的对称均衡，此时，贸易自由度的边际变化不会导致高技能劳动力的区域迁移，而当 ϕ 突破了 ϕ_b 时，对称均衡被突破，稳定的核心边缘结构出现，此时在经济效应和地方品质效应的影响下，高技能劳动力会源源不断流向北方，直到达到完全集聚。尽管 NESM 理论模型描述的是一种理论化的数学状态，但这种内生集聚的突发式依然预示着两区域高技能劳动力迁移的两阶段特征：在无任何劳动力流动（对称均衡）的状态下和在大量劳动力集聚（集聚均衡）的状态下，高技能劳动力区域迁移所受到的作用机理（也许）存在差异性。这种机制也成为导致劳动力迁移数据出现零膨胀的一个重要原因。

PPML 引力模型已经在一定程度上解决了零值的问题，相比 OLS 模型，PPML 引力模型能够考虑到零值的存在性，并对数据条件均值而非对数值直接进行估计，使得模型更加准确（Gu et al.，2022）。尽管 PPML 引力模型在零值存在的情况下仍然得到一致性的估计，但当数据存在零膨胀时，需要使用更加精确化的计量模型。零膨胀导致的最主要问题是模型预测精度的下降，如使用经典的泊松模型或负二项模型（NB2）在零膨胀的情况下往往会导致对零的低估（Cameron and Trivedi，2013）。对零膨胀的解决方法主要通过构建零膨胀模型（zero-inflated model）和 Hurdle 模型来实现，考虑到上述的两阶段影响因素假说，Hurdle 模型更适用于研究中国高技能劳动力的迁移。Xu 等（2015）发现在没有结构性的零数据时，Hurdle 模型比零膨胀模型的稳健性更高[①]。Hurdle 模型最早由 Mullahy（1986）提出，其最基本的思想是认为数据的生成过程分为两阶段，第一阶段是零值数据与非零数据的二元选择问题，第二阶段是零截尾计数的生成过程。这种两阶段性使得 Hurdle 模型的对数似然函数可以看作第一阶段和第二阶段模型对数似然函数的累加，而分别对两个阶段的对数似然函数进行最大化计算，就可以得到 Hurdle 模型对数似然函数的最大值，因此可以对函数进行极大似然估计（maximum likelihood estimation，MLE）。具体而言，Hurdle 模型的第一阶段可以是 Logistic 模型、Probit 模型等，而第二阶段可以是泊松模型、负二项模型等。然而，目前为止，尚未出现使用 Hurdle 模型对我国劳动力迁移问题进行研究的先例[②]。

---

① 零膨胀模型与 Hurdle 模型的主要区别在于零膨胀模型假设有两个阶段的数据生成过程，一个阶段只生成零值，另一个阶段会生成少数零值；而 Hurdle 模型中的两阶段，一个阶段只生成零值，另一个阶段只生成非零值。换言之，Hurdle 模型暗含了零值和非零值生成机制完全不同的假设。具体可参考 Mullahy（1986）。

② 这主要是由于现有的劳动力迁移研究对象多为劳动力规模总体，而该数据不存在零膨胀问题；目前仅有的少数几篇关于特定组别劳动力迁移的文章并未使用 Hurdle 模型。

2. 高技能劳动力迁移实证计量模型中的网络自相关问题

传统劳动力迁移模型中的另一个显著的问题是网络自相关问题，该问题对具有更高人力资本和知识溢出效应下的高技能劳动力迁移而言更加重要。第二章第二节的第四部分已经对高技能劳动力迁移的空间效应机制进行了梳理和总结，在此不再赘述。网络自相关意味着相邻的高技能迁移流之间产生相互作用，由此违背了传统引力模型中的独立误差假设，造成估计偏误。

从引力模型角度而言，考虑了网络自相关的影响，使其拓展为空间计量交互模型。空间计量交互模型中不仅纳入几项引力模型基本项，还纳入了相应的空间溢出项，包括因变量空间溢出项、自变量（包括迁出地、迁入地）空间溢出项及误差项空间溢出项。因此，一种解决网络自相关问题的处理方式是，构建空间计量交互模型对区域间迁移流量的建模，从而考虑到相邻地区迁移流量的影响。Lesage 和 Pace（2008）首次构建了一个一般化的空间计量交互模型体系。Lesage 和 Pace（2008）定义了三种空间依赖模式：基于迁出地的空间依赖、基于迁入地的空间依赖和基于迁移流的空间依赖。三种空间依赖模式可以经 Kronecker 积的方式通过空间权重矩阵得到：假设研究区域有 n 个空间，其空间全局矩阵为 $\boldsymbol{W}$，则衡量迁入地空间依赖的网络权重矩阵 $\boldsymbol{W}_o$ 等于 $\boldsymbol{W}\otimes\boldsymbol{I}_n$，衡量迁出地空间依赖的网络权重矩阵 $\boldsymbol{W}_d$ 等于 $\boldsymbol{I}_n\otimes\boldsymbol{W}$，而基于迁移流的网络权重矩阵 $\boldsymbol{W}_W$ 可以表示为 $\boldsymbol{W}\otimes\boldsymbol{W}$，其中 $\boldsymbol{I}_n$ 为 $n\times n$ 的单位矩阵。随后，Chun（2008）对网络权重矩阵的定义增加了一种考虑迁移流间空间依赖的网络权重矩阵 $\boldsymbol{W}_c=\boldsymbol{W}\oplus\boldsymbol{W}$，该矩阵成为目前研究中被相对广泛使用的矩阵（古恒宇等，2019a，2019b；蒲英霞等，2016；Chun and Griffith，2011；Gu et al.，2019；Liu and Shen，2017）。据此，一般化的空间计量交互模型表示为

$$y=\rho_d\boldsymbol{W}_d y+\rho_o\boldsymbol{W}_o y+\rho_w\boldsymbol{W}_w y+\alpha\boldsymbol{l}_N+X_d\beta_d+X_o\beta_o+\gamma d+\varepsilon \tag{6.3}$$

式中，$N=n^2$；y 为 $N\times1$ 的人口迁移流；ρ_d,ρ_o,ρ_w 分别为三个空间溢出项的系数；$\boldsymbol{l}_N$ 为 $N\times1$ 的 1 向量；α 为相应的常数项；X_d 和 X_o 分别为迁入地和迁出地的变量，β_d,β_o 分别为其估计系数；d 为迁移距离，γ 为其系数；ε 为独立误差项。根据 ρ_d,ρ_o,ρ_w 的关系，式（6.3）可以进一步演变为九种不同的空间计量交互模型。

另一种解决网络自相关问题的处理手段是空间滤波。空间滤波是通过分离模型中的空间结构随机分量以表示空间自相关效应的一种方法（古恒宇等，2019b）。空间滤波主要分为三种方法：自回归线性算子、Getis'G 算法（Getis'G filtering）与 ESF 方法。其中，由于更好的灵活性、数据限制较小、更适用于处理模型内生性问题等原因，ESF 成为目前主流的空间滤波模型（古恒宇等，2019a，2019b）。

ESF 将区域人口迁移理解为趋势、空间结构信息、随机噪声三部分（Ord and Getis，1995；Morrison et al.，2004）。

ESF 引力模型（ESF gravity model，ESF GM）是目前在处理劳动力迁移网络自相关效应方面应用最为广泛的模型之一。ESF GM 的处理步骤如下：首先，构建一个转化后的空间权重矩阵，该矩阵可以分解成特征向量与对应特征值的组合（Griffith and Chun，2014）。

$$\left(\boldsymbol{I}-\frac{\boldsymbol{AA'}}{n}\right)\boldsymbol{S}\left(\boldsymbol{I}-\frac{\boldsymbol{AA'}}{n}\right)=\boldsymbol{E\Lambda E'} \tag{6.4}$$

式中，$\boldsymbol{I}$ 为 $n\times n$ 维单位矩阵；$\boldsymbol{A}$ 为表征数值 1 的 $n\times 1$ 维矩阵；$\boldsymbol{S}$ 为 $n\times n$ 维空间权重矩阵（揭示区域单元间的相邻关系）；$\boldsymbol{E}$ 为特征向量矩阵；$\boldsymbol{\Lambda}$ 为含有特征值的对角矩阵。其次，可计算各特征向量的对应莫兰指数，按照阈值（$\mathrm{MC}_i/\mathrm{MC}_{\max}\geqslant 0.25$）挑选出候选向量。最后，通过逐步回归法筛选出能够显著表达自相关效应的特征向量并将其纳入模型。经过层层筛选后，特征向量的线性组合将能够过滤掉模型中的空间自相关效应，同时误差项的自相关程度将会降低，渐趋于随机分布。

基于转化后的空间权重矩阵生成特征向量与特征值，被证明与莫兰指数的大小排序一一对应且相互之间正交、相关性为零。通过设定阈值大小与逐步回归的条件，不同的特征向量能够被加入到不同形式的引力模型中（Griffith，2009；Tiefelsdorf and Boots，1995）。

$$y_{ij}=g(p_i,p_j,d_{ij},\boldsymbol{X}_i',\boldsymbol{X}_j',\boldsymbol{E}_{ij}') \tag{6.5}$$

式中，$\boldsymbol{E}_{ij}'$ 为两区域间选取后的代表性特征向量的转置。引力模型 $y=g(\cdot)$ 可以被设定为负二项模型、泊松模型、多层模型、零膨胀模型等多种形式，这体现出了 ESF 的灵活性。

二、稳健性检验框架

基于对数据零膨胀和网络自相关的考量，本章在前文引力模型框架的基础上，构建了一个更为完善的实证框架。与第五章框架相似，同样需要纳入引力模型的三个核心变量、迁入地与迁出地经济效应和地方品质效应的相关代理变量、相关控制变量。假设 OD 为从 O 到 D 的一条高技能劳动力迁移流，OD 迁移流规模受到 O 地和 D 地经济因素、地方品质因素和其他因素的共同影响，同时会呈现出距离衰减效应；根据 Stouffer（1940，1960）的干预机会模型，可知 OD 高技能劳动力迁移规模会受到相邻迁出地但目的地相同的迁移流 O′D 的影响，这是因为 O 地的相关因素与 O′地的相关因素产生了联系；根据 Fotheringham（1983）的目的地竞争模型，OD 的迁移规模会受到目的地相同但迁出地相邻的迁移流 OD′的影响，这是因为人们在选择目的地时会受到相邻目的地的影响，因为具有类似关联的经济与地方品质等因素。因此，本章的框架需要充分考虑到 OD 迁移流受到网络自相关的效应。

进一步在上述实证框架中考虑零膨胀问题，基于前文的论述，本章假设区域之间是否产生高技能迁移流和区域之间产生的非零高技能迁移流规模是由两个过程导致的，因此运用一个 Hurdle 引力模型框架来讨论这一情况。在第一阶段和第二阶段，经济因素、地方品质因素和其他因素都有可能对高技能劳动力迁移产生影响，而两个阶段也都需要同时纳入对网络自相关的考虑。

前文已经给出了符合本章实证框架的引力模型的基本设定。

$$M_{ij} = \beta_0 P_i^{\beta_1} P_j^{\beta_2} D_{ij}^{\beta_3} W_i^{\beta_4} W_j^{\beta_5} G_i^{\beta_6} G_j^{\beta_7} L_i^{\beta_8} L_j^{\beta_9} S_i^{\beta_{10}} S_j^{\beta_{11}} \tag{6.6}$$

式（6.6）考虑到了迁出地与迁入地的人口规模、迁移距离、名义工资、经济复杂度、地方品质和人才补贴。另外，还需要加入相关的控制变量（如社会网络因素）、时间固定效应、省份固定效应，以及相应的对网络自相关的控制变量，最终可以得到本章的回归模型框架。

三、实证模型构建

1. Hurdle 引力模型

Hurdle 引力模型是本章研究高技能劳动力迁移的基础模型。使用一个二元 Logistic 模型来分析区域之间是否会产生迁移联系，如果产生了，那么“门栏被跨过”（hurdle is crossed），一个计数模型用来分析区域间非零的迁移流的流量有多大。在本章使用的 2000～2015 年高技能（或普通）劳动力数据中，数据的方差远远大于均值，这在一定程度上违背了泊松分布对数据均值与方差相等的离散平衡假设。因此，对 Hurdle 引力模型的非零部分，本章采取更符合数据分布规律的负二项回归模型[①]（Long and Freese，2014）。令 y_{ijt} 代表 t 时刻由地区 i 迁移至地区 j 的迁移规模观测量，在 Hurdle 引力模型的语境下，可以给出 y_{ijt} 的非条件概率质量函数（unconditional probability mass function）：

① 本质上为零截尾负二项模型（NB2）。

$$\Pr(Y_{ijt}=y_{ijt})=\begin{cases} p_{ijt}, & y_{ijt}=0 \\ \dfrac{1-p_{ijt}}{1-\left(\dfrac{\alpha}{\alpha+\theta_{ijt}}\right)^{\alpha}}\dfrac{\Gamma(y_{ijt}+\alpha)}{y_{ijt}!\,\Gamma(\alpha)}\left(\dfrac{\alpha}{\alpha+\theta_{ijt}}\right)^{\alpha}\left(\dfrac{\theta_{ijt}}{\alpha+\theta_{ijt}}\right)^{y_{ijt}}, & y_{ijt}>0 \end{cases} \tag{6.7}$$

式中，p_{ijt} 为 t 时刻地区间产生零值迁移流的概率；$\Gamma(\cdot)$ 为伽马分布函数；α 为用来刻画过度离散的系数，当 $\alpha = 0$ 时，负二项回归退化为泊松回归。使用 θ_{ijt} 来表示负二项回归的条件均值，$\boldsymbol{x}_{1k}$ 和 $\boldsymbol{x}_{2p}$ 分别表示 Logistic 回归和负二项回归的自变量列向量，则

$$\ln\left(\frac{p_{ijt}}{1-p_{ijt}}\right)=\boldsymbol{x}_{1k}'\boldsymbol{\beta}_1,\quad \ln(\theta_{ijt})=\boldsymbol{x}_{2p}'\boldsymbol{\beta}_2 \tag{6.8}$$

式中，$\boldsymbol{\beta}_1$ 和 $\boldsymbol{\beta}_2$ 分别为 $\boldsymbol{x}_{1k}$ 和 $\boldsymbol{x}_{2p}$ 的系数向量。

在引力模型的背景下，$\boldsymbol{x}_{1k}$ 需要包含 i 地的人口规模、j 地的人口规模、ij 两地间的地理距离，以及一系列 i 地和 j 地的社会经济变量。

进一步，令 $s_{ijt}=\alpha/(\alpha+\theta_{ijt})$，则有 $1-s_{ijt}=\theta_{ijt}/(\alpha+\theta_{ijt})$。此时，可以给出 Hurdle 引力模型的对数似然函数：

$$\begin{aligned} L &= L_1(\boldsymbol{\beta}_1)+L_2(\boldsymbol{\beta}_2) \\ &= \sum\nolimits_{i\neq j}\left\{L_{\{y_{ijt}=0\}}\ln(p_{ijt})+L_{\{y_{ijt}>0\}}\left[\ln(1-p_{ijt})-\ln(1-s_{ijt}^{\alpha})\right.\right. \\ &\quad \left.\left.+\alpha\ln(s_{ijt})+y_{ijt}\ln(1-s_{ijt})+\ln\frac{\Gamma(y_{ijt}+\alpha)}{\Gamma(\alpha)y_{ijt}!}\right]\right\} \end{aligned} \tag{6.9}$$

式中，对数似然函数 L 可以表示为 Logistic 模型的对数似然函数 $L_1(\boldsymbol{\beta}_1)$ 和零截尾负二项模型的对数似然函数 $L_2(\boldsymbol{\beta}_2)$ 之和，这一性质意味着对 Hurdle 引力模型的极大似然估计可以分解为对模型两部分的极大似然估计。

2. ESF

ESF 使用提取后的表征空间自相关的特征向量作为控制变量加入模型，达到“过滤”空间自相关的效果。这些特征向量将数据中的空间结构信息从趋势和随机噪声中分离出来，使得模型的随机噪声（误差项）满足独立同方差分布，减低内生性的问题。Lesage 和 Pace（2008）主要定义了 $\boldsymbol{W}_o, \boldsymbol{W}_d, \boldsymbol{W}_w$ 三种网络权重矩阵，分别考虑基于迁出地的网络自相关、基于迁入地的网络自相关和同时考虑迁出地与迁入地的网络自相关。对比而言，$\boldsymbol{W}_w$ 被更为广泛地运用在实证研究中（古恒宇

等，2019a，2019b；蒲英霞等，2016；Chun and Griffith，2011；Gu et al.，2019，2020a；Liu and Shen，2017）。由于本章考虑中国省际高技能劳动力迁移，31 个省级行政区划单位间共有 31×31－31=930 条迁移流，因此，$\boldsymbol{W}_w$ 为一个 930×930 的 0/1 矩阵，1 表示迁移流之间存在空间关联，0 表示不存在空间关联。

ESF 的实现步骤如下：构建一个投影矩阵 $\boldsymbol{M}=\boldsymbol{I}-\frac{\boldsymbol{11}'}{N}$，式中，$\boldsymbol{1}$ 为一个 930×1 的由 1 组成的列向量；$\boldsymbol{I}$ 为单位矩阵；N 为迁移流的数量 930。此时，$\boldsymbol{M}$ 可以对 $\boldsymbol{W}_w$ 实现中心化，并可计算出特征向量和特征值。

$$\boldsymbol{M}\boldsymbol{W}_w\boldsymbol{M}=\boldsymbol{E}\boldsymbol{\Lambda}\boldsymbol{E}' \tag{6.10}$$

式中，$\boldsymbol{E}$ 为特征向量矩阵；$\boldsymbol{\Lambda}$ 为特征值的对角矩阵。有关 ESF 的推导过程和性质的证明见附录 A。

特征向量矩阵 $\boldsymbol{E}$ 中的特征向量满足正交性和排序性（古恒宇等，2019b），前者保证了任意两个特征向量之间是相互独立的，因此，每个特征向量表征一种独一无二的网络自相关格局；后者保证了具有最大特征值对应的特征向量也具有最高网络自相关（莫兰指数最大）。排序第二的特征值对应的特征向量具有第二高的网络自相关，排序最后的特征值对应的特征向量具有最小的网络自相关。一般而言，选取莫兰指数与最大莫兰指数比值超过 0.25 的特征向量作为代表性特征向量，然后使用逐步回归等方法进行进一步的向量筛选，然后加入模型。

3. ESF 与 Hurdle 引力模型的结合

ESF 的灵活性主要体现在其只要求选取出一系列网络自相关的控制变量，通过该手段“过滤”网络自相关的作用。因此，将 ESF 技术引入 Hurdle 引力模型并非不可实现。根据目的地竞争理论，迁移至某一目的地的劳动力会受到迁移至其周边地区的劳动力的影响，据此，本章假设网络自相关同时出现在地区间是否产生迁移及地区间产生的迁移规模两个过程之中[①]。因此，我们将选取出来的特征向量同时加入 Logistic 回归和零截尾负二项回归之中，式（6.8）变为

$$\ln\left(\frac{p_{ij}}{1-p_{ij}}\right)=\boldsymbol{x}'_{1k}\boldsymbol{\beta}_1+\boldsymbol{e}'_q\boldsymbol{\gamma}_1,\ \ln(\theta_{ij})=\boldsymbol{x}'_{2p}\boldsymbol{\beta}_2+\boldsymbol{e}'_q\boldsymbol{\gamma}_2 \tag{6.11}$$

式中，$\boldsymbol{e}_q(\boldsymbol{e}_1,\boldsymbol{e}_2,\cdots,\boldsymbol{e}_q)$ 为选取出来的特征向量；$\boldsymbol{\gamma}_1$ 和 $\boldsymbol{\gamma}_2$ 分别为相应的系数列向量[②]。其中，尽管加入了一系列控制变量，但并未改变模型的设定，因此 ESF Hurdle

① 事实上，也可以仅对 Hurdle 引力模型的第一部分或第二部分单独控制网络自相关。本章假设一个更为一般性的情况，即同时在两个部分都存在网络自相关。

② 该系数没有实际意义，因为特征向量仅仅是控制变量。

引力模型的对数似然函数同样可以写成分开的两部分（具体证明见附录 B）。式（6.11）仍是引力模型的设定，被解释变量为区域迁移流，解释变量包括引力模型变量，特征向量本质上也是反映“流”的变量。通过引入这些特征向量，由于控制了网络自相关的影响，模型的拟合程度和预测能力有望得到提升，而模型受网络自相关的影响从而降低出现的估计偏误。

四、模型适用性分析

本节所使用的数据与前文相同，来源于 2005 年、2015 年全国 1%人口抽样调查和 2010 年第六次全国人口普查的微观数据库。首先，对 PPML 引力模型、ESF PPML 引力模型、Hurdle 引力模型、ESF Hurdle 引力模型的性能进行比较；其次，对模型结果进行分析。

对于 2000～2015 年的中国省际高技能迁移劳动力数据而言，网络自相关和零膨胀都是很明显的特性。2000～2005 年、2005～2010 年、2010～2015 年高技能劳动力迁移的莫兰指数分别为 0.392、0.408、0.381，在 1%的水平上显著（表 5.7）；2790 条高技能劳动力迁移流中有 39.6%的数据是零值迁移流。作为对比，2000～2005 年、2005～2010 年、2010～2015 年普通劳动力迁移数据同样显示出网络自相关和零膨胀的特征，其莫兰指数分别为 0.393、0.374、0.357，在 1%的水平上显著；2790 条普通劳动力迁移流中有 20.2%的数据是零值迁移流。进入模型的解释变量与第五章相同，被解释变量为 2000～2005 年、2005～2010 年、2010～2015 年省际高技能劳动力迁移规模，解释变量为三个引力变量（期初迁入地与迁出地的人口规模、迁移距离）、经济效应代理变量（期初迁出地与迁入地在岗职工年平均工资、期初迁出地与迁入地经济复杂度）、地方品质代理变量（期初迁出地与迁入地 1 月与 7 月温差、期初迁出地与迁入地每万名小学生拥有教师数、期初迁出地与迁入地每万人拥有执业医师数、期初迁出地与迁入地每万人拥有城市公园数、期初迁出地与迁入地人均财政收入）、控制变量（期初从迁出地前往迁入地的高技能劳动力规模与迁出地迁出高技能劳动力总数比、期初迁出地与迁入地居民全年生活性消费支出占可支配收入的比重、期间迁出地与迁入地地区生产总值平均增速）。上述变量的描述性统计和解释可以在前文中找到，此处不再赘述。解释变量为期初变量有助于在一定程度上缓解内生性问题。此外，变量两两之间的相关系数均低于 0.8，说明不存在严格的多重共线性问题。

为了对比不同模型的性能差异，我们分别构建了 PPML 引力模型、ESF PPML 引力模型、Hurdle 引力模型和 ESF Hurdle 引力模型（表 6.7）。分别对 PPML 引力模型和 Hurdle 引力模型加入筛选后的特征向量构建空间滤波模型。其中，空间滤波算子的筛选遵循以下规则：首先，以 0.25 为阈值选取莫兰指数与最大莫兰指数比值超过 0.25 的向量；其次，使用向前逐步回归的方法，设定显著性为 0.05，使用双向固定效应负二项面板模型作为基础模型，自动选取出最终的特征向量对；最后，对高技能劳动力，共选取出九个特征向量。将这些向量以变量的形式加入模型，发现 PPML 引力模型和 Hurdle 引力模型残差的莫兰指数都较之前出现下降（尽管仍然显著），且模型的 AIC 和 BIC 均出现不同幅度的下降，这说明了空间滤波模型较非空间滤波模型而言，在控制了网络自相关的影响后，模型的解释力得到了较大幅度的提升。残差中的网络自相关被过滤，有利于提升模型的拟合能力，降低模型的内生性。此外，无论是 PPML 引力模型还是 ESF PPML 引力模型，都低估了零值的概率，而 ESF Hurdle 引力模型则由于第一阶段为 Logistic 模型的原因，能够估计出与实际数据完全一致的零值概率。据此，ESF Hurdle 引力模型无论是对网络自相关的处理还是对零膨胀的处理均优于传统的 PPML 引力模型，本章也因此选择 ESF Hurdle 引力模型作为基础回归模型。

表 6.7　加入空间滤波算子前后模型对比

指标	PPML	ESF PPML	Hurdle	ESF Hurdle
	高技能劳动力	高技能劳动力	高技能劳动力	高技能劳动力
AIC	4 963 778.00	4 388 603.00	32 673.73	32 366.25
BIC	4 963 914.00	4 388 792.00	33 332.38	33 131.71
莫兰指数	0.060***	0.041***	0.188***	0.173***
观测量	2 790	2 790	2 790	2 790

***表示 $p<0.01$

五、模型总体实证结果

上述构建的四个模型实证结果，如表 6.8 所示，其中 Hurdle 引力模型共分为 Logistic 和 Negbinomial 两个部分。四个模型中均控制时间固定效应和省份固定效应，同时考虑到组内相关性，使用聚类到省份的稳健标准误。通过系数变化可以直观看到，空间滤波加入前后距离变量的系数变化相对较大，这说明网络自相关的存在主要会引起距离有关系数的估计偏误，该发现呼应了古恒宇等（2019b）的模型结论。模型 4 为 ESF Hurdle 引力模型（基准），结果可以分为两个部分解释，由于造成数据中零膨胀的最主要原因是抽样误差，因此解释区域高技能劳动力迁移概率的 Logistic 结果相比解释迁移规模的零截尾负二项模型的结果而言重要性相对较低。下文先解读零截尾负二项模型结果，再解释 Logistic 模型结果。

表 6.8　高技能劳动力 PPML、ESF PPML、Hurdle、ESF Hurdle 引力模型计算结果

变量	模型 1	模型 2	模型 3		模型 4	
	PPML	ESF PPML	Hurdle		ESF Hurdle	
	高技能劳动力	高技能劳动力	高技能劳动力		高技能劳动力	
			Logistic	Negbinomial	Logistic	Negbinomial
O_POP	1.514***	1.237**	1.419	0.523	1.567	0.635
	(0.509)	(0.513)	(1.609)	(0.515)	(1.683)	(0.486)
D_POP	0.367***	0.377***	−0.373*	0.318***	−0.127	0.424***
	(0.114)	(0.122)	(0.205)	(0.086)	(0.225)	(0.081)
DIST	−0.937***	−0.961***	−1.405***	−0.596***	−1.437***	−0.646***
	(0.064)	(0.053)	(0.122)	(0.043)	(0.127)	(0.041)
O_WAGE	0.548	0.423	0.325	−0.287	0.402	−0.234
	(0.353)	(0.334)	(1.192)	(0.396)	(1.221)	(0.353)
D_WAGE	1.568***	1.467***	1.991***	1.298***	2.422***	1.415***
	(0.202)	(0.205)	(0.381)	(0.155)	(0.429)	(0.151)
O_TECH	0.012	0.011	0.028	0.054	0.007	0.023
	(0.061)	(0.059)	(0.158)	(0.071)	(0.164)	(0.057)
D_TECH	0.172***	0.083	0.059	0.137***	−0.095	0.083**
	(0.052)	(0.055)	(0.088)	(0.035)	(0.095)	(0.035)
O_WEATHER	0.056**	0.065**	0.069	0.035	0.069	0.024
	(0.028)	(0.028)	(0.085)	(0.030)	(0.088)	(0.027)
D_WEATHER	−0.053***	−0.053***	−0.039***	−0.020***	−0.052***	−0.026***
	(0.007)	(0.006)	(0.010)	(0.004)	(0.011)	(0.004)
O_TEACHER	0.088	0.037	0.462	0.166	0.465	0.081
	(0.218)	(0.218)	(0.723)	(0.216)	(0.740)	(0.208)
D_TEACHER	0.427***	0.153	0.028	0.353**	0.102	0.129
	(0.156)	(0.171)	(0.418)	(0.149)	(0.454)	(0.145)
O_DOCTOR	0.070***	0.066***	0.127**	0.026	0.130**	0.024
	(0.018)	(0.018)	(0.057)	(0.019)	(0.058)	(0.018)
D_DOCTOR	0.030***	0.036***	0.010	0.017**	0.021	0.027***
	(0.010)	(0.009)	(0.023)	(0.008)	(0.025)	(0.008)
O_GREEN	−0.098	−0.110	−0.172	−0.115	−0.175	−0.081
	(0.077)	(0.077)	(0.218)	(0.079)	(0.227)	(0.070)
D_GREEN	0.093*	−0.143***	0.185*	0.069	−0.059	−0.082**
	(0.051)	(0.053)	(0.108)	(0.046)	(0.121)	(0.041)

续表

变量	模型 1	模型 2	模型 3		模型 4	
	PPML	ESF PPML	Hurdle		ESF Hurdle	
	高技能劳动力	高技能劳动力	高技能劳动力		高技能劳动力	
			Logistic	Negbinomial	Logistic	Negbinomial
O_SUBSIDY	–0.160	–0.139	0.089	–0.083	0.076	–0.080
	(0.102)	(0.107)	(0.386)	(0.101)	(0.413)	(0.104)
D_SUBSIDY	0.327***	0.492***	0.808***	0.175**	0.892***	0.206***
	(0.095)	(0.109)	(0.174)	(0.074)	(0.188)	(0.072)
MSTOCK	0.050***	0.030***	0.029***	0.027***	0.007	0.013***
	(0.008)	(0.007)	(0.011)	(0.005)	(0.012)	(0.004)
O_COST	0.006	0.006	0.020	–0.010	0.020	–0.009
	(0.006)	(0.006)	(0.020)	(0.007)	(0.021)	(0.007)
D_COST	0.045***	0.051***	0.012	0.036***	0.016	0.037***
	(0.007)	(0.007)	(0.012)	(0.006)	(0.013)	(0.005)
O_GDPGROWTH	–0.010	–0.007	–0.027	0.008	–0.028	0.010
	(0.010)	(0.010)	(0.036)	(0.013)	(0.037)	(0.011)
D_GDPGROWTH	0.020*	0.032***	–0.002	–0.015*	0.017	0.003
	(0.011)	(0.010)	(0.023)	(0.009)	(0.025)	(0.008)
常数项	–51.349***	–46.717***	–53.812	–20.501*	–68.538*	–24.904**
	(11.496)	(11.496)	(35.403)	(11.539)	(36.725)	(10.584)
空间滤波	no	yes	no		yes	
省份固定效应	yes	yes	yes		yes	
时间固定效应	yes	yes	yes		Yes	
观测量	2790	2790	2790		2790	

注：括号中标注聚类到各组的稳健标准误

*、**、***分别表示 $p<0.10$、$p<0.05$、$p<0.01$

引力模型变量方面，首先，迁入地的人口规模和迁移距离被发现与高技能劳动力迁移规模具有显著关系，结果显示，迁入地人口规模每增加 1%会导致迁入高技能劳动力规模提升 0.424%，而迁移距离每增加 1%则会导致区域迁移规模减小 0.646%。其次，模型反映出地区经济因素对高技能劳动力迁移（尤其是迁入）的驱动力，具体来说，一个地区城市人口平均工资提升 1%会造成高技能劳动力迁入规模提升约 1.415%，而地区城市经济复杂度每增加 1%会导致迁入高技能劳动力提升约 0.083%。然而，无论是名义工资还是地区经济复杂度，对高技能劳动力迁出的影响效果并不明显。该结论再次实证了 NESM 理论对地区经济机会促进高技能劳动力集聚的论述，即地区的名义工资和经济复杂度的变化会引起外来人才的集聚。然而，模型发现经济因素对高技能劳动力迁出的作用力并不显著，该发现呼应了第五章模型的相关结论。名义工资对高技能劳动力的影响系数与 PPML 引力模型的发现相似，但经济复杂度的估计系数则小于 PPML 引力模型的估计系数，这可能是因为零膨胀或网络自相关等问题的存在，影响了对经济复杂度的估计。

另外，模型结果也实证了自然舒适度和医疗的影响，说明了地方品质种类与质量对高技能劳动力迁入的作用力。具体来说，地区 1 月与 7 月平均温差每提升 1℃，则高技能劳动力迁入量会减少约 0.026%；地区每万人拥有执业医师数增加 1%则会引起高技能劳动力迁入规模增加约 0.027%。与预期不符的是，首先，上述自然舒适度和医疗的影响均产生于迁入地，而对迁出地的影响不显著。其次，教育对高技能劳动力迁移的影响并不明显，而城市景观舒适度对高技能劳动力的影响则与预期不符。造成上述发现的原因可能是城市景观舒适度一方面体现为城市绿色的增加，另一方面也伴随着更高的市政投入和税收压力。此外，作为地方品质部门的衍生因素，人才补贴对高技能劳动力的影响显著，具体而言，地区每万人财政收入增加 1%，将导致地区高技能劳动力迁入规模增加 0.206%。同样，迁出地的人才补贴强度与高技能劳动力迁移并未产生显著联系。

控制变量方面，社会网络因素与高技能劳动力迁移关系紧密。从迁出地前往迁入地的高技能劳动力规模与迁出地迁出高技能劳动力总数比每增加 1%会导致区域人才迁移规模显著增加约 0.013%。与预期不符的是，区域生活成本比重的提升同样会促进高技能劳动力迁入，这可能是由于生活成本对高技能劳动力迁移产生的作用往往存在滞后性，高生活成本且具有高发展潜力的地区往往会吸引大量人才集聚。此外，其他控制变量与高技能劳动力迁移规模的关系并不显著。

六、高技能劳动力迁移的两阶段特性

ESF Hurdle 引力模型除了可以作为 NESM 理论假说实证的稳健性检验，也可以为我们从两阶段的角度分析中国高技能劳动力迁移提供一定的视角。表 6.8 结果显示，除了上述描述高技能迁移规模影响因素的零截尾模型外，在描述区域间是否会产生高技能迁移流的 Logistic 模型部分，迁出地和迁入地的人口规模系数不显著，这说明迁出地与迁入地人口规模的变化不会导致区域间发生迁移比率的变化；然而，距离系数的影响为–1.405，这说明区域距离每增加 1%会导致区域间发生高技能迁移的概率下降为原来的 exp(–1.405)=0.245 倍。

经济因素方面，没有证据显示名义工资的提升会对区域间发生高技能劳动力迁出的概率产生影响，但名义工资提升会对区域间高技能劳动力迁入的概率产生正向影响，使之概率增加为原来的 exp(2.422)=11.268 倍；另外，作为地区价格指数的代理变量，经济复杂度对高技能劳动力迁移概率并不产生显著作用力。

地方品质的种类和质量方面，自然舒适度的提升被发现对高技能劳动力迁入概率产生影响，平均 1 月与 7 月温差每增加 1℃会引起高技能劳动力迁入概率下降至原来的 exp(–0.052)=0.949 倍。与预期不符的是，地区医疗的提升不仅不会促进高技能劳动力迁入概率的提升，还会促进劳动力迁出概率的提升。而教育的提升对高技能劳动力迁移概率也并不产生显著作用。此外，迁入地人才补贴被证实会促进高技能劳动力迁入概率的提升，迁入地人均财政支出每提升 1%会导致高技能劳动力迁入概率增加 exp(0.892)=2.44 倍。

控制变量方面，社会网络因素、迁出地和迁入地的生活成本、迁出地和迁入地的经济增速都与高技能劳动力区域迁移概率无关。

总体上看，考虑到零膨胀和空间自相关后，本章来自 ESF Hurdle 引力模型的实证呼应了第五章通过 PPML 引力模型的发现，实证了 NESM 理论的正确性。地区经济机会、地方品质和人才补贴是引起 2000～2015 年高技能劳动力区域迁移的主要动因。另外，模型发现高技能劳动力迁移受到迁入地的“拉力”影响大于受到迁出地“推力”的影响，该发现对区域吸引外来人才具有重要的政策借鉴含义。除此之外，模型也实证了如社会网络等因素对高技能劳动力迁移的驱动力。

ESF Hurdle 引力模型也为解释中国高技能劳动力迁移的时空演化机制提供了一系列新的发现。首先，引起高技能劳动力区域迁移概率和引起其迁移规模的因素有所差别[①]，迁入地人口规模、经济复杂度、每万人拥有执业医师数、社会网络等因素均对区域间高技能劳动力迁移概率不产生影响，但对其迁移规模产生影响。换言之，在区域间是否产生高技能迁移联系的考量时，上述因素不产生作用，而区域间一旦产生迁移联系，则其迁移规模受到上述因素的影响。其次，相比上述因素，迁移距离、迁入地名义工资、迁入地自然舒适度、迁入地人才补贴既对高技能劳动力迁移概率产生作用，又影响其迁移规模，这在一定程度上显示出上述几个因素的稳健性。

七、异质性劳动力迁移驱动因素的差异分析

考虑到零膨胀和网络自相关后，异质性劳动力迁移在 2000～2015 年时空迁移机制有何差异？本章将被解释变量替换为普通劳动力[②]迁移，对异质性劳动力时空迁移机制进行进一步的实证分析。分别构建模型 5 与模型 6，被解释变量为普通劳动力迁移人口。两个模型均为 Hurdle 引力模型，模型 5 并未加入筛选后的特征

① 严谨来说，在本案例中零膨胀的产生主要原因是抽样误差，并非完全是数据生成的机制差异。

② 对普通劳动力的定义参考第四章。

向量（滤波），模型 6 共加入 40 个滤波算子，构建 ESF Hurdle 引力模型。本节主要关注加入空间滤波算子后的 ESF Hurdle 引力模型结果（表 6.9）。

表 6.9　异质性劳动力迁移差异

变量	模型 5		模型 6	
	Hurdle		ESF Hurdle	
	普通劳动力		普通劳动力	
	Logistic	Negbinomial	Logistic	Negbinomial
O_POP	−0.770	1.093^{**}	−0.959	0.883^{**}
	(2.109)	(0.458)	(2.406)	(0.391)
D_POP	−0.155	0.326^{***}	−0.133	0.550^{***}
	(0.261)	(0.114)	(0.322)	(0.076)
DIST	2.235^{***}	-0.866^{***}	2.445^{***}	-0.929^{***}
	(0.204)	(0.064)	(0.251)	(0.047)
O_WAGE	1.315	−0.016	1.688	0.181
	(1.583)	(0.417)	(1.762)	(0.311)
D_WAGE	-1.080^{**}	1.138^{***}	−0.067	0.336^{**}
	(0.498)	(0.217)	(0.600)	(0.155)
O_TECH	-0.428^{**}	−0.067	-0.468^{**}	0.018
	(0.177)	(0.054)	(0.204)	(0.052)
D_TECH	−0.131	0.161^{***}	−0.125	0.164^{***}
	(0.123)	(0.047)	(0.149)	(0.035)
O_WEATHER	−0.057	−0.025	−0.054	−0.020
	(0.103)	(0.027)	(0.118)	(0.022)
D_WEATHER	0.035^{**}	0.005	0.020	-0.012^{**}
	(0.014)	(0.006)	(0.019)	(0.005)
O_TEACHER	0.632	0.058	0.613	0.037
	(0.836)	(0.205)	(0.941)	(0.184)
D_TEACHER	1.108^{*}	−0.129	0.488	0.133
	(0.567)	(0.259)	(0.657)	(0.149)
O_DOCTOR	0.024	0.007	0.037	0.002
	(0.067)	(0.018)	(0.074)	(0.015)
D_DOCTOR	-0.068^{**}	-0.029^{***}	−0.050	−0.003
	(0.033)	(0.010)	(0.037)	(0.007)

续表

变量	模型 5		模型 6	
	Hurdle		ESF Hurdle	
	普通劳动力		普通劳动力	
	Logistic	Negbinomial	Logistic	Negbinomial
O_GREEN	0.078	–0.159**	0.108	–0.100*
	(0.207)	(0.073)	(0.237)	(0.056)
D_GREEN	–0.418***	0.346***	–0.399**	0.170***
	(0.152)	(0.063)	(0.178)	(0.039)
O_SUBSIDY	0.482	–0.154*	0.560	–0.146*
	(0.603)	(0.084)	(0.685)	(0.078)
D_SUBSIDY	–0.372*	0.183*	–0.731***	0.240***
	(0.220)	(0.095)	(0.273)	(0.064)
MSTOCK	–0.039***	0.055***	0.001	0.013***
	(0.015)	(0.006)	(0.016)	(0.004)
O_COST	0	–0.020**	0.002	–0.013**
	(0.022)	(0.008)	(0.026)	(0.006)
D_COST	0.015	0.017**	0.024	0.012**
	(0.016)	(0.007)	(0.019)	(0.005)
O_GDPGROWTH	–0.005	0.003	–0.015	0.007
	(0.041)	(0.011)	(0.046)	(0.009)
D_GDPGROWTH	0.011	0.014	–0.007	0.038***
	(0.028)	(0.010)	(0.033)	(0.007)
常数项	–19.308	–19.305*	–23.378	–17.817*
	(44.487)	(11.586)	(49.980)	(9.258)
空间滤波	yes		yes	
省份固定效应	yes		yes	
时间固定效应	yes		yes	
观测量	2790		2790	

注：括号中标注聚类到各组的稳健标准误

*、**、***分别表示 $p<0.10$、$p<0.05$、$p<0.01$

首先，关注解释区域非零普通劳动力迁移规模的零截尾负二项空间滤波引力模型的结果，容易发现，与高技能劳动力不同，迁出地和迁入地的人口规模都对普通劳动力迁移规模产生影响，具体来说，地区人口规模增加 1%会导致迁入的普通劳动力规模增加 0.550%，也会导致迁出的普通劳动力规模增加约 0.883%。该结论符合多数文献关于劳动力迁移的模型结果（Shen，2012，2015，2016；古恒宇等，2019b；蒲英霞等，2016；赵心怡和蒲英霞，2018）。此外，空间距离也对普通劳动力产生显著影响，空间距离每增加1%会造成区域普通劳动力迁移规模下降0.929%。相比较而言，普通劳动力迁移规模受到人口规模和区域空间距离等引力模型因素的影响比高技能劳动力迁移更大，这可能是由于普通劳动力人力资本相对较低，在劳动力市场上的议价能力较弱，因此更需要依靠人口规模带来的区域经济体量的作用，也更容易受到空间距离带来的各类成本（如融入成本）的影响。

其次，在地区经济因素方面，ESF Hurdle 引力模型实证了名义工资和经济复杂度对高技能劳动力迁移的作用。具体来说，地区平均在岗职工年工资提升 1%会导致普通劳动力迁入量增加 0.336%，而地区的经济复杂度提升 1%则会导致高技能劳动力迁入量增加 0.164%。从弹性系数来看，普通劳动力受到的经济因素驱动仍主要体现为名义工资的作用，其次是经济复杂度的作用，该发现与高技能劳动力相关结论类似。与高技能劳动力迁移机理不同的是，普通劳动力迁移受到名义工资的作用相对更弱，但受到经济复杂度的影响则更强。

再次，在地方品质种类和质量方面，模型仅发现地区自然舒适度和城市景观舒适度对普通劳动力迁移产生影响，而医疗和教育与普通劳动力迁移的作用机理并不明确。具体来说，地区 1 月与 7 月平均温差每增加 1℃会引起普通劳动力迁入量下降 0.012%；地区每万人拥有城市公园数每增加 1%，会导致迁出的普通劳动力减少约 0.100%，迁入的普通劳动力增加约 0.170%。对比高技能劳动力迁移机制可知，普通劳动力受地方品质因素的影响仅限于自然舒适度和城市景观舒适度（其中，自然舒适度对普通劳动力的影响系数同样小于高技能劳动力），而对公共服务（医疗、教育）品质需求并不强。该结论呼应了第五章的相关结论，同时也支持了 NESM 理论对高技能劳动力效用函数的基本假设。此外，对地方品质部门衍生的人才补贴因素，模型发现人才补贴对普通劳动力迁移具有重要作用。地区人均财政收入每增加 1%会引起普通劳动力迁入量增加 0.240%，也会导致普通劳动力迁出量减少 0.146%。对比高技能劳动力迁移模型，发现人才补贴对普通劳动力迁移的驱动力更强。

最后，在控制变量方面，模型发现社会网络因素对普通劳动力产生显著作用，从迁出地前往迁入地的高技能劳动力规模与迁出地迁出高技能劳动力总数比提升1%会引起区域普通劳动力规模增加 0.013%。该系数与高技能劳动力迁移受社会网络因素的影响系数相同，因此并未体现出社会网络对异质性劳动力迁移机理驱动力的异质性。生活成本的变化对普通劳动力迁移产生的作用更加明确，但与预期不符的是，生活成本的上升会导致普通劳动力迁入增加，迁出减少。另外，地区经济发展速度对普通劳动力迁移产生影响，迁出地与迁入地平均地区生产总值增长率每上升 1%会导致普通劳动力迁入量上升 0.038%。

接下来，进而关注解释普通劳动力迁移概率的 Logistic 模型部分。模型显示，仅空间距离和迁出地的经济复杂度对普通劳动力迁移产生预期且显著的影响，而迁入地城市景观舒适度和人才补贴尽管都产生作用，但与预期不符。造成这一现象的主要原因与前文相似，在此不再赘述。总体来看，普通劳动力迁移概率受到各类因素的影响相比高技能劳动力迁移而言较弱，这在一定程度上也反映出普通劳动力迁移更强的路径依赖特性。换言之，对于普通劳动力而言，建立“从无到有”的迁移联系相比高技能劳动力而言更难，但一旦建立联系后，路径依赖效应会导致后续大规模的普通劳动力迁移联系[①]。

总体来看，异质性分析的结论显示出高技能劳动力与普通劳动力在迁移机制上的差异，首先，高技能劳动力受地区经济因素和地方品质因素的共同驱动，而普通劳动力则主要受地区经济因素的驱动，受地方品质因素的驱动较弱。其次，高技能劳动力受到引力因素的影响比普通劳动力弱。同样，高技能劳动力受到生活成本因素的影响也更弱。最后，高技能劳动力区域迁移概率受到相关经济因素和地方品质因素等的影响较大，而普通劳动力迁移概率受到上述因素的影响较小。

第六节　实证结论的稳健性分析

尽管前文通过 PPML 引力模型实证了本书各大假设，但前文的实证分析稳健性如何仍然不得而知。本章构建的 ESF Hurlde 引力模型恰恰能为我们验证前文的分析结果提供稳健性检验的视角。

ESF Hurdle 引力模型加入了空间滤波算子，同时将零数据和非零数据分为两个阶段进行回归，改变了模型设定后，得到的结论与前文相比是否保持一致？由本章模型结果可知，本书得到的关于高技能劳动力迁移机制的判断基本稳健。

首先，NESM 理论的假说，由工业部门导致的经济因素和地方品质部门导致的地方品质因素及由地方品质部门衍生的人才补贴因素都对高技能劳动力产生显著且持续的影响，导致 2000～2015 年中国省际高技能劳动力迁移和再分布的不均衡特征。值得一提的是，在经济因素和地方品质因素中，名义工资的影响最明显且稳健，而经济复杂度的影响系数虽然不大，但稳健性也很高，这说明了经济因素是促进中国高技能劳动力空间集聚的首要因素。地方品质因素方面，结合 PPML 引力模型和 ESF Hurdle 引力模型，以及多层 Logistic 模型的微观分析，发现自然舒适度和医疗是引起高技能劳动力集聚的比较稳健的因素。此外，人才

① 这种效应在模型中可以体现为引力模型因素对普通劳动力迁移的解释力更强。

补贴因素的影响也十分稳健。但总体来看，不同类型地方品质因素种类和质量对高技能劳动力迁移的作用不同。

其次，ESF Hurdle 引力模型作为稳健性检验模型，同样发现了除经济因素和地方品质因素外的一系列因素对中国高技能劳动力迁移不可忽视的驱动作用。模型发现，引力因素（人口规模、迁移距离）、社会网络因素对中国高技能劳动力迁移格局的塑造具有稳健性，而如生活成本等变量的影响则并不稳健。上述结论反映出中国高技能劳动力迁移仍然存在距离衰减效应。这主要是因为尽管交通技术的发展大大克服了人们的区域迁移成本，但距离所带来的社会文化差异仍然存在，增加了远距离迁移的高技能劳动力成本（黄宗晔和杨静，2020）。

再次，ESF Hurdle 引力模型发现，迁入地的“拉力”因素比迁出地“推力”因素对高技能劳动力迁移产生更大、更为明显的影响。这主要是因为无论是由工业部门带来的经济效应还是由地方品质部门带来的地方品质效应和转移支付效应，都具有自我强化机制。换言之，一旦迁移联系形成，更大规模的高技能劳动力会从边缘地区集聚到核心地区，且由于自我强化效应，核心区的“拉力”要大于边缘区的“推力”。

最后，ESF Hurdle 引力模型同样实证了异质性劳动力迁移机制的差异。经济因素对高技能劳动力和普通劳动力迁移均产生显著且稳健的影响，而地方品质因素仅对高技能劳动力迁移产生稳健的作用。另外，高技能劳动力受到引力因素的影响较小，而普通劳动力迁移受到引力因素的影响较大。

第七节　小　　结

作为本书实证计量分析最多的一章，本章从宏观引力计量模型的角度实证了 NESM 理论假说 2、假说 3 与假说 4。为了应对零值、过度离散、内生性等问题，构建了一个 PPML 引力模型，纳入省份固定效应和时间固定效应，对 2000～2015 年中国省际高技能劳动力迁移机制展开研究。此外，本章构建了 ESF Hurdle 引力模型，从两阶段视角为分析中国高技能劳动力迁移机理提供拓展实证视角及稳健性检验。研究主要发现以下几点结论。

第一，由工业部门导致的地区经济因素差异是驱动区域间中国高技能劳动力迁移的重要力量。PPML 引力模型结果显示，迁入地的名义工资和经济复杂度的增加均促进高技能劳动力的迁入。在岗职工平均工资增加 1%会导致高技能劳动力迁入量增加 1.341%，经济复杂度增加 1%会导致高技能劳动力迁入量增加 0.126%。

第二，由地方品质部门引起的地区地方品质因素差异和政府转移支付差异同样对区域间中国高技能劳动力迁移产生不可忽视的作用。地区自然舒适度、公共服务水平和人才补贴都会引起高技能劳动力迁入量的变化。地区1月与7月温差增加1℃会引起高技能劳动力迁出增加0.070%、高技能劳动力迁入减少0.038%；地区每万名小学生拥有教师数、每万人拥有执业医师数、人均财政收入每提升1%，分别会引起高技能劳动力迁入量增加0.397%、0.021%、0.336%。没有证据显示城市景观的改善会促进高技能劳动力迁入。

第三，经济因素对高技能劳动力迁移的影响占据主导地位。对比而言，地区的名义工资和经济复杂度对高技能劳动力迁移的影响一直很稳健，但地方品质因素，尤其是其中的公共服务因素的影响稳健性较低。未控制经济因素时，公共服务变量的影响不符合预期；未控制地方品质因素时，经济因素的影响显著且符合预期。此外，名义工资变量对高技能劳动力迁移影响的边际效应在所有变量中最大。

第四，无论是对地区经济因素还是对地方品质因素，迁入地的影响往往大于迁出地的影响，迁入地的“拉力”相比迁出地的“推力”而言对高技能劳动力迁移将产生更大的影响，这意味着相比缓解人才迁出所制定的相关政策而言，相关经济社会政策的制定对引起人才迁入将更具效力。

第五，除了经济因素和地方品质因素外，引力模型因素（迁入地和迁出地的人口规模、迁移距离）、社会网络因素和地区经济发展速度同样影响高技能劳动力的区域迁移行为。迁入地和迁出地的人口规模越高、迁移距离越小、社会融入程度越高、迁入地经济发展速度越高，则高技能劳动力迁移量越大。

第六，经济因素和地方品质因素对高技能劳动力迁移的作用力随时间而变。收入因素（经济因素与人才补贴）对高技能劳动力迁移的影响随时间呈现出弱化的态势，而以自然舒适度和教育为代表的地方品质因素的影响随时间呈现出强化的态势。

第七，异质性劳动力迁移的机制呈现差异性。模型结果显示，高技能劳动力受地区经济因素和地方品质因素的共同驱动，而普通劳动力主要受地区经济因素的驱动，受地方品质因素的驱动较弱。这也彰显出为吸引异质性劳动力应采取针对性、差异性的对策。

第八，ESF Hurdle引力模型对零膨胀和网络自相关流数据具有较好的针对性，模型的实证结果证实了前文分析结论的稳健性。本案例中，加入空间滤波后的引力模型残差中的空间自相关有了明显的下降，这说明空间滤波可以很好地解决网络自相关对模型估计偏误的影响；Hurdle引力模型相比非Hurdle引力模型而言，对数据中零值的预测更加精准，使得模型估计不会受到零膨胀数据的影响；ESF Hurdle引力模型相比传统的引力模型而言，AIC和BIC值都更低，这说明模型的数据拟合程度更好，解释力也更强。

第九，高技能劳动力迁移在一定程度上可以看作一个两阶段的问题，决定区域间是否产生高技能迁移联系的因素和决定区域间高技能劳动力迁移规模的因素不同。迁入地人口规模、经济复杂度、每万人拥有执业医师数、社会网络等因素均对区域间高技能劳动力迁移概率不产生作用，但影响其迁移规模的产生。距离、迁入地名义工资、迁入地自然舒适度、迁入地人才补贴既对高技能劳动力迁移概率产生作用，又影响其迁移规模。

本章对全书的重要贡献是从宏观引力模型的视角下实证了 NESM 理论假说 2～4。除此之外，本章也对学界相关领域产生了一定的边际贡献：第一，本章首次运用中国高技能劳动力迁移面板数据构建面板引力模型，对其影响机制展开讨论；第二，本章将以往对 2000～2005 年高技能劳动力和普通劳动力迁移机制对比的分析延展到 2000～2015 年，与国家现实情况更加相符；第三，本章首次将 PPML 引力模型运用于国内区域劳动力区域迁移的实证中，PPML 引力模型的诸多优秀的性质使得本章的研究结果更加严谨可信。

更值得庆幸的是，本章首次提出了 ESF Hurdle 引力模型，Hurdle 引力模型的性质导致极大似然估计可以分别施加在模型的第一部分和第二部分，空间滤波的灵活性则使得可以将滤波算子纳入 Hurdle 引力框架。值得一提的是，ESF Hurdle 引力模型可以被推广到所有具有零膨胀和网络自相关的问题研究中，如区域贸易问题。ESF Hurdle 引力模型的良好性质使得模型估计偏误更小，稳健性更高。对于中国高技能劳动力迁移问题的研究而言，ESF Hurdle 引力模型也能提供更多的政策参考意义。因此，ESF Hurdle 引力模型值得被运用在更多的劳动力迁移研究案例之中，丰富模型的实证运用。

第七章　高技能劳动力迁移动因的微观实证

第一节　引　　言

本书构建的NESM理论认为，区域经济因素和地方品质与高技能劳动力迁移决策具有密切的关系。本书第五章虽然使用PPML引力模型实证了NESM假说的正确性，但考虑到模型最早通过微观视角展开论述，即考虑每个高技能劳动力在迁出地和迁入地获得的效用差异，因此，仍有必要运用微观数据，从微观建模的视角对高技能劳动力迁移的影响机制进行进一步实证分析。从微观尺度而言，高技能劳动力迁移与其自身的特征（年龄、性别、婚姻等）、流动特征（迁移范围、是否独自流动等）、就业特征（就业身份、从业行业等）、家庭及社会特征（社会融入、家庭人数等）、地理特征（迁入地是否位于城市群等）等诸多因素有关，因而在构建模型时，需要对上述因素加以控制。经济因素和地方品质因素在个人微观决策尺度上主要体现在：经济因素可以通过个体获得的名义收入反映；地方品质因素则主要通过个体受到的公共服务覆盖或个体对城市、自然舒适度的满意度来评价。与此同时，地区因素同样需要被纳入考虑范围，如经济因素具体反映在地区经济发展水平或本地产品多样化程度上，而地方品质因素则主要反映在地区的公共服务种类及质量和地区的自然、城市舒适度等方面。

由于传统人口迁移数据（如人口普查）无法精确描绘个体微观尺度的迁移行为，本章选用国家卫生健康委员会于2009年开始公布的流动人口动态监测调查数据，根据职业、年龄、工作状态和学历等条件提取中国高技能劳动力，研究其户籍迁移倾向。目前为止，涉及流动人口迁移倾向（包括居留倾向、回流倾向、户籍迁移倾向、继续迁移倾向等）的研究是我国学界的热点。其中，流动人口的户籍迁移倾向是反映流动人口是否愿意长期居住在流入城市的指标，是流动人口在流入地居住一段时间后，对将来是否长期生活在本地的考量（古恒宇等，2019c）。从城市治理的角度来说，流动人口户籍迁移倾向在一定程度上反映了一个城市是否具有包容度和吸引力，对其进行系统研究是贯彻落实“人的城镇化”的重要举措（古恒宇等，2019a）。因此，研究城市流动人口的户籍迁移倾向，能为未来户籍制度改革提供重要的参考依据，具有重要的现实意义。然而，到目前为止，多数文献将流动人口看作一个同质化的总体，研究各种因素对其户籍迁移趋势的影响，而鲜有文献关注高技能劳动力的户籍迁移趋势。

总体上看，流动人口的人口因素（如年龄、婚姻、受教育程度）、家庭因素（如家庭规模）、经济因素（如收入水平）和社会因素（如行业、社会保障）在以往文献中是关注的焦点（Gu et al.，2021c；Zhu，2007；李树茁等，2014；杨传开等，2017）。迁移是一种人力资本和社会资本的投资，年龄较小、未婚、受教育程度较高的流动人口更倾向于将户口迁入流入地（Yue et al.，2010）。同时，迁移是个体、家庭效用最大化及风险最小化的决策结果，一般而言，收入较高、流入地家庭规模较大、从业身份为雇主、就业及生活受社会保障的流动人口户籍迁移倾向较强（李树茁等，2014；Cao et al.，2015）。随着对居留问题研究的深入，住房和社会网络因素受到的关注逐步增加，Huang 等（2018）的研究均得出在流入城市拥有房产的流动人口更倾向于长期居留的结论。另一些学者的研究则强调社会网络因素对农民工居留意愿的正向机制，认为流动人口居留是一个社会融入的过程（Fan，2011）。户籍迁移问题是一个流入地和流出地个人及家庭获利的博弈问题，在决定是否长期居住时，流动人口则更多地考虑地方的生活品质及个人喜好等因素（古恒宇等，2018；林李月和朱宇，2016）。同时，迁移要同时考虑流入地和流出地影响（古恒宇等，2020a，2020b）。流出地具备熟悉的社会文化及家庭条件，通常是居留意愿较弱的流动人口首选的去向地。另外，对于来自不同流出地的流动人口而言，其居留意愿具有差异性（杨东亮，2016）。

流动人口户籍迁移倾向被发现具有明显的地区差异性（古恒宇等，2018，2019a，2020a）。在城市及区域尺度上，影响流动人口居留意愿的因素同样存在分异现象，文献多围绕具有特定研究或政策意义的区域展开，如中国东北地区、边疆地区、流动人口主要流入地等。此外，也有少数学者关注于不同城市流动人口居留意愿影响因素的比较研究。尽管如此，由于数据获取的限制，目前关于全国层面城市流动人口居留意愿空间分布的研究仍相对不足。此外，当部分研究将流入地特征考虑在影响城市流动人口居留意愿的因素中时，没有将流动人口中市内迁移的部分去除，从而导致模型估计存在偏误（古恒宇等，2020b）。围绕流动人口迁移倾向的地区差异及外部影响因素，已有大量文献对其进行了研究（古恒宇等，2018，2020a，2020b；林李月和朱宇，2016；夏贵芳等，2018；Gu et al.，2020b，2021a），并初步证实了流动人口迁移倾向具有地区差异，且地区外部因素是造成该地区差异的重要原因。古恒宇等（2020b）利用半参数地理加权回归模型实证了中国地级市流动人口居留意愿影响因素的空间异质性，该团队关于东北三省流动人口居留意愿的研究得到的结论与全国尺度得到的结论具有差异，这在一定程度上也体现出了流动人口居留意愿影响因素的地区属性（古恒宇等，2020a）。Lao 和 Gu（2020）的研究使用多尺度地理加权回归（multiscale geographic weighted regression，MGWR）对户籍迁移意愿的地区差异及影响因素进行了研究。与此同时，Gu 等（2021a）和 Liu 等（2018）的研究都得到一些反事实证据，即中国北部的一些中小城市相较于传统发达城市反而对外来人口更具吸引力。这一发现可能在一定程度上反映了日益增加的城市生活成本对外来人口迁移倾向产生了排斥作用。然而，既有研究中尚未出现讨论城市外部因素对高技能劳动力迁移倾向的研究。

尽管有大量研究实证了迁移者的自身因素和外部环境因素都作用于其迁移倾向，但在实证计量模型中仍假设两类因素在同一水平上产生影响（古恒宇等，2018）。另外，大量使用离散选择模型对劳动力迁移意愿的微观实证研究都未考虑外部因素的影响（古恒宇等，2020a）。事实上，个体微观层面和地区层面因素对个体迁移倾向的影响层是不同的，迁移至同一地区（如城市）的高技能劳动力会受到相同的外部因素的影响（如城市的经济复杂度），产生同质性，违背了传统回归的样本独立性假设，使得原属于迁入地区而产生的随机误差被个体层面因素解释，导致估计偏误，也不能挖掘深层次的重要信息（舒帮荣等，2018；汪斌和郑家豪，2019）。因此，本章构建一个多层 Logistic 回归模型来研究不同层次的因素对高技能劳动力迁移趋势的影响，以期为 NESM 理论提供微观基础实证，同时为我国建设新型城镇化、推动人才合理布局提供政策建议。

第二节 微观实证模型框架构建

在微观实证计量框架下，主要选用 Logistic 回归模型来描述高技能劳动力的迁移决策行为。建模过程中，经济效应主要可以使用高技能劳动力的纯收入及其迁入地产品复杂度衡量，而地方品质效应可以使用迁入地公共服务的多样性和高技能劳动力实际的公共服务覆盖程度衡量。由于在实证建模过程中较难衡量地级市人才补贴政策强度，如果使用与第五章相似的方法，即使用人均财政收入作为代理变量衡量人才补贴，将会与高技能劳动力的纯收入产生多重共线性，因此，本章的实际模型中不纳入人才补贴的实证考虑。最终的模型框架如图 7.1 所示。

既有研究虽然未关注高技能劳动力这一异质性群体，但在对流动人口或农民工等群体的研究中均已大量涉及对经济因素的考虑。Sjaastad（1962）和 Todaro（1969）的框架认为个体微观迁移决策决定于其迁移获得效用与成本之差，而货币化地衡量迁移获得的方式则是其收入水平。实际情况下，多数学者考虑到不同地区消费水平的不同，倾向于使用家庭收支比等变量来衡量迁移者的劳动所得（Gu et al.，2021a，2020a，2021c）。也有学者使用纯收入（名义收入）来衡量劳动所得，如古恒宇等（2020a）。总体来说，研究发现经济因素对劳动力迁移倾向的影

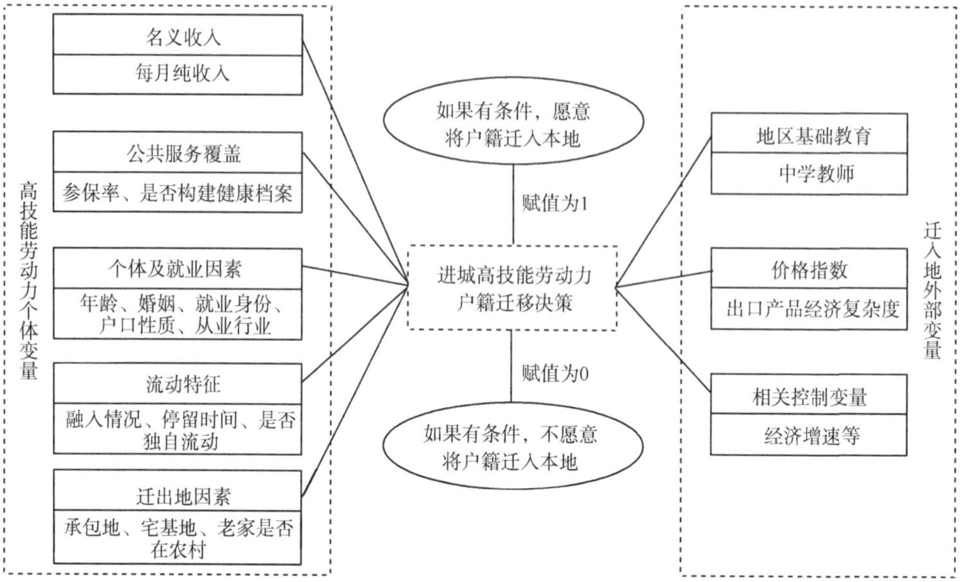

图 7.1　微观模型框架

响有可能出现两种不同的结果：一是收入的增加提升了劳动力的效用，因此增加了居留概率；二是收入的增加提升了进城农民工往家乡汇款的程度，从而提升了其全家的总效用。对于目标是提升收入的劳动力而言，一旦达到其迁移目标，就会返回家乡。从这个意义上来说，经济因素对劳动力居留倾向也可能产生负向影响（Stark，1984；古恒宇等，2019c）。根据 NESM 理论，本章并不从家庭的视角进行建模，因此仍然假设经济收入的提升会导致高技能劳动力大量集聚。

另外，尽管已有不少研究论证了舒适度对高技能劳动力迁移的影响，但在微观尺度上从地方品质角度研究高技能劳动力迁移决策的文章还不多。然而，根据 NESM 理论，本章仍然假设地方品质的种类、数量和质量的提升会导致高技能劳动力迁移意愿的提升。

根据既有文献及相关理论，除了内部、外部的经济因素和地方品质因素外，高技能劳动力迁移倾向也受到其余多种因素的影响。

首先，劳动力个体特征及就业特征与其迁移倾向息息相关。其中，学者发现年龄越大和未婚的劳动力户籍迁移倾向越低（Gu et al.，2020b，2021c；Yue et al.，2010；Zhu，2007）。考虑到进城劳动力的主要目的为就业，就业因素也得到了大量学者的重视。一般来说，就业身份为自雇、从业行业为第三产业的劳动力的就业地位更高，因此具有更高的居留倾向（李树茁等，2014；Cao et al.，2015）。此外，户口性质与劳动力的迁移意愿也有关联。一般来说，相比于农业户口的劳动力，非农业户口的劳动力具有更高的迁移可能性（Gu et al.，2020b）。

其次，流动特征同样是影响高技能劳动力居留选择的重要变量。流动特征可以通过社会融入情况、停留时间、流动方式反映。新迁移经济学认为，移民的决策函数是对家庭收益最大化和成本、风险最小化的考虑，而非个人的决策（Stark，1984）。因此，家庭成员和社会融入对移民在迁入地成本的降低会产生作用（Dustmann and Kirchkamp，2002；Gu et al.，2020b，2021c）。因此，本章假设在本地融入情况更好、非独自流动和停留时间更长的高技能劳动力具有更高的迁移可能性。

再次，根据推拉原理，迁入地和迁出地因素也会对高技能劳动力迁移产生影响。在中国各类流动人口迁移倾向的研究中，迁出地因素被大量忽视（古恒宇等，2019a），这会导致估计偏误。显而易见，具有不同迁出地特征的高技能劳动力在同一迁入地可能会产生异质性的迁移决策。Gu 等（2020b）、Tang 等（2016）的研究发现了迁出地农户土地流转特征对其户籍迁移产生的影响。尤其对于宅基地而言，由于中国各地区宅基地相关法律法规尚不统一，其对户籍迁移倾向的影响是复杂的（Gu et al.，2020b）。另外，迁出地（老家）的地理位置也很重要，一般来说，老家在非农村的劳动力具有更强的进城迁移户口的意愿。

最后，迁入地（城市、省份）外部因素也同样产生影响。蔚志新（2013）和 Fan（2011）的研究已经发现中国不同城市或城市内的不同地区的劳动力具有的居留意愿是异质的，这在一定程度上说明了空间区位的影响。古恒宇等（2018）、Gu 等（2019，2020b）的文章也说明了这一发现。本章中，主要考虑两个外部变量因素，一是由地区基础教育代表的地区公共服务水平，二是由产品复杂度代表的工业品价格指数①。此外，考虑到不同经济增速的地区高技能劳动力迁移意愿的影响机制可能存在差异，因此有必要对经济发展速度进行控制。

第三节 数据及计量方法

一、数据获取

本章使用的中国流动人口居留意愿数据来自国家卫生健康委员会发布的 2017 年全国流动人口动态监测调查数据。该数据调查范围涵盖全国 31 个省（自治区、直辖市）及新疆生产建设兵团，调查对象为在流入地居住 1 个月或以上、非本区（县）户口的 15 周岁及以上的流动人口。2017 年流动人口动态监测调查数据中共包含样本 169 000 份。考虑到自治州、生产建设兵团等行政单元缺乏城市数据，删除分布在这些地区的样本。此外，删除来自境外的样本数据。为了更

① 这主要是由于本地生产的多样化消费品越多，需要外部运输至本地的产品就越少，因而价格越低。

好缓解内生性问题，本章参考 Gu 等（2021a）的做法，使用 2016 年末的城市外部数据作为被解释变量。此外，本书对城市经济复杂度的计算仍然使用第五章的方法。匹配城市数据后，缺少城市数据的样本将被删除。最终，保留 267 个城市的流动人口数据。

受到微观数据的支持，本章得以使用较前两章更加精确的方法来定义高技能劳动力。与前文相似，本章使用年龄、工作状态和最低学历来筛选高技能劳动力。高技能劳动力被定义为年龄为 20～60 岁、最低学历为大专的流动人口。考虑到人口的人力资本特征，将不具有劳动能力的样本（包括料理家务、带孩子、生病、不想工作、退休、丧失劳动能力）删除。此外，参考刘晔等（2019）的做法，进一步使用职业来定义高技能劳动力，将高技能劳动力的职业限定为国家机关、党群组织、企事业单位负责人、专业技术人员、公务员、办事人员和有关人员、经商的劳动力，而删除餐饮、家政、保洁、保安、装修、快递、其他商业和服务业人员、农林牧渔水利生产人员、运输、建筑、其他生产人员、无固定职业人员等职业的劳动力，最终，得到有效样本 12 382 个。

本章关注的被解释变量为高技能劳动力的迁移倾向，测度方法由对问题“如果你有条件，是否愿意将户口迁往本地”的回答决定：选择“是”的人被定义为具有迁移倾向的个体，选择“不确定”或“否”的人则被定义为不具有迁移倾向的个体。本章使用的所有内部变量（包括名义收入、公共服务覆盖、个体及就业因素、流动特征、迁出地因素）均来自流动人口动态监测调查数据，而外部变量则来源于 2016 年《中国城市统计年鉴》和 2016 年的中国海关进出口数据库。计量模型中总共包含 15 个内部变量和 3 个外部变量。上述变量的解释如表 7.1 所示，而其基础描述性统计如表 7.2 所示。

表 7.1　变量含义、描述和预期效应

名称	描述	预期
被解释变量		
户籍迁移倾向	虚拟变量：2017 年高技能劳动力是否愿意将户口迁入目的地。是=1；否/不确定=0	
名义收入		
纯收入	连续变量：个人上个月（或上次就业）工资收入（纯收入）（万元）	正
公共服务覆盖		
医疗保险	虚拟变量：是否参加城镇居民基本医疗保险或城镇职工基本医疗保险。参加=1；不参加=0	正
健康档案	虚拟变量：是否在本地构建居民健康档案。是=1；否=0	正

续表

名称	描述	预期
个体及就业因素		
年龄	连续变量：调查时点的年龄	负
婚姻	虚拟变量：是否在婚（包括已婚、复婚）。是=1；否=0	正
就业身份	虚拟变量：就业身份是否为自雇。是=1；否=0	正
非农业户口	虚拟变量：户口是农业户口。否=1；是=0	正
从业行业	虚拟变量：在第三产业从业。否=1；是=0	正
流动特征		
融入本地	虚拟变量：是否同意“我很愿意融入本地人当中，成为其中一员”的说法。同意=1；不同意=0	正
停留时间	连续变量：本次迁移在迁入地逗留时间/年	正
独自流动	虚拟变量：本次流动是否是独自流动。是=1；否=0	正
迁出地因素		
承包地	虚拟变量：迁出地是否有承包地。有=1；没有=0	负
宅基地	虚拟变量：迁出地是否有宅基地。有=1；没有=0	负
老家在农村	虚拟变量：老家是否在农村。是=1；否=0	正
地区基础教育		
中学老师	外部变量：2016 年城市每万名中学生拥有的老师数量（人）	正
价格指数		
经济复杂度	外部变量：2016 年城市经济复杂度评分（百分制）	正
控制变量		
地区经济增速	外部变量：2015～2016 年城市地区生产总值增长率	正

表 7.2　变量基础描述性统计

变量	观测量	平均值	标准差	最小值	最大值
纯收入	12 382	0.642 万元	0.576 万元	–2.000 万元	12.000 万元
年龄	12 382	31.551 岁	6.440 岁	20.000 岁	60.000 岁
停留时间	12 382	6.336 年	4.840 年	1.000 年	43.000 年
中学老师	12 382	91.622 人	24.496 人	45.533 人	208.100 人
经济复杂度	12 382	33.305 分	4.492 分	14.865 分	52.477 分
地区经济增速	12 382	7.619%	2.355%	–12.300%	12.400%

注：仅对连续型变量进行描述性统计

二、多层 Logistic 模型

分层数据是社会科学研究领域经常遇到的数据类型。在本章关注的问题中，高技能劳动力镶嵌于城市之中，导致其自身特征和外部城市特征对其户籍迁移倾向的影响不在一个层面上。为了更好解释外部环境和个体因素对户籍迁移倾向的影响，本章从个体和城市两个水平进行分析。对于有分层结构的数据而言，传统回归在消除方差齐次性方面往往难以令人满意，而多层回归模型作为可以研究嵌套结构数据的方法，将数据产生的估计误差分配到不同层次，以弥补传统研究的不足（舒帮荣等，2018；杨建洲等，2012）。由于本章的被解释变量为二元变量，赋值为 0 和 1，因而可以使用多层 Logistic 模型进行建模。本章先运用空模型来判断高技能劳动力户籍迁移倾向在不同地级市之间是否存在层次差异，再采取完整模型分析高技能劳动力户籍迁移倾向的决定因素。空模型如式（7.1）和式（7.2）所示。

水平 1：

$$\lg\left(\frac{p_{ij}}{1-p_{ij}}\right)=\beta_{0j} \tag{7.1}$$

水平 2：

$$\beta_{0j}=\gamma_{00}+\mu_{0j} \tag{7.2}$$

式中，p_{ij} 为第 j 个城市第 i 个高技能劳动力选择“愿意”的概率；β_{0j} 为城市截距项；γ_{00} 为模型中唯一的固定效应，可以表征城市平均值的总平均水平；μ_{0j} 为城市 j 与总平均水平的差异。空模型计算结果可以用于判断数据是否具有多层结构，若数据具有多层结构，则可以使用完整多层模型进行回归分析。

水平 1：

$$\lg\left(\frac{p_{ij}}{1-p_{ij}}\right)=\beta_{0j}+\alpha X_{ij}$$

水平 2：

$$\beta_{0j}=\gamma_{00}+\beta Z_j+\mu_{0j} \tag{7.3}$$

式中，γ_{00} 为截距项；X_{ij} 为 j 城市 i 高技能劳动力的一系列内部变量特征；Z_j 为 j 城市的一系列外部变量特征，内部变量和外部变量设定具体可见图 7.1；α 和 β 分别为各层的系数；μ_{0j} 为随机误差项。

进一步，可以采用组内相关系数（intraclass correlation coefficient，ICC），检验是否需要使用多层模型，其定义为组间方差与总方差之比。

$$\mathrm{ICC}=\frac{\sigma_b^2}{\sigma_w^2+\sigma_b^2} \tag{7.4}$$

式中，σ_b^2为城市间的方差；σ_w^2为城市内部的个体方差。如果组间方差显著大于组内方差，此时 ICC 值较大，表明同一城市内的高技能劳动力户籍迁移倾向具有一定相似性，则应考虑使用多层模型；相反，如果组间方差很小，此时 ICC 值较小，则可考虑直接使用普通的多元回归。

第四节　高技能劳动力迁移意愿的特征描述

总体来看，2017 年高技能劳动力进城落户意愿的均值为 0.552，这意味着每 100 个高技能迁移劳动力中，有约 55 个人具有将别处户口迁移至本地的倾向。对比而言，普通劳动力平均落户意愿仅为 0.358①，这意味着每 100 个普通迁移劳动力中，仅有约 36 个人会选择将户口迁至本地。高技能劳动力的户籍迁移倾向比普通劳动力更高，这与高技能劳动力更高的人力资本及由人力资本带来的更高的收入、更稳定的工作、更优越的社会地位和在劳动力市场上的议价能力有关。

总体来看，高技能迁移劳动力的公共服务覆盖率更高、年龄更小、在婚比重更高、非农业户口比重更高。公共服务覆盖方面，高技能迁移劳动力有 74.2%的样本被各类城镇医疗保险覆盖，有 29.4%的样本建立了当地的健康档案；而普通迁移劳动力仅有 27.8%的样本参与医疗保险，有 24.7%的样本建立了当地的健康档案。个体因素方面，高技能迁移劳动力的平均年龄大约为 32.0 岁，相比普通迁移劳动力（36.0 岁）而言更加年轻；高技能迁移劳动力中有 4.0%左右的个体处于在婚状态，比低技能迁移劳动力高 2 个百分点。

就业特征方面，高技能迁移劳动力主要为第三产业就业，且收入水平更高。高技能迁移劳动力仅有 8.9%的部分在第一或第二产业就业，其余从业于第三产业；而普通迁移劳动力有 13.7%的部分在第一或第二产业就业，从业于第三产业的群体少于高技能迁移劳动力；高技能迁移劳动力的月均纯收入为 0.642 万元，高于普通迁移劳动力的月均纯收入 0.380 万元，这同样是由于高技能迁移劳动力具有更高的人力资本。

流动特征方面，高技能迁移人员平均停留时间更短、独自流动比重更低、本地融入情况更好。数据显示，高技能迁移劳动力此次迁移（调研时）的平均停留时间约为 6.4 年，相比普通迁移劳动力（7.1 年）而言更短，这在一定程度上说明

① 普通劳动力的划分标准中对年龄和工作情况的划分与高技能劳动力相同，但普通劳动力的最高学历被定义为高中，其职业被定义为除国家机关、党群组织、企事业单位负责人、专业技术人员、公务员、办事人员和有关人员、经商外的劳动力。

高技能劳动力由于在就业市场上的选择面更广，其迁移也更加频繁。此外，高技能迁移劳动力独自流动的比重为 73.0%，而普通迁移劳动力独自流动的比重为 40%，这一方面可能与普通劳动力更重视家庭迁移方式有关，另一方面也反映出高技能劳动力并不需要家庭资源也有足够的能力完成安居乐业。高技能迁移劳动力的本地融入比例为 51.0%，而普通迁移劳动力的本地融入比例仅为 36.4%，这说明高技能劳动力在迁入地的融入情况更好。

迁出地因素方面，高技能劳动力老家在非农地区的比例更高，且其拥有宅基地与承包地的比重也更低。宅基地和承包地是农村集体所有的土地联产承包责任制度下的产物，宅基地被依法分配给农户，而承包地也以承包期分配给农户耕种。然而，户籍迁移后，宅基地和承包地带来的居住保障和经济利益都会受到一定程度的损失。一般而言，拥有宅基地和承包地的劳动力，迁移意愿也会越低（Gu et al.，2020b）。普通劳动力拥有宅基地和承包地的比重更高，因而落户意愿也就越低。而对于高技能劳动力而言，受到宅基地和承包地的作用力相对较小。另外，数据显示，高技能劳动力老家在非农地区的比重更高，而普通劳动力老家更多地在农业地区。这也在一定程度上与二者持有农业户口的比重不同有关。

综上，使用普通劳动力迁移特征来对比高技能劳动力迁移特征，发现高技能劳动力体现出更高的就业和经济报酬、公共服务覆盖率，且家庭迁移特征更加不明显。此外，高技能劳动力迁出地因素也体现出差异性。认识到上述高技能迁移人口的特征，对下文开展实证计量分析具有一定的意义。

第五节　高技能劳动力迁移意愿的影响机制探讨

一、模型预处理

首先，不加入任何解释变量，构建仅有城市截距项的空模型，以测试数据是否具有多层结构。似然比（likelihood ratio，LR）检验的统计量为 2253.210，在 0.010%的水平上显著，这说明多层结构模型相比传统 Logistic 模型具有更好的数据拟合能力。进一步，使用 ICC 来判定组间差异性。Muthen 和 Satorra（1995）认为，模型的 ICC 大于 0.059 时可以认为模型具有显著的组间差异，需要使用多层模型来提升模型的解释力。本模型中，ICC 达到 0.140，这说明模型中有 14%的方差变异是由城市间的组间差异引起的，即位于同一城市的高技能劳动力的户籍迁移倾向具有一定的相似性，在构建模型时需要从个人层次和城市方面来解释。

其次，通过计算个体变量和城市变量两两之间的相关系数，发现变量间的相关系数均小于 0.800，模型中不存在严格的多重共线性问题。需要申明的是，外部变量中并未纳入人均财政收入用于衡量人才政策，是因为人均财政收入与地区经济复杂度、个人纯收入具有较高的共线性，同理，模型也并未纳入外部的经济变量（如地区生产总值）。此外，外部变量中并未纳入医疗服务，仅纳入教育服务，一部分原因是内部变量已经考量了医疗服务的影响，另一部分原因则是医疗服务与经济复杂度的共线性较强。

内生性方面，模型主要着眼于以下几个角度：首先，城市外部变量为 2016 年变量，其余的变量和被解释变量为 2017 年变量，这在一定程度上有利于缓解由反向因果倒置的内生性问题。其次，高技能劳动力的户籍迁移意愿仅仅反映的是主观意愿，研究显示该主观迁移趋势并不完全等同于最终迁移选择，甚至会与最终的迁移选择有较大的出入（杨雪和魏洪英，2017；古恒宇等，2020b）。因此，户籍迁移意愿对解释变量，特别是外部变量的影响较弱。最后，本书使用的数据库严格按照抽样原则进行抽样，由于并不涉及数据汇总过程，并不会产生生态学谬误。基于此，不会因为数据获取及抽样过程产生内生性问题。

二、描述性统计分析

对内部连续变量引起的高技能劳动力落户意愿变化进行分组分析，使用 Fisher’s exact 检验来检验分组的精确性，结果如表 7.3 所示。可以发现，医疗保险、健康档案、就业身份、非农业户口、从业行业、融入本地、独自流动、承包地、宅基地、老家在农村等变量都通过了 Fisher’s exact 检验，而婚姻并未通过检验，这说明在婚与否导致的高技能劳动力户籍迁移倾向的变化不明确。核心变量方面，参加医疗保险、构建健康档案都有利于高技能劳动力户籍迁移倾向的提升。具体来说，参加医疗保险的高技能劳动力中有 59.80%的部分愿意将户口迁移至本地，而不参加医疗保险的高技能劳动力中仅有 42.11%的部分愿意迁移户口。与预期产生差异的是，尽管通过了 Fisher’s exact 检验，然而是否构建健康档案对高技能劳动力户籍迁移趋势的影响似乎并不明显：构建健康档案的高技能劳动力中有 53.92%的部分愿意迁移户口，而不构建健康档案的高技能劳动力中有 55.97%的部分愿意迁移户口。

表 7.3　描述性统计分析

变量	描述	落户	不落户	变量	描述	落户	不落户
医疗保险	参加	59.80%	40.20%	融入本地	融入	66.47%	33.53%
（p=0）	不参加	42.11%	57.89%	（p=0）	不融入	43.78%	56.22%
健康档案	构建	53.92%	46.08%	独自流动	是	56.32%	43.68%
（p=0.060）	不构建	55.79%	44.21%	（p=0）	否	52.35%	47.65%
婚姻	在婚	57.20%	42.80%	承包地	有	40.36%	59.64%
（p=0.365）	不在婚	55.16%	44.84%	（p=0）	无	60.15%	39.85%

续表

变量	描述	落户	不落户	变量	描述	落户	不落户
就业身份	自雇	49.35%	50.65%	宅基地	有	43.56%	56.44%
（p=0）	他雇	57.20%	42.80%	（p=0）	无	61.33%	38.67%
非农业户口	非农业	65.45%	34.55%	老家在农村	农村	47.68%	52.32%
（p=0）	农业	45.75%	54.25%	（p=0）	非农村	63.16%	36.84%
从业行业 （p=0）	第一或第二产业	48.65%	51.35%				
	第三产业	55.89%	44.11%				

注：括号中为 Fisher's exact 检验结果；外部变量和内部连续变量不纳入分析

除了公共服务变量外，个体及就业因素、流动因素和迁出地因素也会引起高技能劳动力迁移倾向的变化。具体来说，就业身份（自雇、他雇）对高技能劳动力户籍迁移倾向的影响显著，相比自雇者，他雇者的户籍迁移倾向明显更高，达到 57.20%；相比非农业户口，农业户口高技能劳动力迁移倾向显著降低至 45.75%；相比第一或第二产业就业，第三产业就业的高技能劳动力同样具有更高的户籍迁移倾向（55.89%）。此外，融入本地的高技能劳动力的户籍迁移倾向为 66.47%，而不融入本地的高技能劳动力户籍迁移倾向仅为 43.78%；独自流动的高技能劳动力相对来说具有更高的户籍迁移倾向。户籍地因素也是不可忽视的因素，在老家拥有承包地或宅基地的高技能劳动力，其户籍迁移倾向明显下降，这体现了一种宅基地和承包地的“拉力”作用；老家在农村的高技能劳动力相比老家在非农村的群体而言户籍迁移倾向更低。

三、前文假说的微观实证

接下来，构建多层 Logistic 模型，同时纳入个人及城市级别变量。与第五章相似，为了更好地测试各组变量的稳健性，运用基础回归的方法进行研究（表 7.4）。模型 1 仅纳入经济收入变量，模型 2 纳入公共服务覆盖变量，模型 3 进一步纳入个体及就业因素变量，模型 4 和模型 5 分别进一步纳入流动特征和迁出地因素，模型 6 进一步纳入城市外部因素。为了更好解决组内自相关的问题，本模型使用城市组别的聚类标准误，模型结果如表 7.4 所示。模型 1 至模型 6 中，纯收入均表现出对高技能劳动力迁移倾向的正向影响作用；模型 2 的结果显示出医疗保险参保与建立健康档案对高技能劳动力迁移倾向的促进作用，且该影响同样在各模型中显著；外部变量（模型 6）中，每万名中学生拥有的老师数量与经济复杂度均呈现出对高技能劳动力迁移倾向的促进作用。根据模型 6 的结果，具体而言，纯收入每增加 1000 元会导致高技能劳动力迁移选择的可能性增加至原先的 1.157

倍，经济复杂度指数每增加 1 会导致高技能劳动力户籍迁移可能性变为原先的 1.029 倍；公共服务方面，参加医疗保险与建立健康档案分别会导致高技能劳动力落户可能性增加至原先的 1.178 倍与 1.158 倍，而城市每万名中学生拥有老师数量每增加 1 名会引起高技能劳动力迁移可能性增加至原先的 1.008 倍。上述结果为 NESM 理论的假说 2～4 提供了充足的证据：模型显示，名义收入和经济复杂度（价格指数）都对高技能劳动力迁移产生作用，实证了经济因素的驱动效应，而公共服务的种类和质量同样会促进高技能劳动力的迁移选择。

表 7.4　基础回归结果及稳健性分析

变量	模型 1	模型 2	模型 3	模型 4	模型 5	模型 6	模型 7
	Logistic	Logistic	Logistic	Logistic	Logistic	Logistic	Logistic
纯收入	1.213***	1.217***	1.166***	1.157***	1.162***	1.157***	1.514***
	（0.073）	（0.071）	（0.059）	（0.062）	（0.062）	（0.062）	（0.078）
医疗保险（参加）		1.535***	1.221***	1.200***	1.181**	1.178**	1.537***
		（0.095）	（0.084）	（0.082）	（0.080）	（0.079）	（0.086）
健康档案（建立）		1.280***	1.276***	1.167***	1.162***	1.158**	1.329***
		（0.068）	（0.069）	（0.067）	（0.067）	（0.067）	（0.084）
年龄			1.003	0.999	0.999	0.999	1.021***
			（0.005）	（0.004）	（0.004）	（0.004）	（0.006）
婚姻（在婚）			0.896	0.842	0.850	0.850	1.408***
			（0.125）	（0.116）	（0.117）	（0.117）	（0.174）
就业身份（自雇）			0.937	0.920	0.921	0.924	1.040
			（0.051）	（0.051）	（0.052）	（0.052）	（0.064）
非农业户口（非农业）			1.841***	1.852***	1.546***	1.551***	1.039
			（0.103）	（0.111）	（0.122）	（0.122）	（0.089）
从业行业（非第三产业）			0.772***	0.791***	0.798**	0.797**	0.830**
			（0.072）	（0.071）	（0.071）	（0.071）	（0.071）
融入本地（融入）				2.670***	2.669***	2.667***	2.895***
				（0.166）	（0.166）	（0.165）	（0.143）
停留时间				1.002	1.002	1.002	1.089***
				（0.008）	（0.008）	（0.008）	（0.009）
独自流动（是）				0.947	0.948	0.948	1.173***
				（0.047）	（0.047）	（0.047）	（0.063）
承包地（有）					0.742***	0.744***	1.140*
					（0.046）	（0.046）	（0.084）

续表

变量	模型 1	模型 2	模型 3	模型 4	模型 5	模型 6	模型 7
	Logistic	Logistic	Logistic	Logistic	Logistic	Logistic	Logistic
宅基地（有）					0.936	0.937	0.803***
					（0.070）	（0.070）	（0.056）
老家在农村（是）					0.999	1.002	1.039
					（0.053）	（0.053）	（0.063）
中学老师						1.008*	1.002
						（0.005）	（0.003）
经济复杂度						1.029**	0.983*
						（0.012）	（0.010）
地区经济增速						0.997	0.978
						（0.017）	（0.014）
常数项	0.547***	0.378***	0.325***	0.242***	0.293***	0.059***	0.241***
	（0.033）	（0.029）	（0.055）	（0.043）	（0.054）	（0.041）	（0.116）
观测量	12 382	12 382	12 382	12 382	12 382	12 382	12 382
分组	267	267	267	267	267	267	267

注：表中所列数据为发生比；括号中为聚类到各组的稳健标准误

*、**、***分别表示 $p<0.10$、$p<0.05$、$p<0.01$

四、个人与就业、流动特征、迁出地因素分析

模型实证出个人与就业因素、流动特征因素、迁出地因素等多种因素与高技能劳动力迁移具有的密切关系。模型 3～6 的结果显示，非农业户口的高技能劳动力相比农业户口群体而言户籍迁移可能性更高。根据模型 6 的结果，非农业户口会导致高技能劳动力户籍迁移可能性提升 1.551 倍。该结论与 Gu 等（2020b）的结论相同，这主要是由于城市户口迁移至其他城市的成本相比农业户口转非农业户口而言更低。另外，模型 6 的结果显示了非第三产业从业的高技能劳动力具有更低的户籍迁移意愿。在控制了所有因素后，一个高技能劳动力若从业于第一或第二产业，则其户籍迁移选择的可能性要降低至原来的 0.797 倍。这主要是由于第三产业就业的高技能劳动力具有相对较高的社会地位和相对稳定的工作环境，因而相比非第三产业就业的群体具有更高的居留可能性。然而，模型 6 的结果还显示了年龄、婚姻、就业身份均不会引起高技能户籍迁移选择的显著变化。尽管年龄较小的高技能劳动力具有更高的人力资本投资空间，但日益增加的生活成本同样在降低这部分群体的户籍迁移意愿；同样，生活成本也在影响在婚高技能劳

动力的居留选择，尽管这部分群体构建了更强的家庭联系；部分自雇者可能具有比他雇者更高的从业地位，但高昂的地价租金同样在驱赶小微企业或零售业自雇者。

社会融入程度更高的高技能劳动力同样具备更高的户籍迁移倾向，该结论呼应了既有文献（Chen and Liu，2016）的结论，说明了社会融入程度与高技能劳动力户籍迁移选择的关系。然而，停留时间的长短和是否独自流动并未呈现出与高技能劳动力户籍迁移选择的关系，这与 Gu 等（2021c）关于农民工的研究结果出现了不符。这一问题仍然可以从日益增加的生活成本来解释：在大城市生活成本日益增加的背景下，具有更高人力资本的高技能劳动力将可能有更多的迁移选择（如返乡就业），因而是否独自流动或停留时间的长短与其户籍迁移倾向的关系不明确。

迁出地因素在模型 6 中显示与高技能劳动力迁移倾向有一定的关系。具体来说，如果高技能劳动力在迁出地拥有承包地，那么他（她）在城市的户籍迁移意愿将会下降至原先的 0.744 倍。该结论与 Chen 等（2017）、Tang 等（2016）的结论一致，在 20 世纪 80 年代初实行家庭联产承包责任制后，土地以承包的形式分配给各户经营；2027 年是第三期土地分配期的开始，届时，在第二期土地承包期中农业户口转非农业户口的高技能劳动力必然将承受由于承包地失去而受到的分红、耕种福利等多种损失（Long et al.，2016；黄祖辉和王朋，2008）。相比之下，宅基地由于其特殊的政策，即在农业户口转非农业户口后仍然具有房屋使用权，因而也具有宅基地的使用权（“地随房走”政策），其对高技能劳动力户籍迁移的作用机理并不似承包地这样明确（Gu et al.，2020b）。模型显示，高技能劳动力的迁移决策并不受到宅基地的影响，这主要是由于相比普通农业转移人口而言，高技能劳动力对迁出地房屋的需求相对比较容易满足，宅基地由于受到较多政策限制（如不允许交易、农业户口转非农业户口后不允许修缮），对高技能劳动力迁移的作用机制不明显。此外，老家的位置同样没有体现出显著的对高技能劳动力户籍迁移的影响效应，该结论同样与 Gu 等（2020b）关于农业转移人口研究的结论不同。

五、外部城市因素分析

外部城市因素中，虽然经济复杂度和教育服务水平对高技能劳动力迁移产生了明显的促进作用，但作为控制变量的地区经济增速与高技能劳动力落户选择无关。这主要是由于经济增速较高的地区既包含了一些新一线城市，也包含一些经济发展水平较低的欠发达地区，这些地区对外来高技能劳动力的吸引力较弱。总体来说，加入三个城市外部变量后，模型的 ICC 值下降至 0.120，这说明模型受到多层结构的影响较空模型而言正在减弱，也从侧面佐证出多层模型对模型的改善。

第六节　稳健性分析

为了检验上述结果的稳健性，构建模型 7。模型 7 中，被解释变量被替换为高技能劳动力在城市中“是否具有五年以上长期居留意愿”。高技能劳动力的长期居留意愿与户籍迁移意愿存在一定的一致性，因此可被用于进行稳健性测试。高技能劳动力户籍迁移意愿同样来源于 2017 年中国流动人口动态监测调查数据。结果显示，纯收入、医疗保险、健康档案对高技能劳动力户籍迁移的影响存在稳健性，而城市外部变量中，每万名中学生拥有老师数量对高技能劳动力长期居留倾向的影响不显著，经济复杂度的影响则不符合预期。究其原因，这主要是由于户籍在一定程度上反映了流入度获得公共服务的权利，因而基础教育水平的影响不显著；另外，地区经济复杂度更高，往往意味着地区的竞争越强，这会降低高技能劳动力的长期居留倾向。

第七节　异质性劳动力迁移趋势的影响机制

与本书第四、五章对应，本章的异质性分析关注异质性劳动力迁移倾向影响因素的差异机制。匹配城市数据后，总共覆盖 278 个城市，包含 67 855 个普通劳动力样本。与高技能劳动力迁移机制对应，对普通劳动力迁移机制的考量纳入相同的变量，包括经济因素、地方品质因素，以及个人及就业因素、流动特征因素、迁出地因素和迁入城市因素等控制变量。考量到多层数据结构，依然选用多层 Logistic 模型作为基准回归模型。空模型的结果显示，ICC 值达到 0.098，这说明 9.8%的方差变化是由不同城市组间差异导致的。尽管普通劳动力的组间差异性不如高技能劳动力明显，但仍有足够的证据支持多层 Logistic 模型的运用（表 7.5）。

表 7.5　异质性分析结果

变量	模型 8	模型 9	模型 10	模型 11	模型 12	模型 13
	Logistic	Logistic	Logistic	Logistic	Logistic	Logistic
纯收入	1.157**	1.148**	1.135**	1.089*	1.104**	1.102*
	（0.068）	（0.067）	（0.066）	（0.056）	（0.055）	（0.055）

续表

变量	模型 8	模型 9	模型 10	模型 11	模型 12	模型 13
	Logistic	Logistic	Logistic	Logistic	Logistic	Logistic
医疗保险（参保）		1.316***	1.171***	1.090***	1.076**	1.075**
		（0.041）	（0.041）	（0.036）	（0.036）	（0.036）
健康档案（建立）		1.280***	1.281***	1.168***	1.163***	1.162***
		（0.036）	（0.035）	（0.033）	（0.033）	（0.033）
年龄			0.998	0.993***	0.995***	0.995***
			（0.002）	（0.002）	（0.002）	（0.002）
婚姻（在婚）			1.078	0.985	1.009	1.010
			（0.081）	（0.070）	（0.070）	（0.070）
就业身份（自雇）			1.025	0.976	0.982	0.983
			（0.033）	（0.030）	（0.030）	（0.030）
非农业户口（非农业）			1.736***	1.755***	1.271***	1.272***
			（0.093）	（0.095）	（0.076）	（0.076）
从业行业(非第三产业）			0.923**	0.943	0.961	0.962
			（0.036）	（0.036）	（0.035）	（0.035）
融入本地（融入）				2.873***	2.877***	2.878***
				（0.094）	（0.092）	（0.092）
停留时间				1.020***	1.020***	1.020***
				（0.004）	（0.004）	（0.004）
独自流动（是）				1.046*	1.037	1.037
				（0.026）	（0.025）	（0.025）
承包地（有）					0.808***	0.809***
					（0.025）	（0.025）
宅基地（有）					0.807***	0.806***
					（0.029）	（0.029）
老家在农村（是）					0.910***	0.909***
					（0.029）	（0.029）
中学老师						1.000
						（0）
经济复杂度						1.016
						（0.010）
地区经济增速						1.015
						（0.015）

续表

变量	模型 8	模型 9	模型 10	模型 11	模型 12	模型 13
	Logistic	Logistic	Logistic	Logistic	Logistic	Logistic
常数项	0.345***	0.302***	0.310***	0.220***	0.292***	0.105***
	(0.015)	(0.013)	(0.024)	(0.017)	(0.025)	(0.052)
观测量	67 855	67 855	67 855	67 855	67 855	67 855
分组	278	278	278	278	278	278

注：表中所列数据为发生比；括号中为聚类到各组的稳健标准误

*、**、***分别表示 $p<0.10$、$p<0.05$、$p<0.01$

本节构建了 6 个模型（模型 8～13），分别对应本章第六节中模型 1～6，将经济因素、内部地方品质因素、个体及就业因素、流动特征、迁出地因素和城市外部（经济、地方品质）控制变量依次加入。考虑到组内相关性，使用聚类到城市的稳健标准误。

结果显示，纯收入在模型 8～13 中均体现出稳健性。在控制各方变量后，模型 13 显示，纯收入每增加 1000 元会导致普通劳动力户籍迁移意愿变为原来的 1.102 倍。另外，参加医疗保险与建立健康档案同样会引起普通劳动力户籍迁移倾向的提升：参加医疗保险与建立健康档案会导致其户籍迁移意愿变为原来的 1.075 倍与 1.162 倍。然而，城市外部因素被发现与普通劳动力户籍迁移倾向无关，这在一定程度上与有人力资本差异的劳动力获得户籍的难易程度有关，因为城市公共服务水平的享受往往与户口的获得性绑定。

另外，结果显示，年龄对普通劳动力的户籍迁移意愿产生负向影响，年龄越大的普通劳动力户籍迁移倾向越低，该结论与文献相呼应（Tang et al.，2016）。高技能劳动力户籍迁移不受年龄的影响，而普通劳动力受到影响，这同样是由于人力资本的差异。与高技能劳动力户籍迁移类似，普通劳动力户籍迁移受到户口性质、融入本地、承包地的影响，非农业户口与本地融入状况都会促进普通劳动力的户籍迁移趋势，而农村拥有承包地会降低其户籍迁移意愿。与高技能劳动力不同的是，普通劳动力不受从业产业的影响，但受到停留时间、宅基地持有的影响，这说明普通劳动力受到迁出地“拉力”因素及社会融入的影响相对更大。

总而言之，普通劳动力与高技能劳动力相似，其户籍迁移意愿受到名义收入、医疗保险、健康档案、社会融入、户口性质、迁出地因素等一系列因素的影响，但其不受外部城市因素的影响，且受到社会融入及迁出地“拉力”的影响更大。

第八节　小　　结

本章基于2017年流动人口动态监测调查数据，对进城高技能劳动力的户籍迁移倾向展开研究，以期从微观角度上验证NESM理论的正确性。通过构建一个多层Logistic回归模型，一系列个体尺度和城市尺度的变量被纳入。通过研究，本章主要发现以下几点结论。

第一，多层Logistic模型的回归结果从微观尺度上证实了NESM理论的正确性，即由工业部门引起的经济因素（名义收入、工业品价格指数）和由地方品质引起的地方品质因素（地方品质种类和质量）对高技能劳动力在目的地城市的户籍迁移意愿产生影响。纯收入每增加1000元会导致高技能劳动力迁移选择的可能性增加至原先的1.157倍，经济复杂度指数每增加1会导致高技能劳动力户籍迁移可能性变为原先的1.029倍，参加医疗保险与建立健康档案分别会导致高技能劳动力落户可能性增加至原先的1.178倍与1.158倍，城市每万名中学生拥有老师数量每增加1名会引起高技能劳动力迁移可能性增加至原先的1.008倍。

第二，模型实证出个人与就业因素、流动特征因素、迁出地因素等多种因素与高技能劳动力迁移具有的密切关系。非农业户口的高技能劳动力相比农业户口群体而言户籍迁移可能性更高，非第三产业从业的高技能劳动力具有更低的户籍迁移意愿，社会融入程度更高的高技能劳动力同样具备更高的户籍迁移倾向，承包地会降低高技能劳动力的户籍迁移意愿。

第三，异质性劳动力的户籍迁移意愿受到驱动因素的影响各不相同。一方面，普通劳动力与高技能劳动力相似，其户籍迁移意愿受到经济收入因素、公共服务覆盖因素、社会融入因素、户口性质因素、迁出地因素等一系列因素的影响；另一方面，普通劳动力户籍迁移倾向不受外部城市因素的影响，且受到社会融入及迁出地“拉力”的影响更大。

第八章　中国高技能劳动力迁移和集聚的机制总结

第一节　引　　言

深入剖析高技能劳动力迁移和集聚的时空演化机制是认识、把握和预测我国高技能劳动力迁移的关键，也是本书的重要落脚点。基于 NESM 理论，得到了迁移集聚论、经济驱动论、地方品质论和经济主导论等理论假说。这些假说在前文得以实证。然而，作为新经济地理学模型体系的一员，NESM 理论由于模型求解的问题无法在模型中直接或间接纳入时间要素，为认识中国区域高技能劳动力迁移和分布的经济地理格局提供静态解释。基于此，本章希望回答以下问题：如何认识中国高技能劳动力迁移和集聚格局的稳定性机制？如何理解中国高技能劳动力迁移和集聚格局的时空演化的动态特征？如何解释异质性劳动力迁移和集聚的时空差异机制？本章在前文实证模型的基础上，运用 NESM 理论，结合我国实际的国情和间接已有的经典理论，尝试对本书得到的中国高技能劳动力时空演化格局的影响机制进行归纳分析，以期为政府部门制定有关高技能劳动力治理政策提供参考。

第二节　高技能劳动力迁移和集聚格局的稳定性机制

经济因素和地方品质因素的地区差异导致迁移与分布的集聚性。中国高技能劳动力迁移格局在 2000～2015 年呈现出一系列持续不变的稳定性特征：无论是迁入率、迁出率分析还是迁移网络拓扑分析，都揭示出中国高技能劳动力迁移和分布的集聚特征（即 NESM 理论假说 1）。根据 NESM 理论，这种迁移和分布的集聚规律可以用两区域间地区经济效应和地方品质效应差异来解释（图 8.1）。

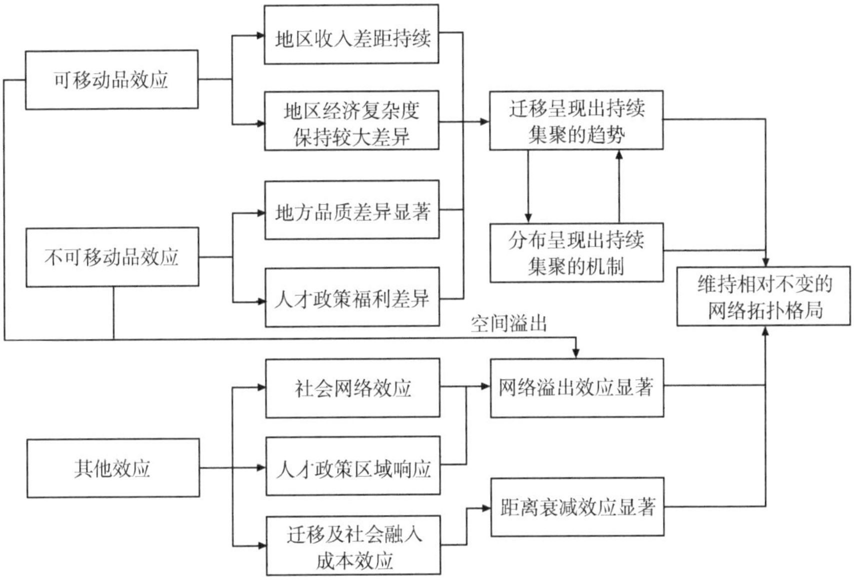

图 8.1　高技能劳动力迁移和集聚格局的稳定性机制框架

地区经济效应体现在中国 2000 年、2005 年和 2010 年东部地区和中西部地区在岗职工平均工资及经济复杂度的差异鸿沟仍然很多，未得到根本性缓解。数据显示（表 8.1），2000 年，中国东部地区在岗职工平均工资为 11 541.45 元，而中部地区的平均工资为 7342.38 元，西部地区的平均工资为 8716.25 元。可以发现，东部地区的在岗职工平均工资分别达到中部地区和西部地区的 1.57 倍和 1.32 倍。与此同时，东部地区的平均经济复杂度达到 0.70，而中部地区和西部地区的经济复杂度仅为–0.19和–0.54，这说明东部地区产业结构更完善，本地生产产品多样化程度更高，因而价格指数也更低。收入差距和本地产品价格指数差距导致了高技能劳动力在 2000～2005 年从欠发达的中西部地区迁往发达的东部沿海地区。

表 8.1　2000 年、2005 年、2010 年各区域之间要素差异

年份	地区	平均工资/元	经济复杂度	每万名小学生拥有教师数/人	人均财政收入/元	1 月与 7 月平均温差/℃	每万人拥有执业医师数/人
2000 年	东部地区	11 541.45	0.70	603.82	1 098.74	24.73	17.12
	西部地区	8 716.25	–0.54	498.49	350.86	23.55	13.31
	中部地区	7 342.38	–0.19	555.63	342.57	29.27	13.68
	全国	9 364.19	–0.01	550.61	614.10	25.44	14.76
2005 年	东部地区	21 812.09	0.70	718.19	2 603.41	24.54	18.75
	西部地区	16 642.67	–0.51	545.79	703.67	23.28	15.34

续表

年份	地区	平均工资/元	经济复杂度	每万名小学生拥有教师数/人	人均财政收入/元	1月与7月平均温差/℃	每万人拥有执业医师数/人
2005年	中部地区	14 440.75	–0.10	639.39	710.92	28.96	15.28
	全国	17 908.74	0.02	631.12	1 379.64	25.19	16.53
2010年	东部地区	42 357.27	1.08	721.38	5 691.65	24.85	17.80
	西部地区	34 206.17	–0.51	631.40	2 211.85	24.09	14.09
	中部地区	30 349.88	–0.16	664.90	1 930.17	29.21	14.93
	全国	36 103.32	0.15	671.97	3 373.93	25.68	15.62

尽管1999年我国开始实行西部大开发战略，但地区经济发展差异格局并未得到有效改善（肖金成等，2020）。2005年，东部地区的平均工资为21 812.09元，中部地区和西部地区的平均工资分别为14 440.75元和16 642.67元。可以发现，东部地区平均工资达到了中部地区和西部地区的1.51倍和1.31倍，收入差距相比2000年仅仅得到微小缓解。与此同时，东部地区的经济复杂度为0.70，而中部地区和西部地区的经济复杂度分别为–0.10 和–0.51，地区经济复杂度的差异及其所表征的地区本地生产商品价格指数差异也仅仅是得到了一定的减缓。至2010年，东部地区平均工资达到42 357.27元，中西部地区平均工资分别达到30 349.88元和34 206.17元。可以发现，东部地区平均工资达到了中部地区和西部地区的1.40倍和1.24倍。与此同时，东部地区经济复杂度达到1.08，而中部地区和西部地区的经济复杂度分别为–0.16和–0.51。上述因素导致2005～2015年，中国高技能劳动力迁移在受到地区经济差异的影响下，仍然呈现出集聚迁移和分布格局。

地方品质效应主要体现地方品质地区差异和政府转移支付（人才补贴）地区差异对高技能劳动力迁移格局的维系。如表8.1所示，东部地区2000年、2005年和2010年每万名小学生拥有教师数分别为603.82人、718.19人和721.38人，与中部地区和西部地区每万名小学生拥有教师数的差距先增大后缩小，但仍然存在较大的差异。至2010年，东部地区每万名小学生拥有教师数分别为中部地区和西部地区的1.08倍和1.14倍，中国地区间的基础教育供给差异没有得到根本性的扭转。从医疗服务水平的角度看，2000年，东部地区每万人拥有执业医师数为17.12人，分别为中部地区和西部地区的1.25倍和1.29倍。至2010年，东部地区每万人拥有职业医师数为17.80人，分别为中部地区和西部地区的1.19倍和1.26倍。

与基础教育服务类似，医疗服务地区供给同样呈现出很大的地区差异性①。以公共服务为代表的地方品质地区差异仍然存在，这种非经济的地方品质差异导致了2000～2015 年高技能劳动力迁移和再分布的非均衡性。值得一提的是，自然舒适度与我国的东中西地理格局无关，但在 15 年间，以温差为代表的自然气候差异同样不会产生显著的变化。

人均财政收入可以代表地区人才补贴力度。2000 年，东部地区的人均财政收入为 1098.74 元，分别达到中部地区和西部地区的 3.21 倍和 3.13 倍；2005 年，东部地区的人均财政收入为 2603.41 元，分别达到中部地区和西部地区的 3.66 倍和 3.70 倍；至 2010 年，东部地区的人均财政收入为 5691.65 元，分别达到中部地区和西部地区的 2.95 倍和 2.57 倍。由此可见，地方政府的人才补贴地区差异在 2000～2010 年仍然存在较大的地区差异，作用于高技能劳动力迁移和再分布。

此外，要素空间溢出、人才政策响应和社会网络导致的网络溢出效应持续显著。实证结果显示，2000～2015 年，中国高技能劳动力迁移网络的网络溢出效应持续显著，这说明中国高技能劳动力迁移流与其共享出发地而目的地相邻的迁移流，以及与其共享目的地而出发地相邻的迁移流具有显著的相关关系。一方面，这是由于地区的经济、就业机会和地方品质因素在空间上会产生显著的溢出效应（Gu et al.，2021a，2021b），从而产生空间相关性，引起迁移规模的相关性；另一方面，进入人才竞争时代，地方政策间会产生人才政策的策略互动，引发人才政策和补贴的关联性。一系列不可观测变量，如地区间的社会网络联系和地区经济社会发展政策关联同样会导致高技能劳动力迁移趋势的空间关联，从而导致网络溢出效应（古恒宇等，2018）。

无论是 PPML 引力模型还是 ESF Hurdle 引力模型，结果都显示高技能劳动力迁移存在显著的距离衰减效应。尽管与普通劳动力相比，高技能劳动力迁移距离更长，似乎更能承担地理距离带来的迁移和社会融入成本，但这种地理距离衰减效应仍然存在。为了更好地验证这种长期存在的地理距离衰减效应，笔者构建了一系列 OLS 模型，被解释变量为两地之间高技能劳动力迁移率，解释变量为两地之间的迁移距离、距离的对数及距离的平方，如表 8.2 所示。可以看出，2000～2010 年，地理摩擦效应持续存在于高技能劳动力迁移格局中，并扮演持续的作用。

---

① 作为示例，此处仅将中西部地区的经济和地方品质差异呈现。如果排除东部地区的落后地区，仅选取极少数对高技能劳动力吸引力极强的省市，地区发展差异将会更加明显。

表 8.2 高技能劳动力迁移的地理距离衰减效应

类别	OLS	OLS	OLS	OLS	OLS	OLS
模型 1						
类别	高技能劳动力	高技能劳动力	高技能劳动力	普通劳动力	普通劳动力	普通劳动力
年份	2000～2005 年	2005～2010 年	2010～2015 年	2000～2005 年	2005～2010 年	2010～2015 年
迁移距离	–0.0019***	–0.0020***	–0.0019***	–0.0023***	–0.0022***	–0.0023***
	(0.0003)	(0.0003)	(0.0003)	(0.0003)	(0.0003)	(0.0003)
常数项	6.5578***	6.6481***	6.6024***	7.0746***	6.9093***	7.1413***
	(0.7108)	(0.6614)	(0.6379)	(0.6631)	(0.6594)	(0.6390)
观测量	870	870	870	870	870	870
R^2	0.0521	0.0646	0.0670	0.0740	0.0669	0.0819
模型 2						
类别	OLS	OLS	OLS	OLS	OLS	OLS
	高技能劳动力	高技能劳动力	高技能劳动力	普通劳动力	普通劳动力	普通劳动力
年份	2000～2005 年	2005～2010 年	2010～2015 年	2000～2005 年	2005～2010 年	2010～2015 年
迁移距离_自然对数	–3.4395***	–3.6427***	–3.5592***	–3.8918***	–3.6970***	–3.8802***
	(0. 5856)	(0.54281)	(0.5634)	(0.0003)	(0.4991)	(0.4780)
常数项	28.2868***	29.7336***	29.1470***	31.5494***	30.1240***	31.4643***
	(4.3802)	(4.0563)	(3.9461)	(3.6958)	(3.7496)	(3.6015)
观测量	870	870	870	870	870	870
R^2	0.0852	0.1104	0.1137	0.1138	0.1015	0.1206
模型 3						
类别	OLS	OLS	OLS	OLS	OLS	OLS
	高技能劳动力	高技能劳动力	高技能劳动力	普通劳动力	普通劳动力	普通劳动力
年份	2000～2005 年	2005～2010 年	2010～2015 年	2000～2005 年	2005～2010 年	2010～2015 年
迁移距离的平方_自然对数	–1.7198***	–1.8214***	–1.7796***	–1.9459***	–1.8475***	–1.9401***
	(0.2928)	(0.2714)	(0.2636)	(0.2451)	(0.2496)	(0.2390)
常数项	28.2868***	29.7336***	29.1470***	31.5494***	30.1240***	31.4643***
	(4.3802)	(4.0563)	(3.9461)	(3.6958)	(3.7496)	(3.6015)
观测量	870	870	870	870	870	870
R^2	0.0852	0.1104	0.1137	0.1138	0.1015	0.1206

注：括号中为稳健标准误

***表示 p <0.01

笔者认为，迁移和社会融入成本的持续存在是导致高技能劳动力迁移地理衰减规律仍然持续的重要机制。尽管随着交通基础设施和通信技术的改善，迁移的成本已经呈现下降趋势，但对于幅员辽阔的中国而言，不同文化区之间的社会融入仍然具有较高的成本。因此，在未来相当长的一段时间内，可以预见这种迁移的地理衰减规律将会持续存在于我国的高技能劳动力迁移网络之中。

第三节　高技能劳动力迁移和集聚的时空变化机制

中国高技能劳动力迁移和集聚尽管在15年间呈现出明显的异质性特征，但也出现了一系列的时空变化特征，主要包括：第一，高技能劳动力出现了分散化的趋势，且在省际尺度和市际尺度上空间分布的集聚程度有所减弱；第二，高技能劳动力的迁移距离缩短；第三，高技能劳动力迁移网络的复杂性特征逐渐增强；第四，高技能劳动力跨省迁移的流动性先增强后减弱。图8.2总结了中国高技能劳动力迁移和集聚的时空变化规律及其背后的机理逻辑。

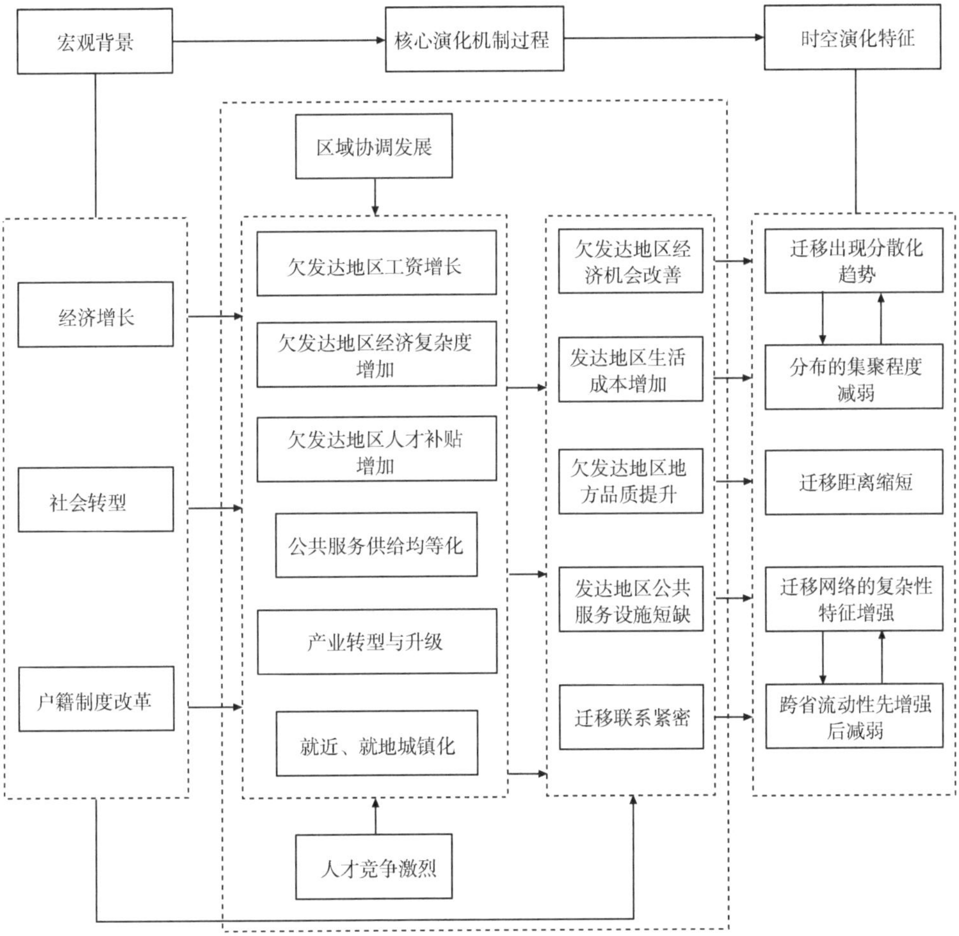

图8.2　中国高技能劳动力迁移和集聚格局的变化机制框架

首先，经济因素和地方品质因素地区差异的缩小导致迁移和分布集聚性减弱。随着“西部大开发”“中部崛起”“均衡化发展”“公共服务均等化”等政策目标的制定，中国高度集聚在东部地区的产业转型，大量劳动力密集型企业开始往中西部地区迁移，促进了劳动力迁移集聚趋势的减缓。与此同时，表 8.1 也显示，随着中西部欠发达地区经济机会的提升和地方品质的提高，经济和地方品质的区域差异开始缩小。尽管在户籍制度和二元城乡发展的背景下，这种差异并未根本性打破，但诸多帮扶中西部地区的经济政策的实施仍使得地区间的不均衡发展情况得以缓和。例如，2000 年至 2010 年，东部地区的平均工资、经济复杂度、每万名小学生拥有教师数、每万人拥有执业医师数与中西部地区的差距在逐步缩小。同时，随着 2010 年后地区间人才竞争的日益激烈（武荣伟等，2020；古恒宇和沈体雁，2021），人才政策的地区间策略互动及中西部地区地方品质种类和质量的提升导致了政府人才财政补贴的提升，从而使得中西部地区人才补贴的差异得以缩小。此外，21 世纪以来，中国东部地区生活成本持续上升，住房价格飞涨，这导致高技能劳动力的生活成本日益攀升。上述因素都导致了 2000～2015 年高技能劳动力迁移的集聚程度开始减弱，而这种集聚程度的减弱也进而导致高技能劳动力空间分布集聚特征的减弱。

其次，户籍制度改革背景下，迁移距离和流动性下降，而迁移网络复杂性增加。1984 年，《国务院关于农民进入集镇落户问题的通知》的颁布正式拉开后改革时期户籍制度改革的帷幕，城乡间的落户障碍被打破，大量农村剩余劳动力得以进城，为城镇化和经济发展提供了源源不断的脑力与劳力支持。1997 年，《国务院批转公安部小城镇户籍管理制度改革试点方案和关于完善农村户籍管理制度意见的通知》的颁布意味着进城务工人员可以在城内办理常住户口。2001 年开始，对办理小城镇常住户口的人员不再实行计划指标管理。2012 年，《国务院办公厅关于积极稳妥推进户籍管理制度改革的通知》的颁发强调要“逐步实现城乡基本公共服务均等化”。2014 年，“新型城镇化”拉开帷幕，《国务院关于进一步推进户籍制度改革的意见》强调要统筹推进城镇化，有序推进农业转移人口市民化。

再次，早期户籍制度改革的主要政策目的和结果是促使大规模的农村剩余劳动力进城务工，提供城镇化所需要的人力需求，但日益激烈的劳动力市场和外来人口的日益增长与人们对幸福生活的追求发生了矛盾。相应地，2010 年以来逐步深化的户籍制度改革开始引导劳动力就近、就地实现城镇化，引导更多人才到中小城市落户。在户籍制度改革的背景下，近年来，欠发达地区和发达地区间的经济发展水平和地方品质差距日益减小，中西部地区产业链的日益完善，就业机会的多样化增加，导致更多高技能劳动力倾向于选择就近的务工地点和就近的新兴城市落户生活。这导致了高技能劳动力迁移距离从 2000～2005 年的 1102 km 缩短至 2010～2015 年的 1050 km，也导致了高技能劳动力跨省迁移占总迁移规模的比重从2000～2005年至2010～2015年呈现出先升后降的趋势。

最后，随着户籍制度改革的深入、区域均衡发展政策的颁布及产业转移，欠发达地区间也发生了较强的迁移联系。日益紧密的高技能劳动力联系伴随着持续增强的高技能劳动力迁移“核心”地区，高技能劳动力迁移的平均聚类系数提升，平均路径长度下降，其复杂网络特性得以持续增强。

第四节　异质性劳动力迁移和集聚的时空差异机制

关注异质性劳动力迁移和集聚的时空差异机制。根据本书第四章空间分析部分的发现，高技能劳动力和普通劳动力迁移与分布格局存在显著的差异性。第一，高技能劳动力迁移和集聚都呈现出较普通劳动力而言更明显的集聚特征。第二，高技能劳动力的平均迁移距离比普通劳动力更长。第三，高技能劳动力的网络溢出效应比普通劳动力更加显著。第四，高技能劳动力迁移率高值网络未呈现明显的南北差异格局，而普通劳动力迁移率高值网络则呈现明显的南北差异，南部地区普通劳动力迁移强度比北部地区更高。图8.3系统性总结了异质性劳动力迁移和集聚时空差异机制。

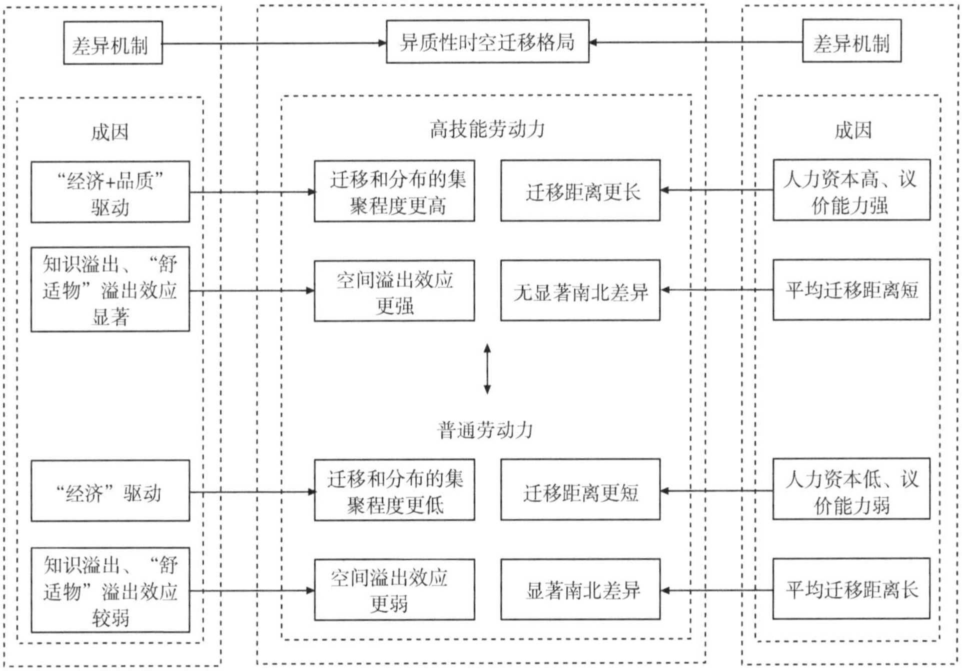

图8.3　异质性劳动力迁移和集聚的时空差异机制框架

首先，驱动模式差异导致异质性劳动力迁移和分布差异。在 NESM 理论中，高技能劳动力迁移函数中包含工业品消费和地方品质消费两部分，而为了模型求解，普通劳动力没有主观迁移函数。对应在实际情况中，前文通过各类计量模型，均实证了高技能劳动力和普通劳动力迁移驱动因素的差异。总体来说，高技能劳动力受到由工业部门导致的经济因素（名义工资、经济复杂度）和地方品质部门导致的地方品质的种类、数量和质量及政府转移支付因素（人才补贴）的共同驱动，而普通劳动力主要受到工业部门导致的经济因素和政府转移支付因素（收入因素）的影响，受到地方品质因素的影响较小。

这种驱动模式的差异直接导致了异质性劳动力迁移模式的差异。根据 NESM 理论，地方品质部门导致的地方品质因素形成了一个自我强化的循环因果累积机制，导致了更多高技能劳动力迁入和集聚在本地。而单一经济驱动的普通劳动力，随着东部地区与中西部地区收入差异的缩小和东部地区生活成本的日益上升，其迁移模式集聚程度较高，尽管发达地区吸引了源源不断的普通劳动力流入，但从这些区域迁出的普通劳动力规模也在日益上升，最终导致了普通劳动力空间分布的均衡特性。

其次，人力资本异质性导致迁移距离差异性。高技能劳动力拥有更高的人力资本，而其迁移在一定程度上可以看作对自身人力资本的一种投资（Sjaastad，1962）。根据二元劳动力市场分割理论（Berger and Piore，1980），劳动力市场可以分为一级就业市场与二级就业市场：一级就业市场具有更多的就业机会、更稳定的就业保障及更高的收入水平；二级就业市场则具有较少的就业机会、较差的就业稳定性及较低的收入水平。由于一级就业市场中的高技能劳动力激烈竞争，二级就业市场中的普通劳动力较难跃升为一级就业市场。本书的结果显示，高技能劳动力迁移距离相较于普通劳动力更长。这在一定程度上是由于同等条件下，位于二级就业市场的普通劳动力迁移获得的报酬更低，因而为了收获更高的迁移净效用，需要缩短迁移距离。

再次，影响因素空间溢出差异和知识溢出导致网络溢出效应差异性。高技能劳动力迁移网络中的网络自相关性大于普通劳动力迁移网络，这说明高技能劳动力迁移网络会产生更加显著的网络溢出效应。区域迁移流之间的网络自相关性很大程度是由于影响因素的空间自相关性造成的（蒲英霞等，2016），影响高技能劳动力迁移的因素包括地区经济因素、地方品质因素和相关控制变量，这些因素在空间上具有一定的关联性。例如，地区收入水平与周边地区收入水平存在一定的关联性，地区公共服务供给水平与周边地区也产生明显的关联。高技能劳动力受到地区经济因素和地方品质因素的共同作用，而普通劳动力主要受地区经济因素驱动，受地方品质因素的影响比较小。因此，高技能劳动力在区间之间的迁移会因为经济发展水平和地方品质因素的空间溢出，而与周边地区间高技能劳动力迁移产生关联。此外，高技能劳动力会对地区产生更强的知识溢出效应，这种外部性对本地与周围地区的创新和经济发展会产生直接的促进作用（张骥，2019）。然而，普通劳动力的知识溢出效应较弱。知识溢出也会导致本地和周围地区高技能劳动力迁移流产生关联。

最后，距离摩擦差异导致南北迁移格局的差异。从迁移率网络的格局看，高技能劳动力的高值迁移率网络呈现出集聚特征，但并未呈现出明显的南北分异规律，而普通劳动力的高值迁移率网络则呈现出明显的南北分异特征，南部地区明显具有更强的迁移活力与更紧密的迁移联系。表 8.2 汇报了高技能劳动力和普通劳动力距离摩擦效应的差异，结果说明高技能劳动力迁移的距离摩擦比普通劳动力更弱。由于高技能劳动力受到距离摩擦的效应更加弱，其迁移距离也更长。相对地，普通劳动力的迁移距离通常更短，而且受到距离摩擦的效应更加明显。

笔者分别计算了中国南方地区和北方地区的平均省份间的距离①，发现南方地区间的平均省份距离为 1224.33 km，北方地区省份间的平均距离为 1445.10 km。南方地区间的平均省份距离更短，导致普通劳动力迁移的联系更加紧密。此外，造成普通劳动力迁移南北差异格局的原因还可能是南方地区间地区经济因素的空间差异相对较大。例如，南方各省份之间 2000～2010 年经济复杂度的标准差为 0.891，而北方地区经济复杂度的标准差为 0.680。更大的地区经济差异可能会导致地区之间发生更大比重的普通劳动力迁移。此外，南方地区 2000～2010 年各省的平均人口规模为 1658 万人，而北方地区则为 3604 万人。根据 ESF Hurdle 引力模型的计算结果，普通劳动力受到迁入地和其迁出地人口规模的影响更大。南方地区各省人口规模比北方地区各省更大，导致南方地区各省间普通劳动力迁移率更高。

第五节　小　结

本章系统性总结了造成高技能迁移和集聚格局持续稳定特征的机制、造成高技能劳动力迁移和集聚格局随时间变化的机制，以及造成异质性劳动力迁移和集聚格局差异的机制。本章的分析框架中，NESM 理论作为核心解释机制，其余基于前文计量模型中的稳健的探索性结论及部分经典劳动力迁移理论中的分析性结

① 通常来说，中国南北分界线为秦岭淮河线，但在省际尺度上，部分省份被南北分界线穿过。因此，本篇将新疆、内蒙古、宁夏、山西、陕西、北京、天津、辽宁、吉林、黑龙江、山东、河南、河北定义为北方地区，将安徽、江苏、浙江、上海、广东、广西、福建、江西、湖北、湖南、重庆、四川、西藏、云南、贵州定义为南方地区。

论被作为分析的依据。最后，本章总结得到了一系列流动视角下高技能劳动力治理对策建议。本章主要得到以下发现。

第一，21 世纪以来，中国高技能劳动力迁移呈现出一系列维持不变的空间格局，主要包括持续的分布及迁移的集聚性特征、网络溢出特征及距离衰减特征。经济因素和地方品质因素在地区间显著的差异是导致迁移和分布集聚性的机制，影响高技能劳动力迁移的各社会经济要素的空间溢出、邻近区域之间的人才政策响应和跨区域高技能劳动力社会网络联系是导致其迁移格局呈现网络溢出效应的机制，迁移及社会融入成本的持续存在是导致距离摩擦的机制。

第二，15 年间，高技能劳动力迁移呈现出变化的时空格局，主要体现在其迁移和分布的集聚特征逐渐减弱、迁移距离和跨省迁移的流动性下降以及迁移网络的复杂性上升。21 世纪以来，地区经济和地方品质地区差异的缩小是高技能劳动力迁移与分布的集聚程度减弱、分散趋势加剧的机制原因，而户籍制度改革的深化、公共服务均等化和新型城镇化等政策的实施是迁移距离下降、跨省迁移流动性减弱及迁移网络的复杂特性增强的机制原因。

第三，异质性劳动力呈现出时空差异机制，具体体现在迁移和分布的格局差异、距离差异、空间溢出差异及南北迁移强度差异四个方面。高技能劳动力受“经济+地方品质”二元驱动，而普通劳动力仅受地区经济因素驱动，这种差异性是导致二者迁移和分布格局差异的机制原因；高技能劳动力具有更高人力资本，而普通劳动力人力资本较低，这种人力资本的差异性是导致二者迁移距离差异性的机制原因；影响高技能劳动力迁移的要素与影响普通劳动力迁移的要素在空间上溢出程度的差异是导致二者网络溢出效应差异的机制原因；距离摩擦的差异性是导致高技能劳动力和普通劳动力迁移强度与联系南北差异的机制原因。

作为全书的最后一章实证研究部分，本章总结性地概括和提炼了高技能劳动力迁移的时空演化格局，以及造成这种格局的机制原因，并且根据这些机制提出了流动视角下高技能劳动力治理框架。这些机制原因是通过本书 NESM 理论及相关的实证模型得到的。可以说，本章是将“高技能劳动力迁移时空演化格局”和“高技能劳动力迁移的影响因素”二者搭建联系的桥梁。对二者紧密关系的认识、把握和提炼对全面深入认识中国高技能劳动力迁移演化规律具有重要意义。

第九章　中国高技能劳动力治理的对策建议

本章首先回顾了全书对中国高技能劳动力迁移研究的主要发现，并根据前文总结发现的结论，得到21世纪高技能劳动力时空演化机制，且尝试提出流动视角下的新时期中国高技能劳动力治理策略。本章提出了一个高技能劳动力治理框架，在框架下进一步提出了六条高技能劳动力治理建议。本章的最后对中国未来高技能劳动力迁移研究进行展望。

第一节　本书主要结论回顾

有别于一般劳动力，高技能劳动力具有高人力资本、高空间流动性、规模报酬递增、多样化消费偏好和非经济需求等多元特征。高技能劳动力迁移是下一阶段中国新型城镇化建设的关键议题之一，是影响地区创新驱动高质量发展的重要因素，也是打通国际国内“双循环”的重点“经脉”。对中国21世纪以来高技能劳动力迁移的时空演化格局和驱动机制展开研究，对中国未来制定地区人才和经济发展政策、推动户籍制度改革具有重要启示意义。然而，现阶段有关中国高技能劳动力迁移的研究存在数据、理论与实证模型滞后于现实研究需求的不足。基于此，本书在一般均衡框架下建立了一个空间均衡模型——NESM理论模型，该模型被用于解释区域间异质性劳动力迁移机制。基于模型得到的相关推论，本书构建了中国高技能劳动力迁移数据库，从宏观和微观角度研究了2000～2015年中国高技能劳动力迁移的时空演化格局和驱动机制，以期为建设新型城镇化、推动创新驱动发展提供可操作性的具体参考。

本书得到的主要结论如下。

本书构建了一个“两区域、两劳动力、三部门”的空间均衡模型——NESM理论模型，来解释中国区域间的高技能劳动力迁移和空间集聚问题。NESM理论认为，由工业部门引起的经济因素对高技能劳动力迁移和集聚产生影响，主要体现在地区名义工资差异和地区工业品价格指数（经济多样性）差异两个方面；由地方品质部门引起的地方品质因素和政府转移支付因素同样作用于地区间高技能劳动力迁移，具体体现在地方品质种类和质量差异及政府建设用地租金转移支付力度（人才补贴）差异两个方面。上述两种力量都具有循环因果累积效应，从而导致高技能劳动力迁移和分布的集聚特征。同时，诸如拥挤效应、建设用地价格过快增长等分散力也存在于模型中，导致系统有可能呈现出多重均衡。最后，通过考虑现实情况，对经济系统多情况进行模拟，可以发现，经济因素对中国高技能劳动力区域迁移和集聚产生的作用力比地方品质因素更大。

基于 2005 年、2015 年全国 1%人口抽样调查和 2010 年第六次全国人口普查的 1/1000 微观数据库，本书构建了三期中国省际高技能劳动力迁移空间数据库。研究发现，高技能劳动力迁移具有非常明显的空间集聚特征：多数的中西部地区的高技能劳动力在 2000～2015 年迁移至少数东部沿海地区，这种高技能劳动力迁移的空间不均衡性直接导致了 15 年间高技能劳动力分布的不均衡。15 年间，高技能劳动力迁移网络和空间分布的集聚程度正在逐步下降。尽管如此，高技能劳动力的迁移网络和空间分布的集聚程度依然很高。此外，对 2000 年、2005 年、2010 年、2015 年城市尺度上高技能劳动力空间分布的演化特征进行分析，同样发现了集聚但逐渐分散且具有较强空间溢出效应的高技能劳动力分布演化特征。NESM 理论中关于中国高技能劳动力迁移和空间分布集聚的假说得到证实。

研究发现，异质性劳动力在空间格局方面呈现出显著的差异性：高技能劳动力迁移网络具有比普通劳动力迁移网络更明显的空间集聚特征和网络溢出效应；高技能劳动力源源不断地从内陆中西部地区涌入东部发达地区，而普通劳动力则持续在东部地区和中西部地区之间循环迁移，因此，普通劳动力在各省之间的空间分布更加平衡；相比高技能劳动力迁移率高值网络，普通劳动力迁移网络呈现出明显的南北分异特性，南部地区普通劳动力迁移网络更加致密、迁移强度更大，而北部地区普通劳动力迁移联系则相对南部地区而言弱；高技能劳动力比普通劳动力的平均迁移距离更长。

高技能劳动力和普通劳动力迁移网络都呈现出显著的“小世界”复杂网络特性，迁移网络中的一小部分省份跟其余省份之前产生了极大强度的迁移联系。相对而言，普通劳动力迁移网络的迁移强度和关联程度均高于高技能劳动力迁移网络。两类劳动力迁移网络均呈现出以北京、上海、广东为三个主要核心节点的网络结构。高技能劳动力迁移网络结构在 2000～2015 年呈现出相对稳定的特征，而低劳动力迁移网络结构则呈现出变化的趋势。

根据 NESM 理论长期均衡状态下的迁移方程推导得到一个区域高技能劳动力迁移规模影响因素的引力模型，使用国际贸易研究常用的 PPML 法对该引力模型进行计量。

首先，由工业部门导致的地区经济因素差异是驱动区域间中国高技能劳动力迁移的重要力量：在岗职工平均工资增加 1%会导致高技能劳动力迁入量增加 1.341%，地区经济复杂度指数增加 1%会导致高技能劳动力迁入量增加 0.126%。

其次，由地方品质部门引起的地方品质因素差异和政府转移支付（人才补贴）差异同样对区域间中国高技能劳动力迁移产生不可忽视的作用：地区 1 月与 7 月温差增加 1℃会引起高技能迁出增加 0.070%、高技能迁入减少 0.038%；地区每万名小学生拥有教师数、每万人拥有执业医师数、人均财政收入每提升 1%，分别会引起高技能劳动力迁入量增加 0.397%、0.021%、0.336%。相比之下，地区经济因素对高技能劳动力迁移的影响占据主导地位。地区的名义工资和本地经济复杂度对高技能劳动力迁移的稳健性更高，名义工资变量对高技能劳动力迁移影响的边际效应在所有变量中最大。因此，NESM 理论的假说 2～4 得到实证。

除此之外，模型发现，无论对经济因素还是地方品质因素，迁入地的影响大于迁出地的影响，迁入地的“拉力”相比迁出地的“推力”而言对高技能劳动力迁移将产生更大的影响，且引力模型因素（迁入地和迁出地的人口规模、迁移距离）、社会网络因素和地区经济发展速度同样影响高技能劳动力的区域迁移行为。另外，收入因素和地方品质因素对高技能劳动力迁移的作用力随时间而变。经济因素与人才补贴对高技能劳动力迁移的影响随时间呈现出弱化的态势，而以自然舒适度和教育为代表的地方品质因素的影响随时间呈现出强化的态势。最后，模型发现，高技能劳动力受地区经济因素和地方品质因素的共同驱动，而普通劳动力主要受地区经济因素的驱动，受地方品质因素的驱动较弱。

通过构建一个微观实证框架，运用多层 Logistic 截面回归模型探讨了 2017 年中国高技能劳动力户籍迁移倾向的影响因素。一系列个体特征和城市特征因素被考虑在户籍迁移决策过程中。结果发现，纯收入、构建健康档案、参加医疗保险、城市每万名中学生拥有老师数量、城市经济复杂度都显著影响高技能劳动力的户籍迁移，从微观角度实证了 NESM 理论。纯收入每增加 1000 元会导致高技能劳动力迁移选择的可能性增加至原先的 1.157 倍，地区出口产品复杂度指数每增加 1 会导致高技能劳动力户籍迁移可能性变为原先的 1.029 倍，参加医疗保险与建立健康档案分别会导致高技能劳动力落户可能性增加至原先的 1.178 倍与 1.158 倍，城市每万名中学生拥有老师数量每增加 1 名会引起高技能劳动力迁移可能性增加至原先的 1.008 倍。

模型进一步实证出个人与就业因素、流动特征因素、迁出地因素等多种因素与高技能劳动力迁移具有的密切关系。非农业户口、社会融入程度更高的高技能劳动力的户籍迁移可能性更高，而非第三产业从业、在家乡拥有承包地的高技能劳动力具有更低的户籍迁移意愿。此外，异质性劳动力户籍迁移倾向受到的驱动力各不相同，相比高技能劳动力，普通劳动力户籍迁移倾向不受外部城市因素的影响，且受到社会融入及迁出地“拉力”的影响更大。

为了进一步解决现实数据中可能存在的网络自相关和零膨胀问题，本书首次构建了一个全新的 ESF Hurdle 引力模型，并将该模型运用在 2000～2015 年中国省际高技能劳动力迁移的时空演化机制研究中。结果发现，ESF Hurdle 引力模型对零膨胀和网络自相关的 OD 数据具有较好的针对性：加入空间滤波后的引力模型残差中的空间自相关有了明显的下降；ESF Hurdle 引力模型相比传统的引力模型而言，AIC 和 BIC 值都更低，这说明模型的数据拟合程度更好，解释力也更强。模型结果显示，经济因素、地方品质因素、政府转移支付因素等对中国高技能劳动力迁移具有重要影响。其中，经济因素对高技能劳动力迁移的影响占主导作用，尤其是名义工资的作用；地方品质因素中，不同种类及质量的地方品质对高技能劳动力迁移产生的作用力各不相同。

与 PPML 引力模型结果相呼应，除了地区经济因素和地方品质因素外，引力因素和社会网络因素也对高技能劳动力区域迁移产生了重要的驱动效应。另外，无论是经济因素、地方品质因素、人才补贴，还是引力因素，迁入地的“拉力”因素对高技能劳动力迁移的作用大于迁出地的“推力”因素。异质性劳动力影响机制出现异质性。ESF Hurdle 引力模型同样实证出异质性劳动力迁移机制的差异性，高技能劳动力受地区经济因素和地方品质因素的共同影响，而普通劳动力主要受地区经济因素的影响。

ESF Hurdle 引力模型显示，高技能劳动力迁移在一定程度上可以被看作一个两阶段的问题，决定区域间是否产生高技能迁移联系的因素和决定区域间高技能劳动力迁移规模的因素不同。迁入地人口规模、经济复杂度、每万人拥有执业医师数、社会网络等因素均对区域间高技能劳动力迁移概率不产生作用，但影响其迁移规模。距离、迁入地名义工资、迁入地自然舒适度、迁入地人才补贴既对高技能劳动力迁移概率产生作用，又影响其迁移规模。

通过构建以 NESM 理论模型为核心，以相关探索性实证发现为辅助，借助相关经典人口经济理论的分析框架。首先，分析了高技能劳动力迁移和集聚格局的稳定性机制。研究发现，经济（名义收入、经济复杂度）因素和地方品质（地方品质、政府转移支付）因素在地区间显著的差异特征是导致高技能拉动力迁移和分布的集聚性的机制，各社会经济要素的空间溢出、邻近区域之间的人才政策响应和跨区域高技能劳动力社会网络联系是导致高技能劳动力迁移格局呈现网络溢出效应的机制，劳动力迁移及社会融入成本的持续存在是导致距离摩擦的机制。其次，分析了高技能劳动力迁移和集聚格局的时空变化机制。研究发现，地区经济因素和地方品质地区差异的缩小是导致高技能劳动力迁移与分布的集聚程度减弱、格局的分散趋势加剧的机制。此外，户籍制度改革深化、公共服务均等化和新型城镇化等国家政策的逐步实施是导致高技能劳动力迁移距离下降、跨省迁移流动性减弱及迁移网络的复杂特性增强的机制。最后，分析了异质性劳动力迁移和集聚格局的差异机制。结果显示，高技能劳动力受收入因素（名义工资、经济复杂度及政府转移支付）和地方品质因素共同驱动，而普通劳动力仅受收入因素驱动，这种差异性是导致二者迁移和分布格局差异的机制；劳动力人力资本的差异性是导致二者迁移距离差异性的机制；影响高技能劳动力迁移的要素与影响普通劳动力迁移的要素的空间溢出差异是导致二者网络溢出效应差异的机制；两类劳动力距离摩擦的差异性是导致其迁移强度南北差异的机制。

第二节　流动视角下中国高技能劳动力治理的政策建议

2016年，习近平做出重要指示："办好中国的事情，关键在党，关键在人，关键在人才。综合国力竞争说到底是人才竞争。要加大改革落实工作力度，把《关于深化人才发展体制机制改革的意见》落到实处，加快构建具有全球竞争力的人才制度体系，聚天下英才而用之。"①《国家人口发展规划（2016—2030年）》指出"努力适应经济向形态更高级、分工更精细、结构更合理演进，发展方式向依靠持续的知识积累、技术进步、劳动力素质提升转变，着力培养具有国际竞争力的创新型、应用型、高技能、高素质大中专毕业生和技能劳动者，提高新增劳动力供给质量"。由此可见，随着中国人口老龄化进程的加速，要进一步推动中国经济蓬勃发展，需要着力关注高技能劳动力的治理问题。改革开放以来，高技能劳动力治理主要经历了"单一计划式"治理（1977～2001 年）、"分工赋权式"治理（2002～2011年）进而"统筹协调式"治理（2012～2020年）几个主要阶段（孙锐和吴江，2020）。不变的是"党管人才"的宗旨，变化的是多主体协同参与式治理特征日渐凸显。

随着户籍制度的进一步放宽，加之农村宅基地使用权的"松绑"，高技能劳动力预计仍然会持续经历大规模的区域迁移，成为塑造中国经济地理格局的重要推手。我们在高技能劳动力流动的新视角下，结合传统的高技能劳动力治理框架，提出一个新的高技能劳动力治理框架（图9.1）。

框架中包含政府、市场主体和社会组织三个治理主体，三个主体保持有机联系，共同在治理高技能劳动力中扮演决策角色。经济机会和地方品质是导致高技能劳动力迁移的主要动力，作为治理主体，政府需要全面认识这种高技能劳动力流动性规律，在政策制定时需要尊重高技能劳动力区域迁移的需求选择。此外，地区政府间要形成人才竞争的良性循环和政策响应格局，避免过度竞争导致内耗及

① 每日金句|习近平论深化人才发展体制机制改革. https://article.xuexi.cn/html/4788523372720566422.html [2019-05-06].

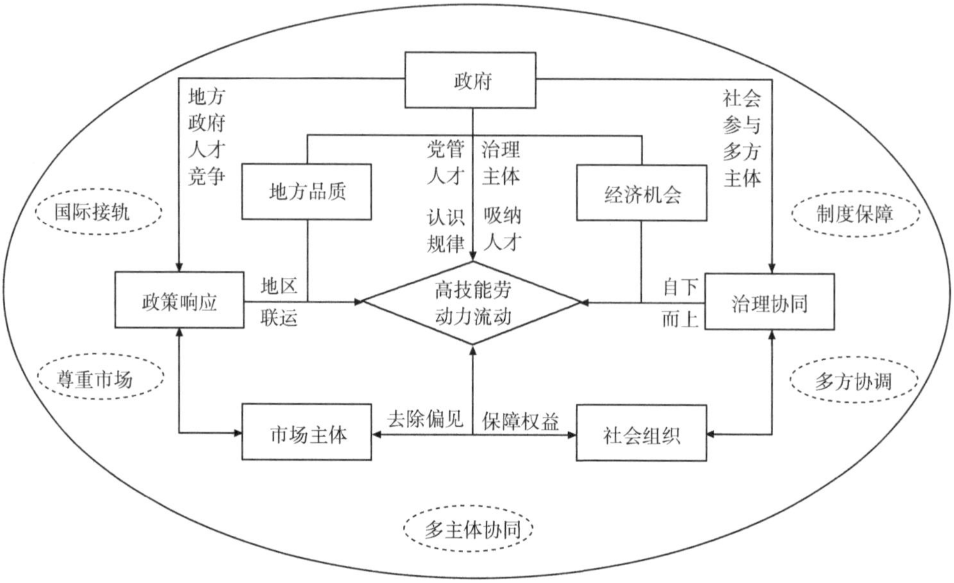

图 9.1　流动视角下高技能劳动力（人才）治理框架

政策失灵。作为市场主体，高技能劳动力本身要顺应这种人才竞争下的全新格局。作为用人单位，要进一步去除对高技能劳动力的区域偏见。社会组织作为协同治理的重要决策主体，应为政府、用人单位和人才提供建议，保障多方权利落实，促进治理效率。总之，要把握高技能劳动力流动的新特征，提升人才治理现代化，构建政府主导、区域协作人才治理新体系。

在上述框架基础上，结合本书对高技能劳动力 21 世纪以来时空演化特征和影响机制的把握，我们提出以下六个方面的政策建议。

一、通过促进地区经济平稳快速发展，合理引导高技能劳动力迁移分布

在 NESM 理论的语境下，要认识到由工业部门引起的地区经济因素仍是影响高技能劳动力迁移格局的主导因素。对于发达地区而言，要全面推进创新驱动发展策略，通过产业转移、产业结构优化升级，进一步吸引高素质、高学历人才迁入定居；对于欠发达地区而言，要大力发展经济，提供更丰富、更全面的工作岗位，全面提高外来高技能劳动力的工资待遇水平，并保障其生活配套条件。要完善地区产业生产和供应链，在提升名义工资的同时，通过增加本地生产多样化程度，降低商品价格指数，做到“以业安人”。

二、以地方品质为抓手和契机，重塑高技能劳动力迁移分布的经济地理

地方品质的种类和质量已在高技能劳动力迁移决策中扮演越来越重要的角色。重视地方品质对高技能劳动力集聚的作用，为外来高技能劳动力提供高质量城市生活和舒适度，提升其满意度和归属感。首先，要重视自然舒适度和城市景观舒适度治理，包括大气污染治理、水环境治理、城市绿地园林建设和城市绿地可达性提升，打造城市美好场景。其次，要注重公共服务舒适度的建设，要着力提升医疗服务的覆盖和质量，保障外来高技能劳动力能够平等享受本地医疗服务；要提高医疗服务质量，尤其需要在欠发达省份建设更多的三级甲等医院；要保证义务教育水平，通过兴建子弟学校等措施，保障高技能劳动力子女上学福利；同时，要兴建高质量高等学府和研究所，为更多“高精尖”人才提供充足的就业岗位。对于流出地而言，不仅要通过提升实际收入，更要通过打造地方品质，减少高技能劳动力外流。最后，要优化城市服务，兴建多样化的城市设施；要保障多样化的餐饮、旅游等消费设施供应；要完善城市交通体系，提升交通服务便利性；要尤其重视城市图书馆、博物馆等文创设施建设，着力打造城市文化品牌。

三、树立高技能劳动力区域协调治理观，推动区域联动政策实施

高技能劳动力迁移网络具有显著的网络自相关特性，本地高技能劳动力迁入、迁出、分布趋势受到相邻区域的影响。因此，要推动高技能劳动力区域协调治理。一方面，区域内部城市之间需要制定协同合作的高技能劳动力政策，加强完善合作机制，避免恶性“抢人”；另一方面，相邻地区之间共享交通等城市基础设施，同时具有相似的文化环境，有利于高技能劳动力建立跨地区的社会网络联系。因此，要加强区域间的一体化与合作，尤其要发挥粤港澳、长三角、京津冀三大城市群的集聚经济优势，使外来高技能劳动力源源不断地为地区发展提供“脑力”支持。

四、构建分区域治理新逻辑，迁入地及迁出地实行差异化治理

在“推拉”视角下，高技能劳动力迁移受到迁入地的“拉力”影响较迁出地的“推力”而言更强。因而，要构建分区高技能劳动力治理新逻辑。对于作为迁入地的主要发达省市而言，要重视地区经济、地方品质等因素对外来高技能劳动力的主导作用，积极通过政策抓手，引导外来人才顺利进城落户，打破制度壁垒。

切实保障高技能劳动力的收入水平，配套住房、子女上学等福利，为科研人员提供科研启动经费支持，立足当下，着眼长远。要保障高技能劳动力获得高质量地区医疗、教育等公共服务的权利，提升幸福感和归属感。要推进高技能劳动力区域治理，避免与周围地区陷入过度的人才竞争，造成资源内耗。对于主要作为迁出地的欠发达省市而言，要通过保障就业机会等措施，留住户籍高技能劳动力，避免人才外迁。要引导外出高技能劳动力回流，为回流高技能劳动力提供充分的就业和生活支持。要构建本地高技能劳动力社会网络，通过组织高技能劳动力协会，增加高技能劳动力的地方归属感。

五、推进新型城镇化由“数量”向“质量”转向，关注“人才”城镇化

进入“十四五”，我国新型城镇化建设已取得显著成效，尤其是体现在常住人口城镇化率突破六成。下一阶段，需要更加关注城镇化的“质量”（即高素质、高技能、高学历人才）而非传统的“数量”的城镇化进程。一方面，要顺应高技能劳动力集聚在沿海发达地区的客观规律，为高技能劳动力集聚推动区域创新和经济发展提供有效政策保障；另一方面，也要引导户籍地的高技能劳动力就近、就地城镇化，尤其需要引导高技能劳动力集聚到中西部新兴城市，以“人才”城镇化带动地区经济发展，形成“地方品质—人才—创新发展”的联动区域发展链条。要进一步打破劳动力，尤其是高技能劳动力的落户限制，促进农村地区劳动力进城接受教育，提升人力资本。要引导在发达地区“半城镇化”的高技能劳动力合理回流，为欠发达地区提供人力资本和智力支持。通过深化有关“人才”的户籍制度改革，引导“人才”城镇化，重塑中国的区域经济发展格局。

六、针对不同的迁移劳动力群体实施差异化治理

异质性劳动力空间迁移和集聚模式呈现出显著的差异，需要对不同劳动力迁移群体实施差异化治理策略。高技能劳动力受到地区经济因素和地方品质因素的共同影响，因而需要通过保障、提升工资水平及就业待遇、提供高质量公共服务、提升城市环境治理水平等措施来吸引高技能劳动力迁入及落户。鼓励部分迁入东部地区的高技能劳动力回到户籍地提供技术援助等支持。为博士研究生、工程师等高技能人才群体提供住房、落户、子女上学等配套及保障。与此同时，普通劳动力为地区发展提供不可或缺的劳动力要素支持，尤其是对劳动密集型产业驱动的地区（如浙江）更是这样。普通劳动力受到经济因素的影响更大，而受地方品质的影响较小，因此，需要切实保障普通劳动力的收入水平，严格贯彻落实《中

华人民共和国劳动合同法》，保障劳工的工资收入及其在目的地地区享受的公共服务。同时，要发挥政策杠杆的作用，以产业园区、省际开发区等地方政府主导的经济发展模式驱动高技能劳动力迁移和空间分布，引导其合理布局。

第三节　未来中国高技能劳动力研究展望

尽管本书通过构建一个新的经济地理模型来解释区域间高技能劳动力流动的规律，并使用最新的数据对中国高技能劳动力的时空演化机制展开实证研究，提出了若干的治理政策建议，但鉴于数据可得性及笔者自身的学科背景和知识储备，要完全解决中国高技能劳动力的区域迁移问题，本书研究仍存在以下不足之处。

从理论构建的角度来看，为了追求在传统新经济地理学模型框架下的革故鼎新，本书设定了一个“两区域、两劳动力、三部门”的空间均衡模型。首先，模型虽然为高技能劳动力迁移提供了严谨的数学逻辑推导，但模型与现实高技能劳动力迁移的情况仍然不能完全拟合。例如，从人口经济学的视角，劳动力个体的迁移决策是生命周期的函数，在不同生命周期的高技能劳动力会做出不同的迁移决策，然而本书使用的理论模型并没有“时间”概念，仅纳入了“空间”概念，因此模型的精细度较低。其次，正如实证模型中强调的，高技能劳动力迁移的距离摩擦很可能是由其迁移成本导致，但 NESM 理论模型中并没有考虑劳动力的迁移成本，仅仅考虑了商品的运输成本。最后，地区经济因素和地方品质因素并不能完全概括现实世界中的经济因素和地方品质因素。例如，地区的产业结构及就业稳定性并不包含在 NESM 理论模型的刻画之中，但也可能是引起高技能劳动力迁移的经济动力之一。再如，部分非绑定建设用地生成的地方品质要素（如文化开放度及气候因素）也并不能被 NESM 理论模型所揭示。因而，NESM 理论模型与中国目前高技能劳动力迁移的现实情况仍存在一定的脱节的情况。

从实证研究的角度来看，尽管本书使用的高技能劳动力数据已经更新至 2015 年，相比既有研究有了较大的延展，但对 2015 年后中国高技能劳动力迁移格局的探索受限于数据的可获得性而无法展开。尽管基于流动人口动态监测调查数据的微观实证在一定程度上补充了宏观实证研究的数据不足的问题，关注了 2017 年高技能劳动力个体的户籍迁移意愿，但由于该数据不是追踪调查，仅仅支持截面分析，故无法刻画高技能劳动力户籍迁移意愿的时空演化。另外，迁移意愿并不能完全等同于实际的迁移结果，而基于流动人口动态监测调查中的高技能劳动力，实际上是仍处于流动状态的“人才”，无法刻画人才群体的总体图景。在计量模型方面，尽管本书使用的计量模型已经试图更好地描述数据特性，但在反映地方品质种类与质量的变量选取上，本书仅通过医疗、教育、自然舒适度、城市舒适度四个层面进行刻画。在实际情况下，不可贸易因素也包括城市的速度（交通便利性）、开放度、消费等。

在日后的研究中，可做以下展望。

第一，需要结合现实世界高技能劳动力迁移的实际情况，构建更加贴合实际的经济地理模型。不仅要关注模型的“空间”概念，也要尝试纳入“时间”概念。例如，在模型中纳入高技能劳动力的“世代交替”，解释不同生命周期高技能劳动力迁移决策的差异性。再如，可以纳入内生化的迁移成本。此外，地方品质部门的假设可以超越以“建设用地”为生产要素的情况，使得现实世界中更多与建设用地要素投入无关的地方品质（如地区舒适度）得以解释。最后，在已有的理论框架中，需要纳入更多除地区经济因素和地方品质因素之外的变量，以全面考察未来高技能劳动力迁移的影响机制。

第二，收集和使用多源数据，全景刻画中国高技能劳动力迁移新格局。2020年我国进行了第七次全国人口普查，第七次全国人口普查的微观数据集有望开放。第七次全国人口普查可以将目前对高技能劳动力迁移的研究更新至2020年，较好地刻画“十三五”和新型城镇化建设期间我国人才迁移的格局。另外，也可结合全国劳动力调查数据、全国流动人口动态监测调查数据等多源数据，并尝试纳入多源大数据（如腾讯、百度迁移数据），对各类人才的迁移流动和空间分布格局进行刻画（Gu et al.，2021d）。

第三，精细化地刻画地方品质因素与人才集聚的逻辑关系。找寻更加适合的解释变量以精确描绘地区不可贸易品的种类和质量，或构建相关指标体系评价地区地方品质，从而更精细化地描述地方品质与人才集聚的关系。在户籍制度背景下，需要将地方品质进一步区分为户籍绑定地方品质（如公共服务）与非户籍绑定地方品质（如消费、开放程度）两类。由于户籍对外来劳动力具有筛选效应，人才对户籍绑定地方品质的追求最终将作用于地区户籍含金量的提升。通常来说，经济越发达的地区，不仅人才会获得更高的名义工资，也会因落户便利性增加而更可能获得户籍绑定地方品质。因此，这种户籍绑定地方品质与地区的经济因素是一个硬币的两面。未来，需要更加关注非户籍绑定地方品质对人才集聚的影响，以及讨论这种影响在中国和西方国家的差异性。

第四，要注重在户籍制度背景下对非户籍绑定地方品质驱动人才创新的探讨。本书及目前国内主要的研究学派主要借鉴西方学术理论，将公共服务、私人服务、消费、交通、文化等一切不可移动、不可贸易的非经济因素归纳为地方品质。这种归纳方法在本质上忽视了户籍制度影响下不同地方品质可获得性的差异。最明显的特征是，户籍制度绑定了子女上学、购房、医疗保险报销等一系列公共服务权利，而户籍本质上与个体出生地、学历、家庭条件等因素有关。户籍绑定的地方品质在某种程度上与经济收入等因素一样，是受到个体人力资本决定的要素。在未来，要吸纳人才，更要关注非户籍绑定的地方品质，即除医疗、教育等公共服务外的地区品质构建。一个城市对非户籍人才的友好度在一定程度上决定了该城市未来对人才的吸引力。

参考文献

安虎森. 2005. 空间经济学原理[M]. 北京：经济科学出版社.

安虎森. 2009. 新经济地理学原理[M]. 2版. 北京：经济科学出版社.

蔡昉. 2001. 劳动力迁移的两个过程及其制度障碍[J]. 社会学研究，（4）：44-51.

蔡昉. 2010. 人口转变、人口红利与刘易斯转折点[J]. 经济研究，45（4）：4-13.

蔡昉，王德文. 2003. 作为市场化的人口流动——第五次全国人口普查数据分析[J]. 中国人口科学，（5）：15-23.

陈恩，于绯. 2013. FDI与劳动力流动的关系及其经济效应[J]. 江淮论坛，（2）：15-23.

陈淑云，杨建坤. 2017. 人口集聚能促进区域技术创新吗——对2005—2014年省级面板数据的实证研究[J]. 科技进步与对策，34（5）：45-51.

陈秀山，张可云. 2003. 区域经济理论[M]. 北京：商务印书馆.

程名望，刘金典. 2019. 中国劳动力省际转移特征及其影响因素——基于博弈论视角[J]. 人口与经济，（2）：28-43.

邓羽，刘盛和，蔡建明，等. 2014. 中国省际人口空间格局演化的分析方法与实证[J]. 地理学报，69（10）：1473-1486.

段成荣，孙玉晶. 2006. 我国流动人口统计口径的历史变动[J].人口研究，2006，(4)：70-76.

董亚宁，顾芸，陈威，等. 2020. 地方品质、劳动力区位与区域创新发展——基于新空间经济学理论[J]. 西北人口，41（4）：47-57.

董亚宁，杨开忠，顾芸. 2019. 人口区位选择研究回顾与展望：基于新空间经济学视角[J]. 西北人口，40（6）：1-11.

董银果，吴秀云. 2017. 贸易便利化对中国出口的影响——以丝绸之路经济带为例[J]. 国际商务（对外经济贸易大学学报），（2）：26-37.

方创琳. 2019. 中国新型城镇化高质量发展的规律性与重点方向[J]. 地理研究，38（1）：13-22.

高云虹，符迪贤. 2015. 异质劳动力与工业空间集聚——基于中心—外围模型的扩展分析[J]. 财经科学，（11）：55-66.

古恒宇，李琦婷，沈体雁. 2020a. 东北三省流动人口居留意愿的空间差异及影响因素[J]. 地理科学，40（2）：261-269.

古恒宇，刘子亮，沈体雁. 2019a. 中国省际流动人口户籍迁移意愿的空间格局及影响机制分析[J]. 地理科学，39（11）：1702-1710.

古恒宇，孟鑫，沈体雁，等. 2020b. 中国城市流动人口居留意愿影响因素的空间分异特征[J]. 地理学报，75（2）：240-254.

古恒宇，沈体雁. 2021. 中国高学历人才的空间演化特征及驱动因素[J]. 地理学报，76（2）：

326-340.
古恒宇，沈体雁，刘子亮，等. 2019b. 基于空间滤波方法的中国省际人口迁移驱动因素[J]. 地理学报，74（2）：222-237.
古恒宇，覃小玲，沈体雁. 2019c. 中国城市流动人口回流意愿的空间分异及影响因素[J]. 地理研究，38（8）：1877-1890.
古恒宇，肖凡，沈体雁，等. 2018. 中国城市流动人口居留意愿的地区差异与影响因素——基于2015年流动人口动态监测数据[J]. 经济地理，38（11）：22-29.
黄海刚，曲越. 2019. 孔雀东南飞：经济转型与精英科学家流动[J]. 华中科技大学学报（社会科学版），33（3）：63-72.
黄海刚，曲越，白华. 2018. 中国高端人才的地理流动、空间布局与组织集聚[J]. 科学学研究，36（12）：2191-2204.
黄鲁成，陈笑，杨早立. 2018. 中国流动人口中专业技术人员流动分析[J]. 技术经济，37（11）：56-64，123.
黄宗晔，杨静. 2020. 方言对省际人口迁移的影响[J]. 人口研究，44（4）：89-101.
黄祖辉，王朋. 2008. 农村土地流转：现状、问题及对策——兼论土地流转对现代农业发展的影响[J]. 浙江大学学报（人文社会科学版），（2）：38-47.
季小立，龚传洲. 2010. 区域创新体系构建中的人才集聚机制研究[J]. 中国流通经济，24（4）：73-76.
季小立，浦玉忠. 2017. 产业创新背景下区域人才集聚效应及管理跟进——以江苏为例[J]. 现代经济探讨，（4）：72-76.
简新华，张建伟. 2005. 从“民工潮”到“民工荒”——农村剩余劳动力有效转移的制度分析[J]. 人口研究，（2）：49-55.
江永红，陈奡楠，张彬. 2018. 房价上涨、区域差异与异质性劳动力流动[J]. 华东经济管理，32（7）：87-92.
蒋小荣，汪胜兰. 2017. 中国地级以上城市人口流动网络研究——基于百度迁徙大数据的分析[J]. 中国人口科学，（2）：35-46，127.
劳昕，沈体雁. 2015. 中国地级以上城市人口流动空间模式变化——基于2000和2010年人口普查数据的分析[J]. 中国人口科学，（1）：15-28，126.
劳昕，沈体雁. 2016. 基于人口迁移的中国城市体系演化预测研究[J]. 人口与经济，（6）：35-47.
李国平，王春杨. 2012. 我国省域创新产出的空间特征和时空演化——基于探索性空间数据分析的实证[J]. 地理研究，31（1）：95-106.
李国平，张杰斐. 2015. 京津冀制造业空间格局变化特征及其影响因素[J]. 南开学报（哲学社会科学版），（1）：90-96.
李惠娟. 2013. 异质劳动力流动与服务业集聚——基于中国省际面板数据的实证分析[J]. 广东商学院学报，28（4）：38-46.
李树茁，王维博，悦中山. 2014. 自雇与受雇农民工城市居留意愿差异研究[J]. 人口与经济，(2)：12-21.

李天成，温思美. 2018. 技术进步、户籍歧视与流动人口就业分化[J]. 华南农业大学学报（社会科学版），17（6）：64-76.

李小建，李国平，曾刚，等. 1999. 经济地理学[M]. 北京：高等教育出版社.

李扬，刘慧，汤青. 2015. 1985—2010年中国省际人口迁移时空格局特征[J]. 地理研究，34（6）：1135-1148.

李在军，姜友雪，秦兴方. 2020. 地方品质驱动新时期中国城市创新力时空演化[J]. 地理科学，40（11）：1812-1821.

李志斌，周子博，周沂. 2019. 中国城市出口产品技术复杂度演化[J]. 地域研究与开发，38（5）：45-50.

梁文泉. 2018. 不安居，则不消费：为什么排斥外来人口不利于提高本地人口的收入?[J]. 管理世界，34（1）：78-87，191-192.

林李月，朱宇. 2016. 中国城市流动人口户籍迁移意愿的空间格局及影响因素——基于2012年全国流动人口动态监测调查数据[J]. 地理学报，71（10）：1696-1709.

刘兵，曾建丽，梁林，等. 2018. 京津冀地区科技人才分布空间格局演化及其驱动因素[J]. 技术经济，37（5）：86-92，123.

刘杜若，邓明. 2017. 留下还是外出：贸易开放、劳动力技能水平和就业地选择[J]. 国际经贸探索，33（4）：54-68.

刘金凤，魏后凯. 2019. 城市公共服务对流动人口永久迁移意愿的影响[J]. 经济管理，41（11）：20-37.

刘涛，齐元静，曹广忠. 2015. 中国流动人口空间格局演变机制及城镇化效应——基于2000和2010年人口普查分县数据的分析[J]. 地理学报，70（4）：567-581.

刘晏伶，冯健. 2014. 中国人口迁移特征及其影响因素——基于第六次人口普查数据的分析[J]. 人文地理，29（2）：129-137.

刘晔，沈建法，刘于琪. 2013. 西方高端人才跨国流动研究述评[J]. 人文地理，28（2）：7-12.

刘晔，王若宇，薛德升，等. 2019. 中国高技能劳动力与一般劳动力的空间分布格局及其影响因素[J]. 地理研究，38（8）：1949-1964.

陆军，宋吉涛，汪文姝. 2010. 世界城市的人口分布格局研究——以纽约、东京、伦敦为例[J]. 世界地理研究，19（1）：28-35，56.

吕红军，陈洋愉，褚祝杰. 2014. 基于logit模型的城市高学历人群长期居留倾向研究[J]. 人口学刊，36（1）：105-112.

马海涛. 2017. 基于人才流动的城市网络关系构建[J]. 地理研究，36（1）：161-170.

牟逸飞. 2016. 银行危机对贸易波动的双边效应——基于引力模型的分析[J]. 财经问题研究，（7）：91-97.

聂晶鑫，刘合林. 2018. 中国人才流动的地域模式及空间分布格局研究[J]. 地理科学，38（12）：1979-1987.

彭国华. 2015. 技术能力匹配、劳动力流动与中国地区差距[J]. 经济研究，50（1）：99-110.

蒲英霞，韩洪凌，葛莹，等. 2016. 中国省际人口迁移的多边效应机制分析[J]. 地理学报，71（2）：

205-216.
沈体雁，古恒宇，劳昕. 2021. 走向空间的人口学研究：西方空间人口学研究的回顾、评价与展望[J]. 世界地理研究，30（2）：389-398.
舒帮荣，朱寿红，李永乐，等. 2018. 发达地区农户宅基地置换意愿多水平影响因素研究——来自苏州与常州的实证[J]. 长江流域资源与环境，27（6）：1198-1206.
宋洪远. 2016. 加快户籍制度改革推动城乡一体化发展[J]. 农业现代化研究，37（6）：1021-1028.
孙林，倪卡卡. 2013. 东盟贸易便利化对中国农产品出口影响及国际比较——基于面板数据模型的实证分析[J]. 国际贸易问题，（4）：139-147.
孙浦阳，张甜甜，姚树洁. 2019. 关税传导、国内运输成本与零售价格——基于高铁建设的理论与实证研究[J]. 经济研究，54（3）：135-149.
孙锐，吴江. 2020. 创新驱动背景下新时代人才发展治理体系构建问题研究[J]. 中国行政管理，（7）：35-40.
孙铁山. 2016. 中国三大城市群集聚空间结构演化与地区经济增长[J]. 经济地理，36（5）：63-70.
孙铁山，齐云蕾，刘霄泉. 2014. 北京都市区就业结构升级与空间格局演化[J]. 经济地理，34（4）：97-104.
田明. 2017. 地方因素对流动人口城市融入的影响研究[J]. 地理科学，37（7）：997-1005.
汪斌，郑家豪. 2019. 城市老年人经济参与的影响因素研究——基于多层Logistic回归模型[J]. 调研世界，（2）：60-65.
王桂新，潘泽瀚，陆燕秋. 2012. 中国省际人口迁移区域模式变化及其影响因素——基于2000和2010年人口普查资料的分析[J]. 中国人口科学，（5）：2-13，111.
王丽艳，季奕，王咿瑾. 2019. 城市创意人才居住选址偏好研究——基于天津市微观调查与大数据的实证分析[J]. 管理学刊，32（5）：30-37.
王若宇，黄旭，薛德升，等. 2019. 2005～2015年中国高校科研人才的时空变化及影响因素分析[J]. 地理科学，39（8）：1199-1207.
王伟光，冯荣凯，尹博. 2015. 产业创新网络中核心企业控制力能够促进知识溢出吗?[J]. 管理世界，（6）：99-109.
王霞，文洋. 2019. RTAs对非洲区域内贸易的影响——基于结构引力模型的RTAs贸易效应估计[J]. 世界经济文汇，（5）：59-73.
王彦博，古恒宇，周麟，等. 2018. 2007—2016年我国工业用地出让的空间格局及其演变[J]. 地域研究与开发，37（3）：148-154.
蔚志新. 2013. 分地区流动人口居留意愿影响因素比较研究：基于全国5城市流动人口动态监测调查数据[J]. 人口与经济，（4）：12-20.
魏后凯，苏红键. 2013. 中国农业转移人口市民化进程研究[J]. 中国人口科学，（5）：21-29，126.
温婷，林静，蔡建明，等. 2016. 城市舒适性：中国城市竞争力评估的新视角及实证研判[J]. 地理研究，35（2）：214-226.
吴群锋，杨汝岱. 2019. 网络与贸易：一个扩展引力模型研究框架[J]. 经济研究，54（2）：84-101.

武荣伟，王若宇，刘晔，等. 2020. 2000—2015年中国高学历人才分布格局及其影响机制[J]. 地理科学，40（11）：1822-1830.

夏贵芳，朱宇，林李月，等. 2018. 东部三大经济区城市流动人口的多维度社会融入及其地区差异[J]. 地理科学进展，37（3）：373-384.

夏怡然，陆铭. 2015. 城市间的“孟母三迁”——公共服务影响劳动力流向的经验研究[J]. 管理世界，（10）：78-90.

肖金成，沈体雁，凌英凯. 2020. 推进形成西部大开发新时期新格局的对策与路径——“中国区域经济50人论坛”第十六次专题研讨会综述[J]. 区域经济评论，（6）：146-152.

徐彬，吴茜. 2019. 人才集聚、创新驱动与经济增长[J]. 软科学，33（1）：19-23.

徐倪妮，郭俊华. 2019. 科技人才流动的宏观影响因素研究[J]. 科学学研究，37（3）：414-421，461.

薛领，杨开忠. 2002. 复杂性科学理论与区域空间演化模拟研究[J]. 地理研究，（1）：79-88.

颜品，汪卢俊，宗振利. 2014. 选择机制，技能溢价与人口迁移——基于全国流动人口动态监测数据的经验分析[J]. 南方人口，29（1）：28-38.

杨传开，刘晔，徐伟，等. 2017. 中国农民进城定居的意愿与影响因素——基于CGSS2010的分析[J]. 地理研究，36（12）：2369-2382.

杨东亮. 2016. 东北流出流入人口的城市居留意愿比较研究[J]. 人口学刊，38（5）：34-44.

杨建洲，赵正元，文师吾，等. 2012. 多水平logistic回归模型在血吸虫病流行因素研究中的优越性[J]. 中国卫生统计，29（4）：504-506.

杨开忠. 2008. 区域经济学概念、分支与学派[J]. 经济学动态，（1）：55-60.

杨开忠. 2017. 新空间经济学观——新时代区域经济发展的逻辑[R]. 中国区域科学年会，大连.

杨开忠. 2018. 经济地理重塑与空间治理结构的完善[J]. 区域经济评论，（5）：16-18.

杨开忠. 2019a. 京津冀协同发展的新逻辑：地方品质驱动型发展[J]. 经济与管理，33（1）：1-3.

杨开忠. 2019b. 新中国70年城市规划理论与方法演进[J]. 管理世界，35（12）：17-27.

杨开忠，陈良文. 2008. 中国区域城市体系演化实证研究[J]. 城市问题，（3）：6-12.

杨开忠，董亚宁，薛领，等. 2016. “新”新经济地理学的回顾与展望[J].广西社会科学，（5）：63-74.

杨雪，魏洪英. 2017. 流动人口长期居留意愿的新特征及影响机制[J]. 人口研究，41（5）：63-73.

余运江，高向东. 2017. 市场潜能与流动人口工资差异：基于异质性视角的分析[J]. 世界经济，40（12）：98-118.

喻忠磊，唐于渝，张华，等. 2016. 中国城市舒适性的空间格局与影响因素[J]. 地理研究，35（9）：1783-1789.

臧玉珠，周生路，周兵兵，等. 2016. 1995—2010年中国省际人口迁移态势与空间格局演变——基于社会网络分析的视角[J]. 人文地理，31（4）：112-118.

张波. 2019. 2000—2015年中国大陆人才的空间聚集及时空格局演变分析[J]. 世界地理研究，28（4）：124-133.

张超，陈思. 2021. 地方品质与经济机会对劳动力流动的影响——基于CLDS2016的实证分析[J].

南方人口，36（1）：1-16.
张骥. 2019. 地方品质与经济地理——一种新空间经济模型[D]. 北京：北京大学.
张善余. 2013. 人口地理学概论[M]. 3版. 上海：华东师范大学出版社.
张亚丽，方齐云. 2019. 城市舒适度对劳动力流动的影响[J]. 中国人口·资源与环境，29（3）：118-125.
张媛，徐小聪. 2013. 东亚一体化进程对中国中间品进口的影响——基于泊松极大似然估计的方法[J]. 宏观经济研究，（8）：86-93.
赵方，袁超文. 2017. 中国城市化发展——基于空间均衡模型的研究[J]. 经济学（季刊），16（4）：1643-1668.
赵连阁，钟搏，王学渊. 2014. 劳动力异质性、人口迁移壁垒与地区收入差距研究[J]. 商业研究，（2）：8-14.
赵伟，李芬. 2007. 异质性劳动力流动与区域收入差距：新经济地理学模型的扩展分析[J]. 中国人口科学，（1）：27-35，95.
赵心怡，蒲英霞. 2018. 区域人口迁移时空溢出效应与动力机制分析[J]. 地球信息科学学报，20（6）：817-826.
周麟，田莉，张臻，等. 2018. 基于空间句法视角的民国以来北京老城街道网络演变[J]. 地理学报，73（8）：1433-1448.
周子浩，古恒宇，沈体雁. 2019. 中国沿海与内陆地区城市迁入人口影响因素研究[J]. 经济体制改革，（2）：62-67.
朱廷珺，刘子鹏. 2019. 中国内陆运输距离与进出口贸易：引力模型拓展与实证[J]. 世界经济研究，（6）：58-70，135.
朱宇，丁金宏，王桂新，等. 2017. 近40年来的中国人口地理学——一个跨学科研究领域的进展[J]. 地理科学进展，36（4）：466-482.
踪家峰，周亮. 2015. 大城市支付了更高的工资吗?[J]. 经济学(季刊)，14(4)：1467-1496.
Abel G J, Sander N. 2014. Quantifying global international migration flows[J]. Science, 343（6178）：1520-1522.
Abel J R，Deitz R. 2012. Do colleges and universities increase their region's human capital?[J]. Journal of Economic Geography，12（3）：667-691.
Alonso W. 1964. Location and Land Use:Toward A General Theory of Land Rent[M]. Cambridge：Harvard University Press.
Alonso W. 1978. Systems of Cities：Readings on Structure，Growth，and Policy[M]. New York：Oxford University Press.
Anderson J E. 2011. The gravity model[J]. Annual Review of Economics，3：133-160.
Anselin L. 1982. Implicit functional relationships between systematic effects in a general model of movement[J]. Regional Science and Urban Economics，12（3）：365-380.
Anselin L. 1984. Specification tests and model selection for aggregate spatial interaction：an empirical comparison[J]. Journal of Regional Science，24（1）：1-15.

Argent N, Tonts M, Jones R, et al. 2014. The amenity principle, internal migration, and rural development in Australia[J]. Annals of the Association of American Geographers, 104（2）: 305-318.

Arntz M. 2010. What attracts human capital? Understanding the skill composition of interregional job matches in Germany[J]. Regional Studies, 44（4）: 423-441.

Arrow K J, Debreu G. 1954. Existence of an equilibrium for a competitive economy[J]. Econometrica: Journal of the Econometric Society, 22（3）: 265-290.

Au C C, Henderson J V. 2006. How migration restrictions limit agglomeration and productivity in China[J]. Journal of Development Economics, 80（2）: 350-388.

Baldwin R E, Okubo T. 2006. Heterogeneous firms, agglomeration and economic geography: spatial selection and sorting[J]. Journal of Economic Geography, 6（3）: 323-346.

Barnes T J. 2004. The rise（and decline）of American regional science: lessons for the new economic geography?[J]. Journal of Economic Geography, 4（2）: 107-129.

Bauer T K, Rulff C, Tamminga M. 2019. Berlin calling-Internal migration in Germany[R]. Ruhr Economic Papers.

Beaverstock J V. 1990. New international labour markets: the case of professional and managerial labour migration within large chartered accountancy firms[J]. Area, 22（2）: 151-158.

Beaverstock J V. 1991. Skilled international migration: an analysis of the geography of international secondments within large accountancy firms[J]. Environment and Planning A, 23（8）: 1133-1146.

Beaverstock J V. 2002. Transnational elites in global cities: British expatriates in Singapore's financial district[J]. Geoforum, 33（4）: 525-538.

Becker G S. 1965. A theory of the allocation of time[J]. The Economic Journal, 75（299）: 493-517.

Beine M, Docquier F, Oden-Defoort C. 2011. A panel data analysis of the brain gain[J]. World Development, 39（4）: 523-532.

Berger S, Piore M J. 1980. Dualism and Discontinuity in Industrial Societies[M]. Cambridge: Cambridge University Press.

Bernard A, Bell M, Charles-Edwards E, et al. 2020. Understanding internal migration: a conceptual framework[M]//Bell M, Bernard A, Charles-Edwards E, et al. Internal Migration in the Countries of Asia. Cham: Springer:15-30.

Bodvarsson Ö B, Simpson N B, Sparber C. 2015. Migration theory[M]//Chiswick B R, Miller P W. Handbook of the Economics of International Migration. Amsterdam: North-Holland: 3-51.

Borjas G J. 1987. Self-selection and the earnings of immigrants[R]. New York: National Bureau of Economic Research.

Borjas G J, Bratsberg B. 1994. Who leaves? The outmigration of the foreign-born[R]. New York: National Bureau of Economic Research.

Boyle M, Findlay A, Lelievre E, et al. 1996. World cities and the limits to global control: a case study of executive search firms in Europe's leading cities[J]. International Journal of Urban and Regional Research，20（3）：498-517.

Browning E K，Zupan M A. 2020. Microeconomics：Theory and Applications[M]. 13rd ed. New York：John Wiley & Sons，Inc.

Burger M，Van Oort F，Linders G J. 2009. On the specification of the gravity model of trade: zeros, excess zeros and zero-inflated estimation[J]. Spatial economic analysis，4（2）：167-190.

Büchel F, van Ham M. 2003. Overeducation, regional labor markets, and spatial flexibility[J]. Journal of Urban Economics，53（3）：482-493.

Cai F. 2010. Demographic transition，demographic dividend，and Lewis turning point in China[J]. China Economic Journal，3（2）：107-119.

Calvo G A. 1978. Urban unemployment and wage determination in LDC's：trade unions in the Harris-Todaro model[J]. International Economic Review，19（1）：65-81.

Cameron A C，Trivedi P K. 2013. Regression Analysis of Count Data[M]. 2nd ed. Cambridge：Cambridge University Press.

Cao G Z，Li M，Ma Y，et al. 2015. Self-employment and intention of permanent urban settlement：evidence from a survey of migrants in China's four major urbanising areas[J]. Urban Studies，52（4）：639-664.

Cebula R J, Vedder R K. 1973. A note on migration, economic opportunity, and the quality of life[J]. Journal of Regional Science，13（2）：205-211.

Chan K W. 2009. The Chinese hukou system at 50[J]. Eurasian geography and economics，50（2）：197-221.

Charles-Edwards E，Bell M，Bernard A，et al. 2019. Internal migration in the countries of Asia：levels，ages and spatial impacts[J]. Asian Population Studies，15（2）：150-171.

Chen H X，Zhao L M，Zhao Z Y. 2017. Influencing factors of farmers' willingness to withdraw from rural homesteads：a survey in Zhejiang，China[J]. Land Use Policy，68：524-530.

Chen S W，Liu Z L. 2016. What determines the settlement intention of rural migrants in China? Economic incentives versus sociocultural conditions[J]. Habitat International，58：42-50.

Chen X M，Sun J M. 2007. Untangling a global-local nexus：sorting out residential sorting in Shanghai[J]. Environment and Planning A，39（10）：2324-2345.

Chen Y，Rosenthal S S. 2008. Local amenities and life-cycle migration：do people move for jobs or fun?[J]. Journal of Urban Economics，64（3）：519-537.

Cherry T L，Rickman D S. 2009. Environmental Amenities and Regional Economic Development[M]. London：Routledge.

Chiquiar D, Hanson G H. 2005. International migration, self-selection, and the distribution of wages：Evidence from Mexico and the United States[J]. Journal of Political Economy，113（2）：239-281.

Chun Y W. 2007. Behavioral specifications of network autocorrelation in migration modeling：an analysis of migration flows by spatial filtering[D]. Columbus：The Ohio State University.

Chun Y W. 2008. Modeling network autocorrelation within migration flows by eigenvector spatial filtering[J]. Journal of Geographical Systems，10（4）：317-344.

Chun Y W. 2013. Network autocorrelation and spatial filtering[M]//Scherngell T. The Geography of Networks and R&D Collaborations[C]. Cham：Springer：99-113.

Chun Y W，Griffith D A. 2011. Modeling network autocorrelation in space–time migration flow data：an eigenvector spatial filtering approach[J]. Annals of the Association of American Geographers，101（3）：523-536.

Clark T N，Lloyd R，Wong K K，et al. 2002. Amenities drive urban growth[J]. Journal of urban affairs，24（5）：493-515.

Clark X，Hatton T J，Williamson J G. 2007. Explaining US immigration，1971–1998[J]. The Review of Economics and Statistics，89（2）：359-373.

Conradson D，Latham A. 2005. Escalator London? A case study of New Zealand tertiary educated migrants in a global city[J]. Journal of Contemporary European Studies，13（2）：159-172.

Corden W M，Findlay R. 1975. Urban unemployment，intersectoral capital mobility and development policy[J]. Economica，42（165）：59-78.

Correia S，Guimarães P，Zylkin T Z. 2020. Fast poisson estimation with high-dimensional fixed effects[J]. The Stata Journal，20（1）：95-115.

Davies P S，Greenwood M J，Li H Z. 2001. A conditional logit approach to US state-to-state migration[J]. Journal of Regional Science，41（2）：337-360.

de Jong P，Sprenger C，van Veen F. 1984. On extreme values of Moran's i and Geary's c[J]. Geographical Analysis，16（1）：17-24.

Dicken P. 2003. Global Shift：Reshaping the Global Economic Map in the 21st Century[M]. 4th ed. New York：SAGE Publications.

Dixit A K，Stiglitz J E. 1977. Monopolistic competition and optimum product diversity[J]. The American Economic Review，67（3）：297-308.

Doeringer P B，Piore M J. 1971. Internal Labor Markets and Manpower Analysis[M]. Armonk，New York：M E Sharpe Inc.

Drucker P F.　1954. The Practice of Management[M]. New York：Harper Brothers.

Dustmann C，Kirchkamp O. 2002. The optimal migration duration and activity choice after re-migration[J]. Journal of Development Economics，67（2）：351-372.

Ehrenberg R G，Smith R S. 2016. Modern Labor Economics：Theory and Public Policy[M]. 12th. ed. New York：Routledge.

Faggian A，McCann P. 2009. Universities，agglomerations and graduate human capital mobility[J]. Tijdschrift voor Economische en Sociale Geografie，100（2）：210-223.

Fan C C. 2005a. Interprovincial migration，population redistribution，and regional development in China：1990 and 2000 census comparisons[J]. The Professional Geographer，57（2）：295-311.

Fan C C. 2005b. Modeling interprovincial migration in China, 1985-2000[J]. Eurasian Geography and Economics, 46（3）: 165-184.

Fan C C. 2011. Settlement intention and split households: findings from a survey of migrants in Beijing's urban villages[J]. The China Review, 11（2）: 11-41.

Ferguson M, Ali K, Olfert M R, et al. 2007. Voting with their feet: jobs versus amenities[J]. Growth and Change, 38（1）: 77-110.

Fielding A J. 1989. Inter-regional migration and social change: a study of South East England based upon data from the longitudinal Study[J]. Transactions of the Institute of British Geographers, 14（1）: 24-36.

Fielding A J. 1992. Migration and social mobility: South East England as an escalator region[J]. Regional Studies, 26（1）: 1-15.

Fields G S. 1979. Place-to-place migration: some new evidence[J]. Review of Economics and Statistics, 61（1）: 21-32.

Findlay A. 1990. A migration channels approach to the study of high level manpower movements: a theoretical perspective[J]. International migration, 28（1）: 15-23.

Findlay A M. 1988. From settlers to skilled transients: the changing structure of British international migration[J]. Geoforum, 19（4）: 401-410.

Findlay A, Mason C, Harrison R, et al. 2008. Getting off the escalator? A study of Scots out-migration from a global city region[J]. Environment and Planning A, 40（9）: 2169-2185.

Findlay A, Mason C, Houston D, et al. 2009. Escalators, elevators and travelators: the occupational mobility of migrants to South-East England[J]. Journal of Ethnic and Migration Studies, 35（6）: 861-879.

Findlay A M, Gould W T S. 1989. Skilled international migration: a research agenda[J]. Area, 21（1）: 3-11.

Findlay A M, Li F L N. 1997. An auto-biographical approach to understanding migration: the case of Hong Kong emigrants[J]. Area, 29（1）: 34-44.

Findlay A M, Li F L N. 1998. A migration channels approach to the study of professionals moving to and from Hong Kong[J]. International Migration Review, 32（3）: 682-703.

Fischer M M, Griffith D A. 2008. Modeling spatial autocorrelation in spatial interaction data: an application to patent citation data in the European Union[J]. Journal of Regional Science, 48（5）: 969-989.

Fischer M M, Nijkamp P. 2013. Handbook of Regional Science[M]. Berlin, Heidelberg: Springer-Verlag.

Florida R. 1999. Competing in the age of talent: quality of place and the new economy[D]. Pittsburgh: Carie Mellon University.

Florida R. 2004. The Rise of the Creative Class and How It's Transforming Work, Leisure, Community and Everyday Life[M]. Paperback Ed. New York: Basic Books.

Florida R，Gates G. 2003. Technology and tolerance：the importance of diversity to high-technology growth[J]. Research in Urban Policy，9：199-219.

Florida R，Mellander C，Qian H F. 2012. China's development disconnect[J]. Environment and Planning A，44（3）：628-648.

Flowerdew R，Aitkin M. 1982. A method of fitting the gravity model based on the poisson distribution[J]. Journal of Regional Science，22（2）：191-202.

Forslid R. 1999. Agglomeration with human and physical capital：an analytically solvable case[J]. CEPR Discussion Papers，2102.

Forslid R，Ottaviano G I P. 2003. An analytically solvable core-periphery model[J]. Journal of Economic Geography，3（3）：229-240.

Fotheringham A S. 1983. A new set of spatial-interaction models：the theory of competing destinations[J]. Environment and Planning A，15（1）：15-36.

Fotheringham A S. 1986. Modelling hierarchical destination choice[J]. Environment and Planning A，18（3）：401-418.

Fujita M，Krugman P R，Venables A J. 1999. The Spatial Economy：Cities，Regions，and International Trade[M]. Cambridge：The MIT press.

Fujita M，Thisse J F. 1996. Economics of agglomeration[J]. Journal of the Japanese and International Economies，10（4）：339-378.

Fujita M，Thisse J F. 2002. Economics of Agglomeration：Cities，Industrial Location，and Globalization[M]. Cambridge：Cambridge University Press.

Ghatak S，Levine P，Price S W. 1996. Migration theories and evidence：an assessment[J]. Journal of Economic Surveys，10（2）：159-198.

Giddens A. 1984. The Constitution of Society[M]. Cambridge：Polity Press.

Glaeser E L，Gottlieb J D. 2006. Urban resurgence and the consumer city[J]. Urban Studies，43（8）：1275-1299.

Glaeser E L，Kohlhase J E. 2004. Cities，regions and the decline of transport costs[M]//Florax R J G，Plane D A. Fifty Years of Regional Science. Berlin，Heidelberg：Springer：197-228.

Glaeser E L，Kolko J，Saiz A. 2001. Consumer city[J]. Journal of Economic Geography，1（1）：27-50.

Glasze G，Alkhayyal A. 2002. Gated housing estates in the Arab world：case studies in Lebanon and Riyadh，Saudi Arabia[J]. Environment and Planning B：Planning and Design，29（3）：321-336.

Gottlieb P D，Joseph G. 2006. College-to-work migration of technology graduates and holders of doctorates within the United States[J]. Journal of Regional Science，46（4）：627-659.

Gould W T. 1988a. Skilled international labour migration[J]. Geoforum，19（4）：381-385.

Gould W T. 1988b. Government policies and international migration of skilled workers in sub-Saharan Africa[J]. Geoforum，19（4）：433-445.

Graves P E. 1976. A reexamination of migration，economic opportunity，and the quality of life[J].

Journal of Regional Science，16（1）：107-112.

Graves P E. 1979. A life-cycle empirical analysis of migration and climate，by race[J]. Journal of Urban Economics，6（2）：135-147.

Graves P E. 1980. Migration and climate[J]. Journal of Regional Science，20（2）：227-237.

Graves P E. 1983. Migration with a composite amenity：the role of rents[J]. Journal of Regional Science，23（4）：541-546.

Graves P E，Linneman P D. 1979. Household migration：theoretical and empirical results[J]. Journal of Urban Eeconomics，6（3）：383-404.

Green G P，Deller S C，Marcouiller D W. 2005. Amenities and rural development：theory，methods and public policy[M]. Cheltenham：Edward Elgar Publishing.

Greenwood M J. 1975. Research on internal migration in the United States：a survey[J]. Journal of Economic Literature，13（2）：397-433.

Greenwood M J. 1985. Human migration：theory，models，and empirical studies[J]. Journal of regional Science，25（4）：521-544.

Greenwood M J. 1988. Changing patterns of migration and regional economic growth in the US：a demographic perspective[J]. Growth and Change，19（4）：68-86.

Greenwood M J. 1997. Internal migration in developed countries[J]. Handbook of Population and Family Economics，1（97）：647-720.

Greenwood M J，Hunt G L. 1989. Jobs versus amenities in the analysis of metropolitan migration[J]. Journal of Urban Economics，25（1）：1-16.

Greenwood M J，Hunt G L. 2003. The early history of migration research[J]. International Regional Science Review，26（1）：3-37.

Greenwood M J，Mueser P R，Plane D A，et al. 1991. New directions in migration research：perspectives from some North American regional science disciplines[J]. The Annals of Regional Science，25（4）：237-270.

Griffith D A. 2009. Modeling spatial autocorrelation in spatial interaction data：empirical evidence from 2002 Germany journey-to-work flows[J]. Journal of Geographical Systems，11（2）：117-140.

Griffith D A，Chun Y W. 2014. Spatial autocorrelation and eigenvector spatial filtering[M]//Fischer M M，Nijkamp P. Handbook of Regional Science. Berlin，Heidelberg：Springer-Verlag：1477-1507.

Griffith D A，Jones K G. 1980. Explorations into the relationship between spatial structure and spatial interaction[J]. Environment and Planning A，12（2）：187-201.

Grogger J，Hanson G H. 2011. Income maximization and the selection and sorting of international migrants[J]. Journal of Development Economics，95（1）：42-57.

Gu H Y，Jie Y Y，Lao X. 2022. Health service disparity，push-pull effect，and elderly migration in ageing China[J]. Habitat International，125：102581.

Gu H Y，Jie Y Y，Li Z T，et al. 2021a. What drives migrants to settle in Chinese cities：a panel data analysis[J]. Applied Spatial Analysis and Policy，14：297-314.

Gu H Y，Ling Y K，Shen T Y，et al. 2020b. How does rural homestead influence the hukou transfer intention of rural-urban migrants in China?[J]. Habitat International，105：102267.

Gu H Y，Meng X，Shen T Y. et al. 2020a. China's highly educated talents in 2015：patterns，determinants and spatial spillover effects[J]. Applied Spatial Analysis and Policy，13：631-648.

Gu H Y，Ling Y K，Shen T Y. 2021b. Return or not return：examining the determinants of return intentions among migrant workers in Chinese cities[J]. Asian Population Studies，17（1）：51-70.

Gu H Y，Liu Z L，Shen T Y，et al. 2019. Modelling interprovincial migration in China from 1995 to 2015 based on an eigenvector spatial filtering negative binomial model[J]. Population，Space and Place，25（8）：e2253.

Gu H Y，Rowe F，Liu Y，et al. 2021c. Geography of talent in China during 2000–2015：an eigenvector spatial filtering negative binomial approach[J]. Chinese Geographical Science，31：297-312.

Gu H Y，Shen T Y. 2021. Modelling skilled and less - skilled internal migrations in China，2010 - 2015：Application of an eigenvector spatial filtering hurdle gravity approach[J]. Population，Space and Place，27(6): e2439.

Gu H Y，Yu H C，Sachdeva M，et al. 2021d. Analyzing the distribution of researchers in China：an approach using multiscale geographically weighted regression[J]. Growth and Change，52（1）：443-459.

Gu Z G，Gu L，Eils R，et al. 2014. Circlize implements and enhances circular visualization in R[J]. Bioinformatics，30（19）：2811-2812.

Gyourko J，Tracy J. 1991. The structure of local public finance and the quality of life[J]. Journal of Political Economy，99（4）：774-806.

Harris J R，Todaro M P. 1970. Migration，unemployment and development：a two-sector analysis[J]. The American Economic Review，60（1）：126-142.

He J L，Huang X J，Xi G L. 2018. Urban amenities for creativity：an analysis of location drivers for photography studios in Nanjing，China[J]. Cities，74：310-319.

Henderson J V. 2007. Understanding knowledge spillovers[J]. Regional Science and Urban Economics，37(4)：497-508.

Hensen M M，de Vries M R，Cörvers F. 2009. The role of geographic mobility in reducing education-job mismatches in the Netherlands[J]. Papers in Regional Science，88（3）：667-682.

Hicks J R. 1932. The Theory of Wages[M]. London：Macmillan and Co Ltd.

Hidalgo C A，Klinger B，Barabási A L，et al. 2007. The product space conditions the development of nations[J]. Science，317（5837）：482-487.

Hilbe J. 2004. Modeling Count Data[M]. New York：Cambridge University Press.

Huang Y Q，Guo F，Cheng Z M. 2018. Market mechanisms and migrant settlement intentions in urban China[J]. Asian Population Studies，14（1）：22-42.

Hugo G J. 1981. 7-village-community ties, village norms, and ethnic and social networks: a review of evidence from the Third World[M]//De Jong G F，Gardner R W. Migration Decision Making: Multidisciplinary Approaches to Microlevel Studies in Developed and Developing Countries, Oxford：Pergamon Press：186-224.

Iredale R. 2001. The migration of professionals：theories and typologies[J]. International Migration, 39（5）：7-26.

Isard W. 1956. Location and Space-economy：A General Theory Relating to Industrial Location, Market Areas，Land Use，Trade and Urban Structure[M]. Cambridge：The MIT Press.

Isard W. 1975a. Introduction to Regional Science[M]. Upper Saddle River：Prentice-Hall.

Isard W. 1975b. Simple rationale for gravity model type behavior[J]. Papers of the Regional Science Association，35（1）：25-30.

Isard W，Anselin L. 1982. Integration of multiregional models for policy analysis[J]. Environment and Planning A，14（3）：359-376.

Isard W，Azis I J，Drennan M P，et al. 2017. Methods of Interregional and Regional Analysis[M]. 2ed. London：Routledge.

Isserman A M. 1993. Lost in space?On the history，status，and future of regional science[J]. The Review of Regional Studies，23（1）：1-50.

Isserman A M. 1995. The history，status，and future of regional science：an American perspective[J]. International Regional Science Review，17（3）：249-296.

Jerome H. 1926. Migration and Business[M]. New York：National Bureau of Economic Research.

Jöns H. 2009. ‘Brain circulation’and transnational knowledge networks：studying long-term effects of academic mobility to Germany，1954-2000[J]. Global Networks，9（3）：315-338.

Katz E，Stark O. 1986. Labor migration and risk aversion in less developed countries[J]. Journal of Labor Economics，4（1）：134-149.

King R，Skeldon R. 2010. ‘Mind the gap!’Integrating approaches to internal and international migration[J]. Journal of Ethnic and Migration Studies，36（10）：1619-1646.

Knapp T A，Graves P E. 1989. On the role of amenities in models of migration and regional development[J]. Journal of Regional Science，29（1）：71-87.

Koser K，Salt J. 1997. The geography of highly skilled international migration[J]. International Journal of Population Geography，3（4）：285-303.

Krugman P. 1991. Increasing returns and economic geography[J]. Journal of Political Economy，99（3）：483-499.

Kuznets S，Rubin E. 1954. Immigration and the Foreign Born[M]. New York：National Bureau of Economic Research.

Lao X，Gu H Y. 2020. Unveiling various spatial patterns of determinants of hukou transfer intentions in China：a multi-scale geographically weighted regression approach[J]. Growth and Change, 51（4）：1860-1876.

Lao X，Gu H Y，Yu H C，et al. 2021. Exploring the spatially-varying effects of human capital on urban innovation in China[J]. Applied Spatial Analysis and Policy，14(4)：827-848.

LeSage J P，Pace R K. 2007. A matrix exponential spatial specification[J]. Journal of Econometrics，140（1）：190-214.

LeSage J P，Pace R K. 2008. Spatial econometric modeling of origin-destination flows[J]. Journal of Regional Science，48（5）：941-967.

Lewis W A. 1954. Economic development with unlimited supplies of labour[J]. The Manchester School，22(2)：139-191.

Li H，Wei Y H D，Wu Y Y. 2019. Urban amenity，human capital and employment distribution in Shanghai[J]. Habitat International，91：102025.

Linders G J M，Burger M J，van Oort F G. 2008. A rather empty world：the many faces of distance and the persistent resistance to international trade[J]. Cambridge Journal of Regions，Economy and Society，1（3）：439-458.

Liu Y. 2013. Skilled internal migration in China：patterns，processes and determinants[D]. Hong Kong：Chinese University of Hong Kong.

Liu Y，Deng W，Song X Q. 2018. Influence factor analysis of migrants' settlement intention：considering the characteristic of city[J]. Applied Geography，96：130-140.

Liu Y，Shen J F. 2014a. Spatial patterns and determinants of skilled internal migration in China，2000–2005[J]. Papers in Regional Science，93（4）：749-771.

Liu Y，Shen J F. 2014b. Jobs or amenities?Location choices of interprovincial skilled migrants in China，2000–2005[J]. Population，Space and Place，20（7）：592-605.

Liu Y，Shen J F. 2017. Modelling skilled and less-skilled interregional migrations in China，2000–2005[J]. Population，Space and Place，23（4）：e2027.

Liu Y，Shen J F，Xu W，et al. 2017. From school to university to work：migration of highly educated youths in China[J]. The Annals of Regional Science，59（3）：651-676.

Liu Z L，Gu H Y. 2020. Evolution characteristics of spatial concentration patterns of interprovincial population migration in China from 1985 to 2015[J]. Applied Spatial Analysis and Policy，13：375-391.

Long H O，Tu S S，Ge D Z，et al. 2016. The allocation and management of critical resources in rural China under restructuring：problems and prospects[J]. Journal of Rural Studies，47：392-412.

Long J S，Freese J. 2014. Regression Models for Categorical Dependent Variables Using Stata[M]. 3rd ed. College Station，Texas：Stata Press.

Lowry I S. 1966. Migration and Metropolitan Growth：Two Analytical Models[M]. San Francisco：Chandler Publishing Company.

Lucas D，Amoateng A Y，Kalule-Sabiti I. 2006. International migration and the rainbow nation[J]. Population，Space and Place，12（1）：45-63.

Lucas Jr R E. 1978. On the size distribution of business firms[J]. The Bell Journal of Economics，9

(2): 508-523.

Lucas Jr R E. 1988. On the mechanics of economic development[J]. Journal of Monetary Economics, 22(1): 3-42.

Mahroum S. 2001. Europe and the immigration of highly skilled labour[J]. International Migration, 39(5): 27-43.

Marshall A. 2009. Principles of Eeconomics: Unabridged[M]. 8th ed. New York: Cosimo Classics.

Massey D S, Arango J, Hugo G, et al. 1993. Theories of international migration: a review and appraisal[J]. Population and Development Review, 19(3): 431-466.

Massey D S, España F G. 1987. The social process of international migration[J]. Science, 237(4816): 733-738.

Mayda A M. 2010. International migration: a panel data analysis of the determinants of bilateral flows[J]. Journal of Population Economics, 23(4): 1249-1274.

Mayr K, Peri G. 2009. Brain drain and brain return: theory and application to Eastern-Western Europe[J]. The B.E. Journal of Economic Analysis & Policy, 9(1).

McCall B P, McCall J J. 1987. A sequential study of migration and job search[J]. Journal of Labor Economics, 5(4): 452-476.

McCarney R, Warner J, Iliffe S, et al. 2007. The Hawthorne Effect: a randomised, controlled trial[J]. BMC Medical Research Methodology, 7(1): 1-8.

Melitz M J. 2003. The impact of trade on intra-industry reallocations and aggregate industry productivity[J]. Econometrica, 71(6): 1695-1725.

Meyer J B. 2001. Network approach versus brain drain: lessons from the diaspora[J]. International Migration, 39(5): 91-110.

Miguélez E, Moreno R, Suriñach J. 2010. Inventors on the move: Tracing inventors' mobility and its spatial distribution[J]. Papers in Regional Science, 89(2): 251-274.

Morrison A C, Gray K, Getis A, et al. 2004. Temporal and geographic patterns of aedes aegypti (diptera: culicidae) production in Iquitos, Peru[J]. Journal of Medical Entomology, 41(6): 1123-1142.

Mueser P R, Graves P E. 1995. Examining the role of economic opportunity and amenities in explaining population redistribution[J]. Journal of Urban Economics, 37(2): 176-200.

Mullahy J. 1986. Specification and testing of some modified count data models[J]. Journal of Econometrics, 33(3): 341-365.

Muthen B O, Satorra A. 1995. Complex sample data in structural equation modeling[J]. Sociological Methodology, 25: 267-316.

Nechyba T J, Strauss R P. 1998. Community choice and local public services: a discrete choice approach[J]. Regional Science and Urban Economics, 28(1): 51-73.

Niedomysl T, Hansen H K. 2010. What matters more for the decision to move: jobs versus amenities[J]. Environment and Planning A, 42(7): 1636-1649.

Nifo A，Vecchione G. 2014. Do institutions play a role in skilled migration?The case of Italy[J]. Regional Studies，48（10）：1628-1649.

Ong P M，Lucie C，Leslie E. 1992. Migration of highly educated Asians and global dynamics[J]. Asian and Pacific Migration Journal，1（3/4）：543-567.

Ord J K，Getis A. 1995. Local spatial autocorrelation statistics：distributional issues and an application[J]. Geographical Analysis，27（4）：286-306.

Ortega F，Peri G. 2009. The causes and effects of international migrations：evidence from OECD countries 1980-2005[R]. New York：National Bureau of Economic Research.

Oshan T M. 2021. The spatial structure debate in spatial interaction modeling：50 years on[J]. Progress in Human Geography，45（5）：925-950.

Ottaviano G I P. 2001. Monopolistic competition，trade，and endogenous spatial fluctuations[J]. Regional Science and Urban Economics，31（1）：51-77.

Palivos T，Wang P. 1996. Spatial agglomeration and endogenous growth[J]. Regional Science and Urban Economics，26（6）：645-669.

Partridge M D. 2010. The duelling models：NEG vs amenity migration in explaining US engines of growth[J]. Papers in Regional Science，89（3）：513-536.

Peeters D，Thomas I. 2009. Network autocorrelation[J]. Geographical Analysis，41（4）：436-443.

Peixoto J. 2001. Migration and policies in the European Union：highly skilled mobility，free movement of labour and recognition of diplomas[J]. International Migration，39（1）：33-61.

Pellegrino A. 2001. Trends in Latin American skilled migration：'brain drain' or 'brain exchange'?[J]. International migration，39（5）：111-132.

Picard P M. 2015. Trade，economic geography and the choice of product quality[J]. Regional Science and Urban Economics，54：18-27.

Picard P M，Okubo T. 2012. Firms' locations under demand heterogeneity[J]. Regional Science and Urban Economics，42（6）：961-974.

Pickles A，Rogerson P. 1984. Wage distributions and spatial preferences in competitive job search and migration[J]. Regional Studies，18（2）：131-142.

Pillinger J. 2008. The migration-social policy nexus：current and future research[R]. Geneva：United Nations Research Institute for Social Development.

Piore M J. 1979. Birds of Passage：Migrant Labor and Industrial Societies[M]. Cambridge：Cambridge University Press.

Plane D A. 1984. Migration space：doubly constrained gravity model mapping of relative interstate separation[J]. Annals of the Association of American Geographers，74（2）：244-256.

Plane D A. 2000. The role of regional science in migration and population research[J]. Review of Regional Studies，30（1）：79-83.

Polachek S，Horvath F. 1977. A life cycle approach to migration：analysis of the perspicacious peregrinator[M]//Ehrenberg R G. Research in Labor Economics. Greenwich：JAI Press：

349-395.

Qian H F. 2010. Talent, creativity and regional economic performance: the case of China[J]. The annals of regional science, 45(1): 133-156.

Raghuram P. 2009. Caring about'brain drain'migration in a postcolonial world[J]. Geoforum, 40(1): 25-33.

Rappaport J. 2007. Moving to nice weather[J]. Regional Science and Urban Economics, 37 (3): 375-398.

Ravenstein E G. 1889. The laws of migration[J]. Journal of the Royal Statistical Society, 52 (2): 241-305.

Rogers A, Willekens F, Little J, et al. 2002. Describing migration spatial structure[J]. Papers in Regional Science, 81(1): 29-48.

Rogerson R. 1988. Indivisible labor, lotteries and equilibrium[J]. Journal of Monetary Economics, 21 (1): 3-16.

Rosen S. 1974. Hedonic prices and implicit markets: product differentiation in pure competition[J]. Journal of Political Economy, 82 (1): 34-55.

Rowe F. 2017. The CHilean internal migration (CHIM) database: temporally consistent spatial data for the analysis of human mobility[J]. Region, 4 (3): R1-R6.

Rowe F, Corcoran J, Faggian A. 2013. Mobility patterns of overseas human capital in Australia: the role of a'new'graduate visa scheme and rural development policy[J]. Australian Geographer, 44 (2): 177-195.

Ryan C D, Li B, Langford C H. 2011. Innovative workers in relation to the city: the case of a natural resource-based centre (Calgary) [J]. City, Culture and Society, 2 (1): 45-54.

Salt J. 1983. High level manpower movements in Northwest Europe and the role of careers: an explanatory framework[J]. International Migration Review, 17 (4): 633-652.

Salt J. 1992. The future of international labor migration[J]. International Migration Review, 26 (4): 1077-1111.

Samuelson P A. 1953. Prices of factors and good in general equilibrium[J]. The Review of Economic Studies, 21 (1): 1-20.

Sandell S H. 1977. Women and the economics of family migration[J]. The Review of Economics and Statistics, 59 (4): 406-414.

Santeramo F G, Morelli M. 2016. Modelling tourism flows through gravity models: a quantile regression approach[J]. Current Issues in Tourism, 19 (11): 1077-1083.

Schultz T W. 1961. Investment in human capital[J]. The American Economic Review, 51 (1): 1-17.

Scitovsky T. 1954. Two concepts of external economies[J]. Journal of Political Economy, 62 (2): 143-151.

Scott A J. 2010. Jobs or amenities? Destination choices of migrant engineers in the USA[J]. Papers in Regional Science, 89 (1): 43-63.

Scott S. 2007. The community morphology of skilled migration: the changing role of voluntary and community organisations (VCOs) in the grounding of British migrant identities in Paris (France) [J]. Geoforum, 38 (4): 655-676.

Shen J F. 2012. Changing patterns and determinants of interprovincial migration in China 1985–2000[J]. Population, Space and Place, 18 (3): 384-402.

Shen J F. 2013. Increasing internal migration in China from 1985 to 2005: institutional versus economic drivers[J]. Habitat International, 39: 1-7.

Shen J F. 2015. Explaining interregional migration changes in China, 1985–2000, using a decomposition approach[J]. Regional Studies, 49 (7): 1176-1192.

Shen J F. 2016. Error analysis of regional migration modeling[J]. Annals of the American Association of Geographers, 106 (6): 1253-1267.

Shen J F, Liu Y. 2016. Skilled and less-skilled interregional migration in China: a comparative analysis of spatial patterns and the decision to migrate in 2000–2005[J]. Habitat International, 57: 1-10.

Shields G M, Shields M P. 1989. The emergence of migration theory and a suggested new direction[J]. Journal of Economic Surveys, 3 (4): 277-304.

Silva J M C S, Tenreyro S. 2006. The log of gravity[J]. The Review of Economics and Statistics, 88 (4): 641-658.

Silva J M C S, Tenreyro S. 2011a. Further simulation evidence on the performance of the Poisson pseudo-maximum likelihood estimator[J]. Economics Letters, 112 (2): 220-222.

Silva J M C S, Tenreyro S. 2011b. Poisson: Some convergence issues[J]. The Stata Journal, 11(2): 207-212.

Simon C J. 1998. Human capital and metropolitan employment growth[J]. Journal of Urban Economics, 43 (2): 223-243.

Sjaastad L A. 1962. The costs and returns of human migration[J]. Journal of Political Economy, 70 (5, Part 2): 80-93.

Skeldon R. 2006. Interlinkages between internal and international migration and development in the Asian region[J]. Population, Space and Place, 12 (1): 15-30.

Smith A. 1976. An Inquiry into the Nature and Causes of the Wealth of Nations[M]. New York: Oxford University Press.

Smith D P, Finney N, Walford N. 2016. Internal Migration: Geographical Perspectives and Processes[M]. London: Routledge.

Song H S, Zhang M, Wang R Q. 2016. Amenities and spatial talent distribution: evidence from the Chinese IT industry[J]. Cambridge Journal of Regions, Economy and Society, 9(3): 517-533.

Stark O. 1984. Rural-to-urban migration in LDCs: a relative deprivation approach[J]. Economic Development and Cultural Change, 32 (3): 475-486.

Stark O. 1991. The Migration of Labor[M]. Cambridge, Oxford: Basil Blackwell.

Stark O，Levhari D. 1982. On migration and risk in LDCs[J]. Economic Development and Cultural Change，31（1）：191-196.

Starrett D. 1978. Market allocations of location choice in a model with free mobility[J]. Journal of Economic Theory，17（1）：21-37.

Storper M，Scott A J. 2009. Rethinking human capital，creativity and urban growth[J]. Journal of Economic Geography，9（2）：147-167.

Stouffer S A. 1940. Intervening opportunities：a theory relating mobility and distance[J]. American Sociological Review，5（6）：845-867.

Stouffer S A. 1960. Intervening opportunities and competing migrants[J]. Journal of Regional Science，2（1）：1-26.

Tang S S，Hao P，Huang X J. 2016. Land conversion and urban settlement intentions of the rural population in China：a case study of suburban Nanjing[J]. Habitat International，51：149-158.

Taylor J E. 1986. Differential migration, networks, information and risk[J]. Migration, Human Capital and Development，4：147-171.

Tiebout C M. 1956. A pure theory of local expenditures[J]. Journal of Political Economy，64（5）：416-424.

Tiefelsdorf M，Boots B. 1995. The exact distribution of Moran's I[J]. Environment and Planning A，27（6）：985-999.

Tobler W. 2004. On the first law of geography：a reply[J]. Annals of the Association of American Geographers，94(2)：304-310.

Todaro M P. 1969. A model of labor migration and urban unemployment in less developed countries[J]. The American Economic Review，59（1）：138-148.

Vertovec S，Cohen R. 1999. Migration，Diasporas and Transnationalism[M]. Northampton：Edward Elgar Publishing Limited.

Voss P R. 2007. Demography as a spatial social science[J]. Population Research and Policy Review，26（5/6）：457-476.

Wajdi N，Adioetomo S M，Mulder C H. 2017. Gravity models of interregional migration in Indonesia[J]. Bulletin of Indonesian Economic Studies，53（3）：309-332.

Whisler R L，Waldorf B S，Mulligan G F，et al. 2008. Quality of life and the migration of the college-educated：a life-course approach[J]. Growth and Change，39（1）：58-94.

Wilson A. 2011. Entropy in Urban and Regional Modelling[M]. London：Routledge.

Woodward D，Figueiredo O，Guimaraes P. 2006. Beyond the silicon valley：university R&D and high-technology location[J]. Journal of Urban Economics，60（1）：15-32.

Wu F L，Webber K. 2004. The rise of 'foreign gated communities' in Beijing：between economic globalization and local institutions[J]. Cities，21（3）：203-213.

Wu J W，Yu Z，Wei Y H D，et al. 2019a. Changing distribution of migrant population and its influencing factors in urban China：economic transition，public policy，and amenities[J]. Habitat

International, 94: 102063.

Wu K M, Wang Y, Ye Y Y, et al. 2019b. Relationship between the built environment and the location choice of high-tech firms: evidence from the Pearl River Delta[J]. Sustainability, 11（13）: 1-21.

Xu L, Paterson A D, Turpin W, et al. 2015. Assessment and selection of competing models for zero-inflated microbiome data[J]. PloS one, 10(7): e0129606.

Yang Y Z, Feng Z M, Wang L, et al. 2014. Research on the suitability of population distribution at the provincial scale in China[J]. Journal of Geographical Sciences, 24（5）: 889-906.

Yue Z S, Li S Z, Feldman M W, et al. 2010. Floating choices: a generational perspective on intentions of rural-urban migrants in China[J]. Environment and Planning A, 42（3）: 545-562.

Yu Z L, Zhang H, Tao Z L, et al. 2019. Amenities, economic opportunities and patterns of migration at the city level in China[J]. Asian and Pacific Migration Journal, 28（1）: 3-27.

Zhu Y. 2007. China's floating population and their settlement intention in the cities: beyond the Hukou reform[J]. Habitat International, 31（1）: 65-76.

Zipf G K. 1946. The P1P2/D hypothesis: on the intercity movement of persons[J]. American Sociological Review, 11（6）: 677-686.

Zweig D, Fung C S, Han D L. 2008. Redefining the brain drain: China's 'diaspora option'[J]. Science, Technology and Society, 13（1）: 1-33.

附录 A　ESF 推导及证明

在针对网络数据的引力模型回归分析中，ESF 本质上是从转化后的网络权重矩阵中提取特征向量，并将提取出来的特征向量作为解释变量加入模型进行回归（古恒宇等，2019b）。特征向量相当于对网络权重矩阵进行特征分解，分解后的向量表征不同程度的空间结构信息，其特征值越大，所包含的拓扑特征信息越多。可以证明，向量特征值越大，对应的莫兰指数越大，所提取的空间自相关效应越强。ESF 的优势在于：①没有变量必须为正数的限制；②适用于存在内生性的情况；③处理灵活，可融入于多种模型中，且根据挑选范围的调整以调节特征向量的纳入程度。各特征向量在一定程度上代表了各迁移流间的网络自相关性，当特征向量作为解释变量时，相当于“过滤”了网络自相关性对模型计算结果的影响。因而，ESF 可以使得传统引力模型中内生性问题得到较好的解决，同时有效提升估计和模型预测的精度。目前，ESF 引力模型和空间计量交互模型成为空间计量经济学领域对传统引力模型的两类重要拓展（Oshan，2021）。相比空间计量交互模型，ESF 引力模型虽然不能“显格式”地提供对数据中网络自相关性的解释，但往往能够更加彻底地过滤空间自相关的影响，使得空间计量经济学关注的重要问题——误差项中的空间自相关问题得以很好地被解决。

ESF 具有排序性和正交性。排序性意味着 ESF 中对应最大特征值的特征向量也对应最大的莫兰指数，以此类推，对应最小特征值的特征向量也对应最小的莫兰指数。正交性意味着 ESF 中每对特征向量的相关系数为 0。Tiefelsdorf 和 Boots（1995）证明了数据中莫兰指数的取值范围决定于其转化后空间权重矩阵的最大及最小的特征值。$\boldsymbol{E}_1,\cdots,\boldsymbol{E}_n$ 所对应的 n 个莫兰指数值是按照从大到小的顺序排列的。当给定区域的空间权重矩阵 $\boldsymbol{W}$ 时，就可以计算出每个特征向量 $\boldsymbol{E}_i$ 所对应的 MC_i，函数表达如式（A1）所示。

$$\mathrm{MC}_i = \left(\frac{n}{\boldsymbol{A}'\boldsymbol{W}\boldsymbol{A}}\right)\lambda_i \tag{A1}$$

式中，MC_i 为第 i 个特征向量 $\boldsymbol{E}_i$ 对应的莫兰指数；$\boldsymbol{A}$ 为 $n\times 1$ 阶元素为 1 的矩阵；$\boldsymbol{W}$ 为空间权重矩阵；λ_i 为第 i 个特征向量 $\boldsymbol{E}_i$ 对应的特征值。

各特征向量对应的 MC_i 中的最大值与最小值取决于最大和最小的特征值。

$$MC_{max}=\frac{n}{\boldsymbol{A}'\boldsymbol{W}\boldsymbol{A}}\lambda_{max}$$

$$MC_{min}=\frac{n}{\boldsymbol{A}'\boldsymbol{W}\boldsymbol{A}}\lambda_{min}$$

式中，λ_{max} 与 λ_{min} 分别为矩阵 $\boldsymbol{MWM}$ 对应的最大与最小的特征值；MC_{max} 与 MC_{min} 分别为最大和最小的特征值对应的特征向量计算出来的莫兰指数。de Jong 等（1984）证明，在给定空间权重矩阵 $\boldsymbol{W}$ 时，无论 Y 取何值，计算出来的真实的莫兰指数值（MC_Y）必然位于由最大和最小的特征值对应的特征向量计算出来的莫兰指数的范围内，即

$$MC_{min}\leqslant MC_Y\leqslant MC_{max}$$

式中，MC_Y 为空间权重矩阵 $\boldsymbol{W}$ 给定的情况下的真实数据计算出来的莫兰指数。正是根据这一结论，在不知道真实属性 Y 的情况下，仅由空间权重矩阵 $\boldsymbol{W}$ 也可以计算出根据真实数据 Y 计算出来的 MC_Y 的取值范围（de Jong et al.，1984）。各特征向量的元素（空间结构信息）在这个意义上相当于列举了一种 Y 的可能性，将挑选后的特征向量作为解释变量加入回归模型，就可以过滤空间自相关信息。例如，对中国 31 个省区市的省际高技能劳动力迁移流，可以提取 930 个特征向量，并将排名第 1 位、第 13 位、第 55 位、第 190 位的特征向量所反映的空间格局表达在地图上，则对应较大特征值的特征向量也对应着较强的网络自相关格局。

具体实现步骤如下：先构建一个转化后的空间权重矩阵 $(\boldsymbol{I}-\mathbf{11}'/n)\boldsymbol{S}(\boldsymbol{I}-\mathbf{11}'/n)$，式中，$\boldsymbol{I}$ 为 $n\times n$ 维单位矩阵；$\mathbf{1}$ 为数值 1 的 $n\times 1$ 维矩阵；$\boldsymbol{S}$ 为 $n\times n$ 维空间权重矩阵。基于网络权重矩阵的视角，同时考虑到省际人口迁移的实际数为 n^2-n 条，转化矩阵可被表达为 $\left[\boldsymbol{I}_{n^2-n}-\mathbf{1}_{n^2-n}\mathbf{1}'_{n^2-n}\big/\left(n^2-n\right)\right]\boldsymbol{S}^N\left[\boldsymbol{I}_{n^2-n}-\mathbf{1}_{n^2-n}\mathbf{1}'_{n^2-n}\big/\left(n^2-n\right)\right]$。该矩阵中，$\boldsymbol{I}_{n^2-n}$ 为 $\left(n^2-n\right)\times\left(n^2-n\right)$ 维单位矩阵；$\mathbf{1}_{n^2-n}$ 为数值 1 的 $\left(n^2-n\right)\times 1$ 维矩阵；$\boldsymbol{S}^N$ 经过转换后为 $(n^2-n)\times(n^2-n)$ 维的网络权重矩阵，其原始表达如式（A2）所示：

$$S_{ij,kl}^N=\begin{cases}1, & i=k\text{且}S_{jl}=1,\ \text{或}j=l\text{且}S_{ik}=1\\ 0, & \text{其他}\end{cases} \tag{A2}$$

式中，$S_{ij,kl}^N$ 为迁出地 i 至迁入地 j 间的迁移流与迁出地 k 至迁入地 l 间迁移流的关系；$S_{ik}\left(S_{jl}\right)$ 为 $n\times n$ 维空间权重矩阵 S 中的对应数值。S^N 原含有 $n^2\times n^2$ 个元素，具体构建可参照克罗内克算法公式：$S_{ij,kl}^N=S\oplus S=I_n\otimes S+S\otimes I_n$。根据省际人口迁移的实际情况，原始的网络权重矩阵需要剔除与省内迁移相关的元素。最后基

于此网络权重矩阵生成特征向量，经过逐步回归后，把挑选出来的特征向量纳入回归模型。

此外，本书提供两个理解ESF模型的角度。

首先，ESF可以从莫兰指数的角度加以理解。莫兰指数是运用最为广泛的探测数据中空间自相关的方法，其思路借鉴于Pearson相关系数公式。莫兰指数的计算公式如下：

$$\mathrm{MC}=\frac{n}{\sum_i\sum_j w_{ij}}\frac{\sum_i\sum_j w_{ij}\left(x_i-\bar{x}\right)\left(x_j-\bar{x}\right)}{\sum_i\left(x_i-\bar{x}\right)^2} \tag{A3}$$

式中，w_{ij}为空间权重矩阵$\boldsymbol{W}$的（i,j）元素；x_i和x_j分别为空间单元i和j的观测值；$\bar{x}$为观测值的平均值。

如果把莫兰指数的公式写成矩阵形式，则式（A1）中的分子可以表示为$\boldsymbol{Y'MCMY}$，式中，$\boldsymbol{M}=(\boldsymbol{I}-\boldsymbol{AA'}/n)$，此时，$\boldsymbol{Y}$为空间数据组成的向量；$\boldsymbol{A}$为$n\times 1$阶元素为1的矩阵；$\boldsymbol{I}$为单位矩阵；$\boldsymbol{C}$为空间权重矩阵。Tiefelsdorf与Boots证明莫兰指数计算公式中分子表达空间结构的$\boldsymbol{MCM}$矩阵决定了莫兰指数的最终取值范围，也正因为这个原因，尽管思路来源于Pearson相关系数公式，但莫兰指数的计算结果并不被限制在[–1，1]区间中，最高值一般大于1，而最低值一般位于[–1，–0.5]区间内。Tiefelsdorf与Boots进一步说明，当空间结构固定（即空间权重矩阵$\boldsymbol{C}$已经给定），无论属性值取多少，莫兰指数的取值范围取决于$\boldsymbol{MCM}$矩阵的最大和最小的特征值。

在此基础上，Grifitth证明$\boldsymbol{MCM}=\boldsymbol{E\Gamma E'}$，式中，$\boldsymbol{\Gamma}$为一个$n$阶对角矩阵，对角线上的元素为矩阵$\boldsymbol{MCM}$的特征值序列$(\lambda_1,\lambda_2,\cdots,\lambda_n)$；$\boldsymbol{E}=(\boldsymbol{E}_1,\boldsymbol{E}_2,\boldsymbol{E}_3,\cdots,\boldsymbol{E}_n)$为矩阵$\boldsymbol{MCM}$的特征向量，从而将莫兰指数中表达空间结构信息的矩阵$\boldsymbol{MCM}$分解为特征值和特征向量的乘积。$\boldsymbol{MCM}$矩阵的特征向量和特征值具有一些良好性质：①排序性。对于较大的特征值$\boldsymbol{E}_1$，其所对应的特征向量可以计算相应的莫兰指数，该莫兰指数最大，包含最多的空间自相关信息；而对于最小的特征值E_n，其所对应的莫兰指数最小，包含最少的空间自相关信息。②正交性，即$\boldsymbol{EE'}=\boldsymbol{I}$且$\boldsymbol{E'A}=0$。③不相关性，即对于任意两个特征向量$\boldsymbol{E}_i$与$\boldsymbol{E}_j$而言，其相关系数为0。上述性质对于研究区域特定的空间结构而言，根据$\boldsymbol{MCM}$矩阵中提取出来的互不相关且相互正交的每个特征向量可以用来表征在该区域下的某一种空间自相关特征的可能。由于数据中真实存在的空间自相关信息可以看作互不相关空间特征的线性组合，因而通过特征向量可以表达真实数据Y中的潜在的空间自相关信息。因此，将特征向量作为控制变量加入传统的回归模型，就可以达到“过滤”这些空间自相关信息的效果。

其次，ESF 可以从回归模型的角度加以理解。传统的回归模型 $Y=\alpha+\beta X+\varepsilon$ 的一个隐含假设是被解释变量 Y 中不存在空间自相关信息，然而对于地理空间数据而言，空间自相关往往总是存在的（且常表达为正相关性）。因此，若使用传统回归模型进行估计，会导致独立误差项中存在空间自相关性。被解释变量 Y 可以理解为趋势、空间结构随机分量、随机噪声三大部分。

空间滤波的本质是提取空间结构信息，提取方法是通过 $\boldsymbol{MCM}=\boldsymbol{E\Gamma E'M}$，从而达到对空间结构中的信息进行分解的目的。最后，通过一系列筛选原则，将最能够表达空间结构信息的特征向量作为控制变量加入模型进行估计，以达到“过滤”的目的，此时残差项中的空间自相关程度将降低。传统的回归模型变更为 $y=\beta X+E\gamma+\varepsilon$，式中，$E\gamma$ 表达的为变量 Y 中的空间结构信息，由 $\boldsymbol{MCM}$ 矩阵的特征向量通过线性组合得到。由此也可以看出，相比空间自回归模型，空间滤波具有更大的灵活性，因为模型的形式既可以是 OLS 回归，也可以是泊松回归、负二项回归等形式，只需要将表达空间结构信息的特征向量加入模型即可。另外，由于特征向量相互无关且正交，因此也不会引起模型的多重共线性问题。本书将空间滤波与 Hurdle 回归模型进行组合，其出发点也正是由于空间滤波的这一良好特质。

附录B　Hurdle引力模型估计方法说明

既有文献已经显示出Hurdle模型的对数似然函数可以被分解为Hurdle的两部分对数似然函数的和（Cameron and Trivedi，2013；Mullahy，1986）。本案例中，Hurdle 引力模型的两部分分别为计量高技能劳动力迁移概率的 Logistic 模型及计量高技能劳动力区域迁移规模的零截尾负二项回归模型。因此，当分别把 Logistic 模型和零截尾负二项回归模型的对数似然函数最大化时，Hurdle 引力模型的对数似然函数也得到最大化值。与传统 Hurdle 模型不同，本书对 Hurdle 引力模型拓展主要拓展在两个方面：将其拓展为引力模型的形式及加入空间滤波以构建空间 Hurdle 引力模型。由于 ESF 仅为一组表达网络自相关性的代理变量，而引力模型与非引力模型的不同仅体现在被解释变量和解释变量的组合选取上，因而，在 ESF Hurdle 引力模型中，求解对数似然最大值仍然可以对其加入 ESF 后的两部分模型分别求解。

ESF Hurdle 引力模型的非条件概率质量函数与 Hurdle 引力模型一致，其总的对数似然函数可以写成

$$
\begin{aligned}
L &= \sum_{i\neq j} L_{\{y_{ij}>0\}}\left[-\ln\left(1-s_{ij}^{\alpha}\right)+\alpha\ln\left(s_{ij}\right)+y_{ij}\ln\left(1-s_{ij}\right)+\ln\left(\frac{\Gamma\left(y_{ij}+\alpha\right)}{\Gamma(\alpha)y_{ij}!}\right)\right] \\
&\quad +\sum_{i\neq j}\left[L_{\{y_{ij}=0\}}\ln(p_{ij})+L_{\{y_{ij}>0\}}\ln(1-p_{ij})\right] \\
&= \sum_{i\neq j}\left\{L_{\{y_{ij}=0\}}\ln\left(p_{ij}\right)+L_{\{y_{ij}>0\}}\left[\ln\left(1-p_{ij}\right)-\ln\left(1-s_{ij}^{\alpha}\right)+\alpha\ln s_{ij}\right.\right. \\
&\quad \left.\left. +y_{ij}\ln\left(1-s_{ij}\right)+\frac{\Gamma(y_{ij}+\alpha)}{\Gamma(\alpha)y_{ij}!}\right]\right\} \\
&= L_1\left(\beta_1,\gamma_1\right)+L_2\left(\beta_2,\gamma_2\right)
\end{aligned}
\tag{B1}
$$

式中，$\ln\left(\dfrac{p_{ij}}{1-p_{ij}}\right)=\boldsymbol{x}'_{1k}\boldsymbol{\beta}_1+\boldsymbol{e}'_q\boldsymbol{\gamma}_1$，而$\ln\theta_{ij}=\boldsymbol{x}'_{2p}\boldsymbol{\beta}_2+\boldsymbol{e}'_q\boldsymbol{\gamma}_2$；其余变量的解释如正文所示，在此不再重复。$\boldsymbol{\beta}_1,\boldsymbol{\gamma}_1$和$\boldsymbol{\beta}_2,\boldsymbol{\gamma}_2$分别为 ESF Hurdle 引力模型中分开的两

部分变量组合，而二者的协方差为 0。因此，当对 ESF Hurdle 引力模型两部分分别使用最大似然法求解对数似然函数最大值时，并不会丢失数据信息。至此，Hurdle 引力模型的估计方法说明完毕。